欧洲政治体制前瞻性读物

欧洲一体化进程
共同外交与安全政策的制度改革

王 凯 ◎ 著

时事出版社

图书在版编目（CIP）数据

欧洲一体化进程：共同外交与安全政策的制度改革/王凯著.
—北京：时事出版社，2017.10
ISBN 978-7-5195-0137-2

Ⅰ.①欧… Ⅱ.①王… Ⅲ.①欧洲一体化—研究 Ⅳ.①D85

中国版本图书馆 CIP 数据核字（2017）第 192290 号

出 版 发 行：时事出版社
地　　　　址：北京市海淀区万寿寺甲2号
邮　　　　编：100081
发 行 热 线：(010) 88547590　88547591
读者服务部：(010) 88547595
传　　　　真：(010) 88547592
电 子 邮 箱：shishichubanshe@sina.com
网　　　　址：www.shishishe.com
印　　　　刷：北京朝阳印刷厂有限责任公司

开本：787×1092　1/16　印张：16.75　字数：240 千字
2017 年 10 月第 1 版　2017 年 10 月第 1 次印刷
定价：98.00 元
（如有印装质量问题，请与本社发行部联系调换）

目 录

绪 论 (001)

第一章 欧盟共同外交与安全政策的演变 (015)
第一节 什么是共同外交与安全政策 (016)
一、"政策"定义 (017)
二、欧盟政策起源及其发展动力 (019)
三、《里斯本条约》之前共同外交与安全政策的制度规定 (020)
第二节 共同外交与安全政策的历史演变 (027)
一、共同外交与安全政策的缘起 (028)
二、共同外交与安全政策的形成 (031)
三、共同外交与安全政策的发展 (033)
第三节 共同外交与安全政策的局限性分析 (036)
一、共同外交与安全政策的制度局限 (036)
二、共同外交与安全政策的政府间性质 (039)

第二章 《尼斯条约》后共同外交与安全政策的内外挑战 (043)
第一节 欧盟东扩对CFSP的影响 (044)
一、欧盟东扩及其成因 (044)
二、欧盟东扩对CFSP的影响 (046)
第二节 国际体系变迁对CFSP的挑战 (058)
一、大西洋安全关系的变化要求欧盟承担更多地区安全责任 (059)

二、欧盟需维护其作为世界"一极"的地位 (060)
　第三节　全球性问题与 CFSP 的压力 (061)
　　一、恐怖主义问题 (061)
　　二、气候变化问题 (062)
　　三、核扩散问题 (063)

第三章　《里斯本条约》的出台及其主要内容 (065)
　第一节　《里斯本条约》的出台 (065)
　　一、欧盟条约的制定与批准 (066)
　　二、《莱肯宣言》:改革的先声 (068)
　　三、《欧盟宪法条约》的批准危机 (070)
　　四、《里斯本条约》的起草与生效 (072)
　第二节　条约改革过程中的成员国政策分析 (074)
　　一、法国:推动"改革条约"出台 (075)
　　二、德国:领导联盟走出危机 (078)
　　三、英国:"捍卫红线" (081)
　　四、其他国家 (083)
　第三节　《里斯本条约》对欧盟制度改革举要 (086)
　　一、《里斯本条约》与《欧盟宪法条约》的异同 (086)
　　二、《里斯本条约》与《莱肯宣言》的改革目标 (088)
　　三、《里斯本条约》的主要改革内容 (089)

第四章　共同外交与安全政策的改革及其组织架构变化 (094)
　第一节　共同外交与安全政策的目标与手段:
　　　　　更加"外向"的行为体 (095)
　　一、关于目标、权限的新规定 (096)
　　二、关于任务的新规定 (098)
　　三、关于执行手段的新规定 (99)

四、关于决策程序的新规定　(101)
　　五、关于"灵活性条款"的新规定　(103)
 第二节　共同外交与安全政策的制度改良：创新与整合　(108)
　　一、欧洲理事会常任主席　(108)
　　二、外交事务与安全政策高级代表　(110)
　　三、欧洲对外行动署　(114)
　　四、欧洲防务局　(116)
 第三节　共同外交与安全政策组织架构的变化及影响　(117)
　　一、欧洲理事会　(118)
　　二、欧盟理事会　(118)
　　三、欧洲议会与成员国议会　(119)
　　四、欧盟委员会　(120)
　　五、欧洲法院　(121)

第五章　共同外交与安全政策的"布鲁塞尔化"　(123)
 第一节　欧洲一体化的理论　(124)
　　一、政府间主义　(126)
　　二、超国家主义　(127)
　　三、传统分析范式的局限　(128)
 第二节　"布鲁塞尔化"：概念与理论基础　(130)
　　一、"布鲁塞尔化"的概念　(130)
　　二、"布鲁塞尔化"的理论基础　(132)
 第三节　《里斯本条约》下CFSP的"布鲁塞尔化"　(134)
　　一、CFSP法律基础的"布鲁塞尔化"　(135)
　　二、CFSP组织运作的"布鲁塞尔化"：两种力量的联合　(137)
　　三、塑造"布鲁塞尔"的集体身份　(140)
　　四、政治精英与CFSP"布鲁塞尔化"：以"常任主席"和
　　　　"高级代表"为例　(142)

第六章　案例研究：CFSP 在利比亚危机中的实践　　(147)
第一节　政策目标　　(148)
一、欧盟在中东、北非地区的传统政策目标　　(148)
二、北非中东政治大乱局的爆发　　(151)
三、欧盟政策目标的调整　　(153)
第二节　政策实践　　(156)
一、制裁阶段　　(156)
二、军事阶段　　(159)
三、重建阶段　　(162)
第三节　政策评价　　(164)
一、政策目标　　(164)
二、政策手段　　(165)
三、政策资源　　(167)
四、政策一致性　　(168)
五、任务设定　　(170)

第七章　欧盟共同外交与安全政策的现实挑战　　(173)
第一节　欧洲主权债务危机影响 CFSP 的资源投入　　(174)
第二节　乌克兰危机对 CFSP 敲响警钟　　(178)
第三节　难民与恐怖主义危机对 CFSP 的影响　　(182)
一、欧盟介入叙利亚危机　　(182)
二、难民问题　　(183)
三、加剧的恐怖主义问题　　(184)
四、难民与恐怖主义危机对欧盟 CFSP 的影响　　(186)
第四节　英国"脱欧"成为欧洲一体化中最大的"黑天鹅"事件　　(189)
一、英国"脱欧"的原因　　(190)
二、英国"脱欧"对欧洲一体化的影响　　(191)

第八章 欧盟共同外交与安全政策展望:新战略的出台 (194)
第一节 欧盟新安全战略的出台 (194)
第二节 欧盟共同外交与安全政策将更强化共同性和战略性 (196)
第三节 欧盟共同外交与安全政策的政策优先点调整 (199)
第四节 欧盟共同外交与安全政策将奉行"有原则的实用主义" (204)

第九章 欧盟共同外交与安全政策与中国"一带一路"倡议 (207)
第一节 中欧外交战略合作的发展脉络 (208)
第二节 中欧外交与安全战略中对"一带一路"的定位 (211)
一、中国"一带一路"倡议中的欧盟 (211)
二、欧盟共同外交与安全战略对"一带一路"的定位 (213)
第三节 中欧"战略对接"及其挑战 (217)
一、中欧"战略对接"的主要内容 (218)
二、欧盟多元治理结构增加对接难度 (220)
三、中欧"战略对接"面临的挑战 (223)

结 语 (226)

参考文献 (241)

后记 (259)

绪 论

一、研究意义

欧盟共同外交与安全政策（Common Foreign and Security Policy，CFSP）是欧洲国家通过在政治、外交和防务领域的合作迈向政治一体化的重要内容。从最初欧洲防务共同体的失败，到欧洲政治合作机制建立与《马斯特里赫特条约》正式提出并实施该政策，欧洲正式开启了政治一体化之路。经过《阿姆斯特丹条约》与《尼斯条约》的改革，共同外交与安全政策的内容不断丰富，机制日臻完善，逐渐成为欧洲联盟的第二支柱，并在欧盟的外交实践上发挥了积极作用。但是，与欧洲经济一体化取得的卓越成果相比，该政策仍然处于相对"初级"的阶段，面临着诸多局限和挑战。

《里斯本条约》是欧洲一体化所取得的最新制度成果。该条约中诸多富有创新性的改革条款都指向欧盟共同外交与安全政策。虽然《里斯本条约》最终仍是作为一部"改革条约"（原"欧盟宪法条约"中的带有明显宪政色彩的内容被删去和修改），但制宪过程中所形成的一些思想，包括所设计的关于欧盟权力结构、机制权能分配等实际改革内容得以保留，正如美国著名学者安德鲁·莫劳夫奇克（Andrew Moravcsik）所指出的，"欧盟宪法的制定是出于自由主义精神的设计，体现公众的精神、要创建一个独立于成员国之外、在布鲁塞尔的独立政治实体。一旦这个里程碑建立起来，成员国想再阻止就很难了"。① 作为"欧盟宪法"的替代品，与《马斯特里赫特条约》《阿姆斯特丹条约》和《尼斯条约》相比，《里斯本条约》天生蕴含着一种特殊的价值，而这种特殊价值十分值得深入研究，因为它可能标志着欧洲一体化发展路径的一次重要调整甚至转向，对欧盟未来发展具有重要意义。

本书拟研究《里斯本条约》框架下欧盟共同外交与安全政策在制度上的变化，并力图揭示这些变化对欧盟实践和欧洲一体化的影响。通过研究尝试回答以下问题：（1）欧盟为什么要进行《里斯本条约》改革；（2）与《尼斯条约》框架下的欧盟制度相比，《里斯本条约》对欧盟共同外交与安全政策进行了哪些改革？（3）这些改革对欧洲一体化有何种影响？（4）欧盟共同外交与安全政策面临哪些内外挑战？该选题有如下现实意义：

首先，欧盟是中国最重要的经贸与战略伙伴之一，对其改革进行研究有利于我更好地维护国家利益。冷战结束后，中欧关系发展迅速，中欧合作领域不断拓宽。2003 年，双方正式建立"全面战略伙伴关系"，并形成全方位、宽领域、多层次的合作局面。在经贸领域，欧盟连续多年成为中国最大的贸易伙伴与出口市场。据中国海关统计，2010 年中欧贸易额为 4797 亿美元，占中国全年进出口总额的比重高达 16.14%。② 2011 年中欧贸易总量增至 5672.1 亿美元。同时，来自于欧盟的资本、技术和管理经验对中国经济发展也起着十分重要的作用。随着中国"十三五"规划付诸实施，中欧经济合作将进一步扩大。在政治领域，欧盟是中国重要的战略伙伴。中欧在倡导多边主义、抵制单边主义、反对国际恐怖主义及许多国际热点问题上拥有广泛共识。随着中国国际地位不断提升，融入全球治理的程度不断加深，欧盟作为中国战略伙伴的地位愈加重要。

---

① ［美］安德鲁·莫劳夫奇克，赵晨译："欧盟宪法的本质——仍需从自由政府间主义来理解"，《欧洲研究前沿报告》，华东师范大学出版社 2007 年版，第 306 页。
② 冯仲平："新形势下欧盟对华政策及中欧关系发展前景"，《现代国际关系》2011 年第 2 期，第 4 页。

绪 论

《里斯本条约》的生效促使欧盟对华政策发生了一定的调整与变化。自1995年欧盟第一份对华政策文件《中国—欧盟关系长期政策》出台以来，每隔几年欧盟都会发布新的对华政策，这反映了欧盟及其成员国，尤其是大国，都将中国作为其发展对外关系的重点方向与主要目标。近年来，国际形势发生了重大变化，以"金砖国家"为代表的新兴国家迅速发展，对欧美等发达国家的强势地位形成挑战。在此背景下，欧盟及其成员国对中国的态度和认知发生了一定的变化，比如在欧盟政界与学界，"中国威胁论""中国竞争论"的声音越来越多。[①] 对华态度的日趋强硬必会体现在欧盟对华政策上。由于中欧政治基础不同且处于不同的历史发展阶段，双方在人权、民主、宗教等问题上一直存在分歧与矛盾，这些矛盾时有爆发并对中欧政治关系造成不利影响。《里斯本条约》生效后，欧盟对华外交的机制与政策都有一定的变化，研究其政治改革有助于中国在开展对欧外交时趋利避害，更好地维护国家利益。

其次，《里斯本条约》在欧洲一体化进程中占有重要地位。《里斯本条约》是欧盟近十年来改革的重要成果。它对《尼斯条约》框架下欧盟法律制度的文本修订程度达50%以上。由于《马斯特里赫特》条约下的欧盟三大支柱被取消，欧盟的法律制度结构发生了显著变化。可以认为，《里斯本条约》的重要性与《罗马条约》和《马斯特里赫特条约》相当。通过一系列制度改革与政策整合，欧盟共同外交与安全政策呈现新的面貌，包括设立新的外交职位和机构，如欧盟外交事务与安全政策高级代表、欧洲理事会常任主席以及欧洲对外行动署等。欧盟希望其在外交政策过程中能够增强"水平"（欧盟各机构之间）与"垂直"（欧盟与其成员国之间）双向维度的协调性与一致性，并保持政策的一贯性。新条约下，欧盟决策的透明度与民主性有所增强，各机构的职能作用及相互关系也发生了变化。新条约生效以后，国际学术界、政界都对欧盟改革进行了广泛的探讨。对于《里斯本条约》

---

① 冯仲平："新形势下欧盟对华政策及中欧关系发展前景"，《现代国际关系》2011年第2期，第1页。

生效后欧盟及其外交政策是更倾向政府间主义还是超国家主义产生争论。此外，欧盟新政后其制宪的"理想"是否终结，欧洲一体化未来如何发展，《里斯本条约》对欧洲认同有何影响等这一系列课题都有待学术界研究。总之，《里斯本条约》对欧盟与欧洲一体化未来的发展影响深远。

第三，欧盟是一个重要的国际行为体。纵观人类政治文明史，欧洲是国家主权观念与主权国家的发祥地，欧洲一体化也是当今区域一体化的成功范式，今天的欧盟更是一个重要的国际行为体，在国际体系中拥有独特地位。在经济实力上，它是世界上最大的经济体及最大的贸易实体。在地区治理上，欧盟作为一种"后现代行为体"或者"规范性力量"，其独特的治理模式以及多边主义理念对欧洲乃至世界产生了重要影响。在国际关系领域，欧盟不仅与美、俄等战略性大国交往密切，而且在中东、非洲、东亚等地区有着广泛的联系与影响力。此外，欧盟在国际多边机构，如联合国、二十国集团（G20）等组织中，发挥着重要的作用。在应对气候变化、核扩散、恐怖主义等全球议题中也扮演重要角色。值得强调的是，欧盟及其成员国还是世界上最大的援助力量。随着欧盟的扩大，它希望在国际事务上发挥更为重要的作用，拥有更高效的对外行动能力。因此，对《里斯本条约》与欧盟共同外交与安全政策的变化进行研究有助于我们研究欧盟力量的变化和国际格局的演变。

二、研究方法及创新之处

（一）研究方法

本书从《里斯本条约》文本入手，在与《尼斯条约》框架下的欧盟制度进行比较研究基础上，结合欧盟共同外交与安全政策的概念辨析与历史演变，利用政府间主义、建构主义等欧洲一体化相关理论对欧盟该领域的改革进行深入分析，研判其发展趋势。以欧盟参与解决利比亚危机的实践为案例对改革效果进行评估。最终对其前景进行展望。

本书采用综合研究方法，运用比较政治学、国际关系学等，通过定性研究有机地将国家层次与个体层次、理论与实践相结合，剖析欧盟共同外交与安全政策改革的背景、原因、内容与影响。

1. 历史研究法与比较研究法：利用官方文献、权威著作、官方数据等资料，对欧盟共同外交与安全政策的历史脉络进行梳理，并与《里斯本条约》框架下的制度进行对比达到研究目的。

2. 规范研究方法：借助政府间主义、建构主义、个体分析、集体行动理论、博弈论等分析欧盟共同外交与安全政策改革的动力与内容，并总结其发展路径。

3. 实证研究方法：借助权威机构发布的文件、数据、图表等资料，研究欧盟外交、政经等实际情况。

（二）几点创新尝试

1. 在分析视角方面，对欧盟传统研究中"政府间主义"与"超国家主义"的二分法有所超越，借用了西方学者在共同外交与安全政策研究中较新的理论成果——"布鲁塞尔化"（Brusselisation）对《里斯本条约》及其改革内容进行研究。

2. 在理论创新方面，结合建构主义对"布鲁塞尔化"理论进行了发展，认为"布鲁塞尔化"的理论内涵是CFSP的"社会化"，并指出《里斯本条约》改革旨在塑造成员国"布鲁塞尔的集体身份"。

3. 在分析框架方面，本书综合了比较政治学分析与国际关系分析两种方法。前者见于对欧盟内部组织架构、权力制衡相关变化的研究，后者见于对国际体系变化、大国政治关系、欧盟内部国际关系以及制度和国家行为互动的分析中，保证了从内到外全方位观察欧盟改革。

4. 单位层次的分析视角。针对欧洲理事会常任主席与欧盟外交事务与安全政策高级代表等新职位的设立，采用博弈论、新功能主义等理论对单位层次进行研究。

三、研究现状

自 2007 年 12 月 13 日欧盟首脑会议正式签署《里斯本条约》以来，国内外学者从不同角度对该条约进行了解读，分析《里斯本条约》对欧盟各领域的影响，研究主要包括欧盟机构改革问题、欧盟对外关系问题、欧盟"民主赤字"问题等，其中欧盟共同外交与安全政策是研究的一个热点。借助国家图书馆、中国现代国际关系研究院图书馆和互联网等，可以较清楚地了解国内外目前的研究现状。

（一）国内研究成果综述

国内学者对《里斯本条约》的研究主要针对条约文本的解读、欧盟机构改革与欧盟对外关系等问题。[①] 目前大陆尚无一本系统性专著对《里斯本条约》做深入解读，相关论文集与论文则相对较多。

除了出版两本经新条约修订的欧盟基础法律中文译本外，[②] 相关专著有台湾东海大学政治系教授王启明所著的《欧洲政经整合的三重奏》，[③] 该书应用区域整合理论从政策和认同层面对《里斯本条约》后的欧盟走向进行评估，认为欧洲整合进入了一个新的阶段，即政治整合的发展阶段。论文集方面，由戴炳然[④]主编的《里斯本条约后的欧洲及其对外关系》收录了上海欧洲学会 2008—2009 年的 30 篇研究成果，探讨了《里斯本条约》签署后欧盟内外关系调整、体制与机构改革，欧盟区域共同治理模式等问题。由李寿平[⑤]主编的《里斯本时代的欧盟法与中欧关系》共收录了国内

[①] 2007 年 10 月《里斯本条约》出台，2009 年 12 月《里斯本条约》生效前后，这两个时间之后的一段时间是《里斯本条约》相关研究成果出现的高发期。在 2010 年国内有关欧洲的研究中，欧元与欧盟主权债务危机问题无疑是最大的热点。

[②] 参见程卫东、李靖堃译：《欧洲联盟基础条约——经〈里斯本条约〉修订》，社会科学文献出版社 2010 年版；苏明忠译：《欧洲联盟基础法》，国际文化出版公司 2010 年版。

[③] 王启明：《欧洲政经整合的三重奏》，台北秀威咨询出版社 2010 年版。

[④] 戴炳然主编：《里斯本条约后的欧洲及其对外关系》，时事出版社 2010 年版。

[⑤] 李寿平主编：《里斯本条约时代的欧盟法与中欧关系》，北京理工大学出版社 2010 年版。

25篇学术论文，分析了新条约对欧盟对外政策法律制度的改革及其对中欧贸易、能源关系的影响。

国内有关《里斯本条约》研究的学术论文[①]较为丰富，关注点也很多。冯仲平最先研究《里斯本条约》生效对欧盟对华外交的影响，认为欧盟对华政策出现调整与变化，欧盟在对华交往中更为现实，成员国之间的政策协调也有所加强。[②] 张健首先分析了新条约对中欧贸易政策的影响，认为欧盟贸易政策超国家主义性质增强，贸易保护主义与贸易政策"政治化"趋势加强。[③] 张华关注《里斯本条约》生效后欧盟对外关系一致性的增强，认为《里斯本条约》为欧盟开展更加一致和有效的对外行动夯实了法律基础。[④] 金玲研究了欧盟共同外交与安全政策的新变化，认为欧盟改革具有

---

① 相关文章参见：戴炳然："解读《里斯本条约》"，《欧洲研究》2008年第2期；郑春荣："《里斯本条约》解析"，《国际论坛》2008年第3期；郑春荣："《里斯本条约》未尽的使命"，《德国研究》2008年第2期；金玲："《里斯本条约》与欧盟共同外交与安全政策"，《欧洲研究》2008年第2期；徐贝宁："从《里斯本条约》看欧盟共同外交与安全政策的机制对政策运作效力的影响"，《国际论坛》2009年第3期；冯仲平："新形势下欧盟对华政策及中欧关系发展前景"，《现代国际关系》2011年第2期；张健："《里斯本条约》对欧盟贸易政策影响探析"，《现代国际关系》2010年第3期；曹子衡："走向《里斯本条约》的欧盟和中欧关系"，《欧洲研究》2010年第2期；叶斌："欧盟国际司法的新发展：权能扩张与欧洲化"，《欧洲研究》2010年第5期；蔡高强："《里斯本条约》对国际法的发展"，《中国欧洲学会欧洲法律研究会2008年年会论文集》；李寿平："《里斯本条约》与欧盟政治一体化的深化"，《中国欧洲学会欧洲法律研究会2008年年会论文集》；郭玉军、乔雄兵："《里斯本条约》改革创新对中国的启示"，《中国欧洲学会欧洲法律研究会2008年年会论文集》；喻锋："《里斯本条约》与欧盟司法内务合作的新发展"，《中国欧洲学会欧洲法律研究会2008年年会论文集》；易小明："欧盟《里斯本条约》"，《国际资料信息》2007年12期；蒋小红："《里斯本条约》对欧盟对外贸易法律制度的影响"，《国际贸易》2010年第3期；中国社科院欧洲研究所旗下的权威刊物《欧洲研究》于2010年6月发表了"《里斯本条约》与欧盟走向"专刊，主要包括：程卫东："《里斯本条约》——欧盟改革与宪政化"，《欧洲研究》2010年第3期；张华："欧盟对外关系法中的一致性原则：以《里斯本条约》为视角"，《欧洲研究》2010年第3期；秦爱华："《里斯本条约》与社会市场经济"，《欧洲研究》2010年第3期；张磊："欧洲议会与里斯本条约：动力、变革和挑战"，《欧洲研究》2010年第3期；赵晨："欧洲的民主赤字与民主化之路"，《欧洲研究》2010年第3期。

② 参见冯仲平："新形势下欧盟对华政策及中欧关系发展前景"，《现代国际关系》2011年第2期。

③ 参见张健："《里斯本条约》对中欧贸易政策影响探析"，《现代国际关系》2010年第3期。

④ 参见张华："欧盟对外关系法中的一致性原则：以《里斯本条约》为视角"，《欧洲研究》2010年第3期。

局限性，制度规定上也存在模糊性，改革在短时间内会加剧欧盟在共同外交与安全政策领域内的"期待—能力差距"。[1] 程卫东从欧盟宪政化的角度分析了《里斯本条约》，认为新条约加强了欧盟应对全球化挑战的行动能力，为欧盟提供了稳定的机构与机制框架，但并没有确定一体化未来的发展目标。[2]《里斯本条约》生效前后，国内众多学术科研机构都举办了以《里斯本条约》为主题的国际关系研讨会，[3] 围绕《里斯本条约》生效对欧盟的政治、经济以及对外关系影响展开了讨论，以多重视角讨论现阶段欧洲一体化所取得的成功和面临的困境。在本书所关注的欧盟共同外交与安全政策领域，总体来看，国内关注度稍低。有学者认为《里斯本条约》对欧盟共同外交与安全政策的改革具有突破性进展，该政策似乎已超越了单纯的政府间主义，而应称之为"紧密的跨政府主义"。[4] 有人认为，"欧洲共同外交与安全政策由原本的完全具有政府间主义的特点，即遵循统一和国际法原则，向受法治原则和条约法调整的双重属性过渡"。[5]

国内对欧盟共同安全与防务政策、对外行动预算、欧盟理事会下属委员会及成员国弃权权利等领域关注较少。对《里斯本条约》生效以来欧盟的外交实践进行专门研究的文章也是凤毛麟角。[6] 在理论角度上也鲜有人从"欧洲化"的角度解读《里斯本条约》。从研究观点上看，国内对《里斯本条约》的观点总体比较一致，对其定性也较为中立和谨慎，认为《里

---

[1] 参见金玲："《里斯本条约》与欧盟共同外交与安全政策"，《欧洲研究》2008年第2期。
[2] 参见程卫东："《里斯本条约》——欧盟改革与宪政化"，《欧洲研究》2010年第3期。
[3] 2010年6月中国社会科学院欧洲研究所举办的以"《里斯本条约》与欧盟的未来走向暨《欧洲联盟基础条约——经〈里斯本条约〉修订》新书发布会"为主题的研讨会；南京大学于2009年11月9日召开的"《里斯本条约》研讨会"；四川大学与中国人民大学于2010年5月合办的"《里斯本条约》生效后的欧盟：机遇与挑战"国际学术研讨会；上海欧洲学会于2010年11月27日在复旦大学举办的"《里斯本条约》后的欧盟发展研讨会"；台湾国立政治大学于2009年12月举办的"《里斯本条约》下的欧盟统合愿景：持续与转变"研讨会。
[4] 中国社会科学院欧洲研究所"欧洲转型与世界格局"课题组："欧洲转型：趋势、危机与调整"，《欧洲研究》2013年第6期，第22页。
[5] 周晓明、严双伍："宪政视野下的欧盟共同安全与安全政策——以《里斯本条约》为分析对象"，《社会主义研究》2011年第6期，第125页。
[6] 相关文章有：金玲："欧洲对非制度机制调整及其对中国的影响"，《欧洲研究》2010年第5期。

斯本条约》是欧洲一体化的一个里程碑，提高了欧盟决策的效率与民主性，增强了对外行动的一致性与连贯性，但是共同外交与安全政策的政府间主义性质没有变，改革的程度十分有限。总的来说，目前国内缺乏对该问题全面、系统的研究成果。

（二）国外研究成果综述

在《里斯本条约》诞生之前，欧洲学术界和政界就欧盟制宪和制宪危机展开广泛的论争和研究，其中立宪框架内的欧盟改革与创新是研究的一个重点。[①]《里斯本条约》出台以后，欧盟和欧盟成员国政府机构、欧美智库以及大学等都有关于《里斯本条约》框架下欧盟共同外交与安全政策的研究成果问世。目前已经出版了一些对《里斯本条约》进行较为系统与全面研究的专著。相关论文大多来自欧洲智库，如欧洲政策研究协会网（EPIN）、欧洲政策中心（EPC）、欧洲政策研究中心（CEPS）、欧洲改革中心（CER）、对外政策中心（FPC）、欧洲政治研究协会（ECPR）等，其次是大学。英国、美国、爱尔兰等国政府也有相关专门研究报告。[②]

比较重要的专著有：法国学者让·克劳德·皮尔斯（Jean-Claude Piris）的《里斯本条约：法律与政治分析》（The Lisbon Treaty: A Legal and Political Analysis）。[③] 该书系统性较强，通过回溯欧盟历史，运用比较研究

[①] 比较重要的文献有约瑟夫·威勒所著的《欧洲宪政》（中国社会科学出版社 2004 年版）、弗朗西斯·斯奈德的《未尽的欧盟宪法：原则、进程和文化》（《欧洲研究》2004 年第 6 期）、马塞尔·德·拉·哈耶的《欧盟宪法草案的通过——多样性的统一？》（《世界经济与政治》2005 年第 7 期）。这些文章大多从宪法学和国际法角度对欧盟是否需要宪法，立宪是否会剥夺成员国过多的主权从而使欧盟陷入更为严重的民主与合法性危机，制宪抑或也是解决欧盟作为一个政治与司法实体面临的诸如"民主赤字"、对外行动能力和办事效率低下等疑难杂症的治本良方。

[②] 相关报告有：1. 爱尔兰公投委员会："The Lisbon Treaty: Report of the Referendum Commission on the Referendum on the Twenty-Eighth Amendment of the Constitution Bill 2008"；2. 英国议会下院外交事务委员会："Foreign Policy Aspects of the Lisbon Treaty (Third Reports of Session 2007–2008)"；3. 英国议会上院："The Treaty of Lisbon: an Impact Assessment, 10th Report of Session 2007–2008"；4. 美国国会："The European Union's Reform Process: The Lisbon Treaty 2008"。

[③] Jean-Claude Piris, *The Lisbon Treaty: A Legal and Political Analysis*, Cambridge University Press, 2010. 作者为欧盟理事会法律署局长（Director General of the Legal Service of the Council of the European Union）。

方法对《里斯本条约》的核心条款以及条款之间的关系进行了清楚的阐释，对欧盟民主框架和法律地位将会受到的影响进行探析，并站在一个中立的角度研究了新条约之后欧盟的运转与挑战；牛津大学法律教授保罗·克雷格（Paul Craig）的《里斯本条约：法律，政治和条约改革》（The Lisbon Treaty: Law, Politics, and Treaty Reform）[1] 着重从法律角度分析了新条约带给欧盟的法律和政治后果，认为《里斯本条约》改变了欧盟的法律基础，是欧洲一体化自《尼斯条约》之后近10年来改革的巅峰；美国克莱顿大学法律系教授斯蒂芬·西博尔森（Stephen C. Sieberson）所著的《欧盟与其成员国的分界线：里斯本条约的影响》（Dividing Lines between the European Union and Its Member States: The Impact of the Treaty of Lisbon）[2] 视角新颖，从欧盟与成员国的主权之争入手，分析了新条约对欧盟性质、目标、认同和能力的影响，认为《里斯本条约》是欧洲一体化所走的一条中间道路。英国格拉斯哥大学政治学教授毛里齐奥·卡邦尼（Maurizio Carbone）主编的《国家政治与欧洲一体化：从欧盟宪法到里斯本条约》（National Politics and European Integration: From the Constitution to the Lisbon Treaty）抛开《里斯本条约》的具体条款，着眼于其出台的过程，从国别角度对《里斯本条约》出台过程进行了分析，研究了法、德、英、意、波、捷等国在条约形成过程中的态度和作用，认为《里斯本条约》是不折不扣的主权国家在各自利益优先基础上讨价还价的产物。

主要论文集有斯蒂芬·葛里勒（Stefan Griller）和雅克·齐勒（Jacques Ziller）合编的《里斯本条约：没有宪法条约的欧盟宪政主义》（The Lisbon Treaty: EU Constitutionalism without a Constitutional Treaty?）[3]集合欧洲十多名专家学者对欧盟制宪和《里斯本条约》的研究成果，对新条约下欧盟的宪政之路、欧洲议会作用、欧盟对外关系等众多方面进行了研究和探讨。荷兰国

---

[1] Paul Craig, *The Lisbon Treaty: Law, Politics, and Treaty Reform*, Oxford University Press, 2010.

[2] Stephen C. Sieberson, *Dividing Lines between the European Union and Its Member States: The Impact of the Treaty of Lisbon*, T. M. C Asser Press, June. 2008.

[3] Stefan Griller, Jacques Ziller, *The Lisbon Treaty: EU Constitutionalism without a Constitutional Treaty?*, Springer Wien New York, Oct. 2008.

际关系研究所（Netherlands Institute of International Relations）的论文集《欧洲对外行动署：为成功而准备》（The European External Action Service：Preparing For Success）汇集了一些针对欧洲对外行动署研究的论文，较全面地分析了该机构的建立、机制与作用。① 比利时皇家国际关系研究所的论文集《里斯本条约和 ESDP：转型与一体化》（The Lisbon Treaty and ESDP：Transformation and Integration）研究了欧盟共同安全与防务政策的新变化，认为常设性结构合作（Permanent Structured Cooperation）是《里斯本条约》的一大创新，改善了该领域成员国的合作，强化了 CFSP 的政府间主义性质。②

在论文方面，鲁克·范·兰根霍夫（Luk Van Langenhove）教授将《里斯本条约》视为欧洲一体化第三代的开始，即对"外部权力"的谋求，③ 新条约的重点在于通过内部整合与机制创新提高欧盟的对外行动能力，强化欧盟作为"后现代"力量在国际政治中的权重。沃尔夫冈·韦塞尔（Wolfgang Wessels）和弗兰西斯卡·波普（Franziska Bopp）在对《里斯本条约》生效后欧盟共同外交与安全政策的制度框架进行分析后认为，虽然欧盟通过改革致力于提高欧盟对外行动决策的效率与一致性，但欧盟外交的政府间主义性质没有变化甚至有所增强，不仅如此，新条约还使欧盟机构如"高级代表"、欧洲理事会常任主席等之间的职责划分更趋复杂与模糊。④ 由欧洲政策中心（EPC）与欧盟政策研究中心（CEPS）和比利时皇家国际关系研究所（EGMONT）联合发表的

---

① Edith Drieskens and Louise Van Schaik, *The European External Action Service：Preparing for Success*, Netherlands Institute of International Relations, Dec. 2010, http：//www.clingendael.nl/publications/2010/20101200_cling_artikel_drieskens_en_schaik.pdf.

② Sven Biscop & Franco Algieri, "The Lisbon Treaty and ESDP：Transformation and Integration", *EGMONT PAPER* 24, June 2008, www.egmontinstitute.be/paperegm/ep24.pdf.（上网时间：2010 年 1 月 3 日）

③ Dr. Luk Van Langenhove, Daniele Marchesi, "The Lisbon Treaty and the Emergence of Third Generation Regional Integration", Miami Florida European Union Center, *The Jean Monnet/Robert Schuman Paper Series*, June 2008, 作者认为欧洲一体化第一代是"经济主权追求"，第二代是"内部主权追求"，《里斯本条约》的主要意义在与对"外部主权"的追求，即一体化的第三代，这种划分不是对欧盟目标的绝对化，而是提供一种仅供分析与比较的框架。

④ Wolfgang Wessels and Franziska Bopp, "The Institutional Architecture of CFSP after The Lisbon Treaty-Constitutional Breakthrough or Challenges Ahead?", *The Challenge Observatory research paper No.10*, 2008, http：//www.libertysecurity.org/article2133.html.（上网时间：2011 年 1 月 1 日）

研究成果认为,新条约大大改变了欧盟原有的机制平衡,欧洲议会与欧洲理事会重要性增加,欧盟委员会权力减少,理事会轮值主席国的地位更是受到削弱,欧盟与成员国之间分享权力的领域大大增加。① 马达丽娜(Mădălina Virginia Antonescu)选择从欧盟制度与成员国主权关系角度来研究《里斯本条约》,认为《里斯本条约》的"内在逻辑"是对"主权让渡"的继承与发展,强化了共同外交与安全政策领域的一体化性质。②

综上所述,国外对于欧盟共同外交与安全政策变化的研究主要集中于机构改革问题,尤其针对改革对欧盟机构权力平衡性(Institutional Balance)的影响。③ 国外研究比较系统和全面,大多从政府间主义与超国家主义两种视角进行论证。针对《里斯本条约》生效后欧盟共同外交与安全政策变化的主要观点大致分三种:第一,新条约提高了欧盟外交的一体化程度;第二,新条约加强了欧盟外交的政府间主义性质;第三,新条约增强了欧盟对外行动的效率与一致性,但是带来了机构职责重叠、模糊的新问题。

四、本书的结构

全书共分九章。

---

① CEPS, EGMONT and EPC study, "The Treaty of Lisbon: A Second Look at the Institutional Innovations", *CEPS WEBSITE*, Sep. 2010, http://www.epc.eu/pub_details.php?cat_id=1&pub_id=1150. (上网时间:2011年1月1日)

② Mădălina Virginia Antonescu, "The Commom Foreign and Security Policy according to the Lisbon Treaty", *Strategic Impact (Impact Strategic)*, issue: 1/2008, pages: 4255, on www.ceeol.com. (上网时间:2011年1月2日)

③ 相关文章有:Antonio Missiroli and Janis Emmanouilidis, "Implementing Lisbon: the EU Presidency's other (rotating) half", *EPC policy Brief*, Dec., 2009, http://kms1.isn.ethz.ch/serviceengine/Files/ISN110500//ipublication document_singledocument/e1134374-0b19-45d4-b941-37cf67973caa/en/PB_Dec09_Libon.pdf; CEPS, EGMONT and EPC study, "The Treaty of Lisbon: A Second Look at the Institutional Innovations", *CEPS WEBSITE*, Sep. 2010; Piotr Maciej Kaczyński, "Single voice, single chair? How to reorganise the EU in international negotiations under the Lisbon Rules", *CEPS Policy Brief*, No. 207, March 2010; Wolfgang Wessels and Franziska Bopp, The Institutional Architecture of CFSP after The Lisbon Treaty-Constitutional Breakthrough or Challenges Ahead?, *The Challenge Observatory research paper No. 10*, 2008. (上网时间:2011年1月至4月)

绪 论

第一章从介绍"政策"定义开始，描述了欧盟在《尼斯条约》框架下CFSP的制度规定与CFSP的发展脉络，认为CFSP是欧盟成员国在一体化框架中一种特殊的合作模式，继而由浅入深地分析了该政策所具有的局限性：表层的制度"短板效应"与深层的政府间主义局限。第一章旨在对《里斯本条约》之前CFSP的内容、发展和性质做简要分析，是围绕论点进行深入研究的基础。

第二章分析了欧盟《尼斯条约》之后CFSP面临的内外挑战，认为欧盟东扩、国际体系变革与全球性问题的凸显促使欧盟对CFSP进行新一轮改革。其中，欧盟东扩后的中东欧因素及其对CFSP的影响是改革的主因。内外挑战的严峻性迫使欧盟集体思考未来发展之路，从而导致制宪进程开启。

第三章详细介绍了《里斯本条约》的出台过程及其主要内容，认为《里斯本条约》保留了机构改革中带有宪法性质的关键因素。本章侧重于研究欧盟成员国基于各自战略与利益考量而在改革中所发挥的不同作用，指出国家利益与欧盟利益相互依赖、交织和博弈的关系，认为CFSP是成员国利益偏好的"最小公分母"。随着欧洲国家在国际体系中相对和绝对实力的下降，他们希望将更多的政策目标放到欧盟层面来予以实现，这是共同外交与安全政策打造"欧盟集体身份"的根本原因。

第四章从条约文本入手，深入剖析了《里斯本条约》对CFSP目标、手段和运作机制的改革，针对CFSP的制度创新——常任主席、高级代表和对外行动署进行专门研究，认为CFSP组织架构及其权力分配在《里斯本条约》后发生了不同程度的变化。新框架在强化政府间机构的同时，通过设置"高级代表"、对外行动署等使共同体资源更好地为政策服务。

第五章在对欧洲一体化理论进行简要述评的基础上，利用西方学者在《马约》后针对CFSP发展所提出的"布鲁塞尔化"的概念，结合实践，运用建构主义理论对其进行理论完善和发展，并运用此概念从法律基础、组织运作、联盟集体身份和个体政治精英四个层次剖析了CFSP改革的内涵，认为改革体现了CFSP"布鲁塞尔化"趋势的强化。

第六章以欧盟介入北非中东乱局尤其是参与利比亚战争的政策实践为案例，从政策的目标调整、制定和运作等方面对改革效果进行评价。

第七章分析了欧盟共同外交与安全政策近年来面临的一些现实挑战。欧洲主权债务危机使欧盟对外战略收缩，对外资源投入受较大影响，成员国之间的政治互信与利益基础受损。乌克兰危机导致欧盟共同外交与安全政策的战略压力增加，迫使其将全球战略的着眼点进一步调整到周边。难民危机以及恐怖主义威胁动摇了作为欧洲一体化基石的"欧洲观念"，欧洲民粹主义与极右翼政党的兴起从根本上动摇了共同外交与安全政策的政治基础。英国"脱欧"事件成为欧洲一体化历史上首次"逆流"，增加了成员国在"脱欧"与"退欧元区"问题上选择进行公投的多米诺骨牌式的政治风险。

第八章对2016年6月欧盟发布的"共同愿景、共同行动：一个更强大的欧洲——欧盟外交与安全政策的全球战略"进行解读。认为其一是加强欧盟对外目标和愿景的一致性，增进共同战略的建构。其二是对环境和政策优先进行重新定位，反思长期以来"民事力量"与"北约附庸"的角色定位，提出欧盟对外行动的五大优先。其三是决定奉行一种"有原则的务实主义"。

第九章从"一带一路"倡议背景入手，分析了中欧关系的历史和现状，研究中欧战略对接的主要内容及其挑战。认为合作共赢一直是贯穿中欧关系的一个核心理念与实践特征。将"一带一路"倡议与欧盟相关战略和规划进行对接是中欧新时期发展合作的共识，将为中欧关系未来发展注入长期而持久的动力。

第一章
欧盟共同外交与安全政策的演变

"显而易见，以公开和相互干预为基础的欧洲新秩序已经诞生。……欧洲的合作性结构是通过强化安全来加强主权的。如果后现代体系比均势体系更好地保护你的安全，那么它就加强了你行使主权的能力。关键是欧洲国家现在对主权的定义不同于以往。对欧盟成员国而言，国家对立法的垄断已经不复存在"。[①]

——原欧盟理事会秘书处对外暨政治与军事事务总司司长、欧洲资深外交官罗伯特·库珀（Robert Cooper）

自《马斯特里赫特条约》生效，欧盟建立并正式形成共同外交与安全政策以来，在近二十年的发展中，欧盟并没有形成一个超国家的统一而连续的外交政策，而成员国政府单边的外交行动及其相互缺乏有效的政治合作成为共同外交与安全政策的常态。作为一个拥有27个主权国家，经济实力与美国相当，一体化程度最高的国家联盟来说，欧盟在政治、外交与安全领域的"不一致"表现使得人们认为它仅仅是一个"民事超级强权"

[①] [英]罗伯特·库珀著，吴云等译：《和平箴言：21世纪的秩序与混乱》，北京大学出版社2007年版。

欧洲一体化进程：共同外交与安全政策的制度改革

(civilian superpower)。① 但是，也有不少学者认为"欧盟共同外交与安全政策在长期的发展过程中已经超越了政府间特性，其制度机制本身具有的国际影响力不容忽视"，② 人们往往过于关注欧盟在共同外交与安全领域的失败案例，将该领域与欧盟在经济货币合作的非凡成就相比较，这是不切实际的，也忽略了欧盟这一特殊的国际行为体的特质。二战以后，北大西洋公约组织作为一个安全行为体，将美国的政治、经济和军事战略与西欧的命运连接在了一起，美国强大的军事力量导致欧洲各国政府在安全领域"免费搭车"，③ 这是欧洲一体化在外交与安全领域发展缓慢的重要原因。冷战结束后，欧洲安全格局发生了变化，欧共体与北约都面临着重新自我定位。同时，地区冲突、恐怖主义、能源安全、气候变化等问题为欧盟共同外交与安全政策发展提供了动力。可以说，随着欧洲一体化的发展，欧盟及其成员国希望加强各国在政治、外交和安全领域的合作，希望欧盟拥有一个能为欧洲整体利益服务的共同外交与安全政策，减少对美国的安全依赖，提高欧盟的外交独立性与国际地位。

第一节　什么是共同外交与安全政策

直到《马约》生效二十年后的今天，国际学术界甚至欧洲人自己都对共同外交与安全政策有着不小的争论，毁誉参半。不少人认为该领域作为"政策"的提法与其机制运作和实际表现也有较大出入，其最多算是追求成员国利益"最大公约数"的"合作机制"或"安排"。那么，究竟什么是欧盟的共同外交与安全政策呢，本章将从解答这一问题入手。需要说明

---

① Michelle Cini, *European Union Politics* (*Third Edition*), Oxford Unversity Press, 2010, p. 240.
② 金玲："欧盟共同外交与安全政策工具：硬力量与软力量的结合"，《中国社会科学院报》2008年9月30日。
③ Michelle Cini, *European Union Politics* (*Third Edition*), Oxford Unversity Press, 2010, p. 239.

的是，为了与后文《里斯本条约》的相关制度改革进行比较，本章主要介绍《里斯本条约》之前的欧盟共同外交与安全政策。

一、"政策"定义

我们在研究"欧盟共同外交与安全政策"时经常容易将此"政策"与"公共政策"进行比较而产生疑问——欧盟共同外交与安全到底算不算是一种"政策"？

我们在日常生活中最常遇到且最为熟悉的是"公共政策"，它是"社会公共权威在特定情境中，为达到一定目标而制订的行动方案和行动准则。其作用是规范和指导有关团体、机构或个人的行动，其表达形式包括法律法规、行政规定或命令、国家领导人口头或书面的指示、政府大型规划、具体行动计划及相关策略"。[①] 托马斯·戴伊（Thomas R. Dye）在其《理解公共政策》中给出的定义更加简单，即"政府做什么，为什么做以及促成了什么变化"。可以看出，公共政策的主体是公共权力机关，主要是政府。公共政策往往通过法律法规等表现，具有较强的法律效力，受法律监督，如商业政策、教育政策、能源政策等。在日常生活和一般的学术研究中，公共政策都用"政策"代替。

对欧盟来说，其政策主体与决策过程与"公共政策"有共性但也有所区别。

首先，从政策主体来看，欧盟拥有介于一般国际组织与国家之间的中间身份，是带有超国家性质的特殊行为体，这便形成"政策"概念争议的源头。有学者指出，"对欧盟及其决策过程的研究，不可避免地属于比较公共政策研究的范畴"，因为"在讨论欧盟政策和决策时，作者或者是在隐含比较的意义上将欧盟预设为一个不同于一般国家的政治实体"。[②]

[①] 谢明：《公共政策导论》（修订版），中国人民大学出版社2009年版，第2页。
[②] 刘文秀、[英] 埃米尔·J. 科什纳著：《欧洲联盟政策及政策过程研究》，法律出版社2003年版，第465页。

其次，从治理介入的程度来看，欧盟对几乎所有的政策领域都有涉及，但差别较大。欧盟政策领域可以归类为四个方面：经济一体化政策（单一欧洲市场、宏观经济与金融、预算政策）、功能政策（竞争政策、能源政策等）、部门政策（农业政策、环境政策、渔业政策等）和对外政策（对外经贸政策、外交与安全政策、发展与合作政策）。因为欧洲一体化是以经济一体化为先导的，其在某些领域已经完全攫取了成员国的政策制定权，如共同农业政策和货币政策，且这些政策的机制与运作都相对更为成熟，所以更具备上述"公共政策"的特点。而在某些领域如外交、安全、司法和警务等，名为欧盟与成员国共享政策权力，而实际上主要权力依然在成员国手中，超国家机构有限介入，无法在此领域充当"公共权力"或者"权威"。

第三，从政策效果来看，由于欧盟对不同领域治理的权威和运作机制差别较大，政策效果分层化严重。在经贸政策上，欧盟已是公认的高度一体化的经济组织，而共同外交与安全方面则处于低水平的合作层次。在几次国际事件中，如科索沃战争、斯洛文尼亚与克罗地亚独立等，欧盟的不佳表现使其备受职责。此外，共同外交政策缺乏连贯性、一致性和有效性，对外代表权混乱等问题也损害了欧盟在国际政治舞台上的形象。

欧盟的"外交政策"与"共同外交与安全政策"也有所区别。外交政策是一国实现其对外目标的具体手段，是包括政治、经济、文化等多领域的行动方针，而共同外交与安全政策则"源于20世纪70年代的'欧洲政治合作'（EPC），实际上仅指欧盟共同的政治外交政策"。① 欧盟的共同贸易政策、发展援助、扩大等并不包含其中。由于这些领域处在共同体支柱下，因而一体化程度高，政策效果好。从制度的角度看，共同外交与安全政策包括继承于 EPC 的一整套组织架构的运作机制，也包括诸如"共同立场"、"联合行动"等政策工具，其本质则是"欧盟成员国外交趋同的一个进程"或者是"成员国外交政策的'欧洲化'"。② 因此，与"公共政策"

---

① 冯仲平："关于欧盟外交政策的几个问题"，《现代国际关系》2006年第4期，第7页。
② 冯仲平："关于欧盟外交政策的几个问题"，《现代国际关系》2006年第4期，第9页。

在政策主体、过程和效果的差异，造成了欧盟 CFSP 作为"政策"存在争论的主要原因。

那么，为什么还要用共同外交与安全"政策"而不是"合作"或"机制"来对此进行表述呢？笔者认为，首先，就其制度规定来看，它符合西方对于"Policy"的最广义定义——"是用指导某种决定，并获得某种理性结果的原则和规则"，"是一种目标的声明或者承诺"，[1] 在该定义中，政策主体只是高级的治理机构（Senior Governance Body）。其次，欧盟是为了将其与之前的"欧洲政治合作"（EPC）加以区分，进而彰显将该领域正式纳入欧盟法律制度的重大政治意义。第三，欧盟对该领域抱有积极和长久的期盼，希望在未来发展中能够形成强力且统一的共同外交与共同防务，使欧盟具备类似主权国家制定外交与安全政策的"权力"。

二、欧盟政策起源及其发展动力

国外学者研究认为，欧盟的政策起源于二战以后"欧洲国家间状态的改变"，以及相互依存的压力。成员国为了适应战后各自在政治、经济与安全的需要，为了塑造新的欧洲"不得不将政策的'责任'转移到一个更高的层次"。[2]

在政策发展动力上，条约被视为欧盟政策的重要决定因素，是政策发展的重要动力，也为政策活动提供了法律基础，欧洲一体化的每一步成就都是以条约的签订为标志的。但是，条约的影响也不应该被过度高估，"条约并不一定确保政策的发生"，[3] 制度规定与实际运作存在不完全一致的现象。无论条约对政策愿景规定得多么"远大"，对程序规定得多么完整，具体到落实阶段，仍取决于政策执行者的意愿与能力。

---

[1] 参见 http://en.wikipedia.org/wiki/Policy.（上网时间：2011 年 5 月 3 日）
[2] Nell Nugent, *The Government and Politics of the European Union* (7th edition), Palgrave Macmillan, 2010, pp. 279–280.
[3] Nell Nugent, *The Government and Politics of the European Union* (7th edition), Palgrave Macmillan, 2010, pp. 279–280.

因此，欧盟政策发展的动力实际上来自成员国政府与超国家机构（主要是欧盟委员会）。各种条约也是由这二者通过博弈来达成。成员国政府是最原始和最重要的动力之源。理性主义认为，只要民族国家认为合作的收益大于成本，一般就会进行合作。欧盟的某项政策如共同农业政策就是成员国之间经过讨价还价的博弈过程之后，通过签署条约如《罗马条约》（1957年）对合作进行制度化的固定。在一些领域，超国家机构，如欧盟委员会可以逐渐取代成员国政府成为政策发展的动力。而在共同外交与安全政策的发展动力上，超国家机构介入有限，成员国的意志起决定性作用（笔者认为，《里斯本条约》对这一点做出某种挑战，具体论述见第五章）。欧洲一体化的政策来源与动力是一个十分复杂的问题，也是研究区域一体化的核心问题之一。欧洲一体化的理论，无论是政府间主义还是新功能主义，乃至制度主义与建构主义，都想要解决欧盟政策的来源与发展的动力问题，但各自的侧重与功效不同，至今仍没有一种理论能完全解释。

三、《里斯本条约》之前共同外交与安全政策的制度规定

在《马斯特里赫特条约》《阿姆斯特丹条约》和《尼斯条约》框架下，欧盟共同外交与安全政策独立于共同体的事务之外，是欧洲联盟的第二支柱。其制度规定如下：

（一）政策范围

《阿姆斯特丹条约》第五章第11条对欧盟共同外交与安全政策的范围规定："联盟将确立和实施涵盖外交与安全政策所有领域的共同外交与安全政策"，"逐步形成一项可走向共同防务的共同防务政策"。[①] 在欧洲政治合作时期，军事与防务这些安全层面的问题很少被涉及，直到《马约》提出可以讨论军事安全与防务问题，而《阿约》明确将"与联盟安全有关的

---

① 《阿姆斯特丹条约》第17条。《马约》表述为"最终制定一项可适时地走向共同防务的共同防务政策"。

所有问题"囊括于共同外交与安全政策内。此外，欧盟并没有对涉及对外行动与外交关系的贸易、发展援助等政策进行详细区分，它们似乎同时被包含在第一支柱与 CFSP 中。因为政治与经济在实践中不可能完全分开，所以无论在财政预算还是政策手段上，第二支柱的 CFSP 都需要第一支柱下共同体的支持。

（二）政策目标

《马约》第 11 条列举了 CFSP 的五大目标，这些目标被之后的《阿约》和《尼约》继承，主要包括：（1）捍卫欧盟的共同价值观，基本利益和独立；（2）加强联盟的安全；（3）按照联合国宪章和《赫尔辛基最后文件》的原则以及《巴黎宪章》目标，保卫和平，加强国际安全；（4）促进国际合作；（5）发展并巩固民主、法治、尊重人权和基本自由。可见，CFSP 所树立的是一个宣言式的宽泛、笼统和宏大的目标，"引发了人们对共同外交与安全政策的较高期望"，[1] 客观上造就了与政策实践的巨大落差。

（三）决策机构

共同外交与安全政策和共同体共享一套体制架构，但各机构的地位与作用与第一支柱差别较大。欧洲理事会与欧盟理事会拥有主要决策权，欧盟委员会、欧洲议会与欧洲法院只是不同程度地参与，作用有限。《尼斯条约》框架下 CFSP 的主要决策与辅助机构的总体情况如下：

1. 欧洲理事会（The European Council）

由各成员国的国家元首或政府首脑和欧盟委员会主席组成的欧洲理事会[2]是共同外交与安全政策的最高决策机构，每半年开一次例会，必要时

---

[1] 郑启荣：《全球视野下的欧盟共同外交与安全政策》，世界知识出版社 2008 年版，第 68 页。

[2] 在欧洲理事会会议期间，成员国外交部长为成员国首脑、一名欧盟委员会委员为欧委会主席充当助手。

会召开特别首脑会议，为 CFSP 政策制定提供总的政治路线和基本指导方针，以此作为欧盟理事会执行提案的依据。历史上，欧洲理事会有效地发挥着一体化发动机的作用。[①]

2. 欧盟理事会（The Council of the European Union）及其辅助机构

也称部长理事会。在共同外交与安全政策领域，由各国外交部长、欧盟共同外交与安全政策高级代表和欧盟委员会负责对外关系的代表组成，其总称是总务与对外关系理事会（the Council for General Affairs and External Relations）。该机构是共同外交与安全政策的核心决策机构，在欧洲理事会规定的原则和方针基础上制定共同外交与安全方面的具体政策。它在欧洲理事会会议之前对相关问题进行磋商，为欧洲理事会提供必要的智力支持。它负责联合行动与共同立场的实施、监督成员国行动、决定预算的使用并有权任命特定问题的特别代表。欧盟理事会有一些辅助机构，这些机构在 CFSP 中也发挥着不可或缺的作用，主要包括：

（1）轮值主席国（The Presidency）。欧盟成员国每半年轮流担任欧盟的轮值主席国，即在欧洲理事会与部长理事会中同时担任主席国。它们是推动欧盟共同外交与安全政策的主要动力。轮值国对外代表欧盟，负责处理 CFSP 事务，就 CFSP 的发展通报欧洲议会并征询意见，有权召集理事会特别会议。

（2）政治与安全委员会（The Political and Security Committee）。该机构于 2001 年正式建立，由成员国大使级代表组成，每周在布鲁塞尔开会二到三次，主要职责是：追踪国际事态发展，组织危机管理；向理事会提供政策建议，参与草案制订；协调共同外交与安全政策不同领域的各个工作组之间的工作；为欧盟军事能力发展提供政治导向，与北约和第三国在 CFSP 事务上进行协调磋商。该机构拥有 CFSP 的大部分动议权，作用十分重要。

（3）常设代表委员会（The Committee of Permanent Representatives, COREPER）。该机构由成员国驻欧盟的大使级代表组成，根据需要每周开

[①] ［比］尤利·德沃伊斯特著，门镜译：《欧洲一体化进程——欧盟的决策与对外关系》，中国人民大学出版社 2007 年版，第 37 页。

一次或多次会议。负责部长理事会会议的协调和筹备工作，审议送达欧盟理事会的相关议题并分类。它可以通过分类一项提案而直接影响该提案的通过与否，[①] 也可以在第一时间化解成员国之间对于一项政策的分歧。

(4) 总秘书处（General Secretariat）。通过和政治与安全委员会和常设代表委员会进行协作为理事会进行筹备工作，如起草会议纪要，设计议程等，其工作也包括安排文件的起草、散发和翻译等。

(5) 共同外交与安全政策高级代表（The High Representative for the CFSP）。《阿约》针对 CFSP 发展设立的新职位。该职位同时担任理事会秘书长和西欧联盟（注：该组织已于 2010 年 3 月 31 日宣布解散）秘书长。高级代表可以提高欧盟在对外政策方面的连贯性与对突发事件的反应力，可以代表理事会同第三方进行政治对话，帮助协调成员国形成共同的外交立场。1999 年科隆峰会上，欧洲理事会任命索拉纳（Javier Solana）担任第一位高级代表，任期五年，其工作取得了较好成绩并受到广泛赞誉。

(6) 政策规划与早期预警小组（The Policy Planning and Early Warning Unit）。也叫"政策小组"，创立于《马约》，隶属于理事会总秘书处，由成员国代表与欧盟委员会代表组成。主要职责有：为共同外交与安全政策高级代表提供政策建议，对可能影响联盟外交与安全的政治事态提供定期评估与早期预警，向成员国提供其所需要的信息以便形成共同外交政策。

(7) 三驾马车（The Troika）。负责对外代表欧盟进行政治谈判与对话。自《阿约》以后，欧盟处理对外关系的"三驾马车"由原来的上任、现任和下任轮值主席国变为理事会主席国外长、欧盟共同外交与安全政策高级代表与欧盟委员会对外关系委员。

(8) 欧盟特别代表（The EU Special Representative）。受"高级代表"的领导，针对特别地区如中东、南高加索或特别问题如人权等处理外交事务。负责去当地了解实际情况，并代表欧盟进行对话。其任命在"联合行动"框架下进行。

[①] 余南平：《欧盟一体化：共同外交与安全政策》，华东师范大学出版社 2009 年版，第 112 页。

此外，欧盟在共同安全与防务政策领域，也发展出一套较为完整的政治与军事组织架构，如欧盟军事委员会、欧盟军事参谋部、欧洲防务局、民事—军事策划中心与欧盟安全研究所等。

3. 欧盟委员会

尽管欧盟委员会在共同体支柱内享有唯一的立场倡议权，但是在共同外交与安全政策中作用有限。委员会在该领域的动议权与成员国共享。它可以向欧盟理事会提出相关 CFSP 的问题与适当建议，也可以要求轮值主席国召开理事会特别会议，或者向政策小组提出建议。尽管委员会在 CFSP 领域没有决策权但其仍具一定影响力：它首先执行共同外交与安全政策的预算；其次在诸如贸易、人道主义援助、发展援助等方面的对外政策上，享有独占的权责；在实践中，为了有效执行联盟的共同立场和联合行动，如经济制裁等，不得不依靠委员会在贸易等方面的权力与委员会在全球的代表和办事处。委员会也根据条约赋予的权力全面参与并促进 CFSP 的发展。

4. 欧洲议会

欧洲议会在 CFSP 领域的作用主要通过知情权、咨询权、质询和建议权以及预算权来体现。欧洲议会的议员们热衷于通过讨论和声明参与到外交政策中，以提高欧洲议会在对外关系中的作用。它是欧盟所有机构中唯一直接受欧洲公民委托的机构，代表着欧盟的民主性，但在 CFSP 领域的权力却十分有限。这显示了欧盟共同外交与安全政策缺乏民主基础。

（四）政策手段

根据《阿约》第 12 条的规定，欧盟为实现共同外交与安全政策目标应采取如下手段：(1) 确定共同外交与安全政策的原则和指导方针；(2) 决定共同战略；(3) 采取联合行动；(4) 采取共同立场；(5) 加强成员国在政策行动上的系统合作。在政策实践中，共同外交与安全政策的施行措施还有缔结国际协定、发表声明以及与第三方国家接触（主要以政治对话的形式）等。

共同立场有三类：（1）对第三国实施限制性措施的决定，如禁运、技术封锁、限制人员入境等；（2）对第三国政策的决定；（3）确定联盟对特定国际问题政策的决定，如欧盟针对恐怖主义问题及国际刑事法庭等。共同立场对成员国具有一定强制性效应。

联合行动是动用联盟的资源，采取具体的军事和民事行动，包括向具体的地区派遣特别代表、斡旋维和、边境管理、人道援助等。联合行动区域涵盖非洲、中东、亚洲以及巴尔干和南部高加索地区，具有较大的政治影响。共同立场和联合行动是两种较为重要的政策手段。

共同战略由欧洲理事会根据欧盟理事会在成员国具有共同利益的问题上的建议而决定，每个战略包含目标、期限以及联盟和成员国可以提供的资源等，由于其在成员国之间协调的难度大，政策调整周期长，是欧盟较少使用的一种手段。"欧盟自 1993 年 CFSP 建立以来，截至 2006 年 8 月，所采取的政策手段包括 263 次共同立场、293 次联合行动，还针对俄罗斯、乌克兰和地中海地区制定了 3 个共同战略。根据金斯伯格对欧盟政治影响力进行定量研究的结果显示，在其设置的涉及欧盟政治影响力的 219 个领域，欧盟在 100 个领域具有重要影响力。"[①]

此外，联合声明是使用率最高的政策手段，它属于执行联合行动与共同立场的延伸。冷战后每年都在 100 多项，它只具有宣誓性质，但从第三方的反应来看，宣示性的语言在外交政策中同样发挥作用。CFSP 联合声明通常会附加"条件性条款"，激励目标国家做出与欧盟一致的政策选择。[②]

（五）决策程序

作为第二支柱的欧盟共同外交与安全政策在决策主体与决策程序上都与第一支柱很不相同。第一支柱下，决策主体是部长理事会与委员会，决

---

① 金玲："欧盟共同外交与安全政策工具：硬力量与软力量的结合"，《中国社会科学院报》2008 年 9 月 30 日。
② 金玲："欧盟共同外交与安全政策工具：硬力量与软力量的结合"，《中国社会科学院报》2008 年 9 月 30 日。

策程序主要由委员会提出动议,再经理事会和欧洲议会做出决策,决策机制多采取多数表决制,体现了超国家特点。而在 CFSP 下,决策主体主要是欧洲理事会与部长理事会,委员会与欧洲议会作用有限。程序上先由欧洲理事会提出总的原则与指导方针,再由部长理事会相关行为体执行动议权与议决权,其中委员会或者成员国都必须联合理事会主席(轮值)才能进行动议。决策方式主要依靠成员国政府间的协商、讨论和表决。理事会并不经常以投票做出决议,而是重视反复的磋商寻求妥协和一致。在表决方式上,欧洲理事会完全按照成员国一致同意原则做出决定,部长理事会只在有限的条件下采用特定多数表决制。

1. 一致同意表决制

欧盟在 CFSP 的决策时,欧洲理事会经常使用全体一致表决制。一致同意表决制包括弃权票,但是经常因"一票否决"而降低了其运作效率。在《阿约》的改进下,为提高决策效率和政策一致性,引入了"建设性弃权"和"紧急刹车"程序。"建设性弃权"是为减少决策锁死危险,允许做出弃权的成员国无需实施相关决定,但该国不得采取与决定相冲突的行动。如果采取建设性弃权的成员国的加权票数超过 1/3,则决定不能通过;"紧急刹车"是如果成员国认为一项决定对其国家利益有重大影响而予以反对,可向欧洲理事会提出立法建议,由其以全体一致进行表决。《尼斯条约》还达成建立内部"强化合作"机制,即经过特定多数表决通过,允许八个以上成员国在司法、警务和除军事之外的外交领域进行先锋合作,这些改革一定程度上限制了一致同意规则的使用范围。①

2. 特定多数表决制

特定多数是在综合参考成员国人口、面积、经济发展水平等因素基础上,对各国部长理事会成员票数进行加权。在原来 15 个成员国的情况下,决定的通过要求至少 10 个成员国投出至少 62 张赞成票(约合总票数 87 票之 71.2%)。《尼斯条约》为适应欧盟东扩需要,在 27 个成员国情况下对

---

① 邵景春:《欧洲联盟的法律与制度》,人民法院出版社 1999 年版,第 34—35 页。

加权票额进行重新分配，总票数增至345张，有效特定多数票为258张。《尼斯条约》之后，除了一般的程序性问题采取简单多数投票制度，重大问题采取一致同意的投票制度外，欧盟主要政策领域大都使用特定多数投票制度。在CFSP领域使用特定多数投票的事项主要包括：为实施欧洲理事会提出的共同战略，就联合行动、共同立场做决定或做其他任何决定时；不是为了实施共同战略，而是单独就实施联合行动或共同立场做出任何决定时（《马约》第27条）。特定多数表决不得应用于具有军事或防务含义的决定。

第二节 共同外交与安全政策的历史演变

任何一种政治经济组织的存在和发展都基于特定的历史背景和现实需求，欧洲联盟也不例外。二战中欧洲所遭受的分裂、破坏和衰落成为欧洲人共同的历史记忆，这种记忆成为欧洲在战后不断进行联合的强大精神动力。但是，伴随着欧洲一体化在经贸领域的程度不断加深，政治、外交和防务领域的一体化却始终处于一种低水平的合作层次。这种落差在冷战结束伊始得到欧洲诸国的重视，欧盟共同外交与安全政策的提出正是欧洲国家通过政治合作不断走向政治一体化进程中的一个标志性历史事件。从最初的欧洲政治合作（EPC），到《马斯特里赫特条约》提出共同外交与安全政策，再到《阿姆斯特丹条约》与《尼斯条约》对其不断改革，外交与防务问题在欧洲一体化议程中的地位不断提升。正如阿登纳所言，"（欧洲联合的）目标是要一步一步地，首先通过经济一体化，随后政治一体化，最后军事一体化而达到欧洲的统一"。[①]

[①] ［德］阿登纳，上海外国语学院译：《阿登纳回忆录》第三卷，上海人民出版社1972年版，第4页。

欧洲一体化进程：共同外交与安全政策的制度改革

一、共同外交与安全政策的缘起

二战以后，英、法、德、意等欧洲主要大国衰落，西欧处在美苏冷战的最前沿。两大集团不但在意识形态领域竞争，而且在军事领域激烈对抗，"体系结构对于西欧国家的政治联合施加了很大的压力"。[①]

（一）欧洲防务共同体计划（European Defense Community）

战后初期，欧洲国家通过美国的《马歇尔计划》开始经济重建，加强经济联系。为了应对苏联的军事威胁和德国"死灰复燃"的可能，欧洲国家通过双边和多边进行防务合作。1947年法国和英国签署两国军事互助的《敦刻尔克条约》。1948年，英、法、比、荷、卢五国签署《布鲁塞尔条约》，建立军事同盟。之后，为了联合欧洲对抗苏联，美国推动构建北大西洋安全体系，于是1949年在《布鲁塞尔条约》基础上，布鲁塞尔条约国加上美国、加拿大、挪威、冰岛等国，共12个国家在华盛顿签署了《北大西洋条约》。欧洲正式纳入美国的安全保护之中。

在两极军事对抗格局不断成型的同时，欧洲自身也拉开了一体化的大幕。1951年，在让·莫内、舒曼（Schuman）等欧洲精英的推动下，法、德、荷、意、比、卢六国在巴黎签署《欧洲煤钢共同体条约》（又称《巴黎条约》），组建了一个带有超国家色彩的机构，意图通过煤钢联营将法德两国的煤钢行业进行统一管制，从而避免战争。

1950年，朝鲜战争爆发，东西方关系紧张。美国提出要重新武装西德引起欧洲各国担忧。再加上对美国的军事保护心存疑虑，欧洲各国希望凭借《巴黎条约》的"东风"一举开展政治和防务一体化。法国为主导欧洲政治一体化进程，由国防部长普利文（Rene Pleven）提出"普利文计划"。根据该计划，"为了共同防务，仿照煤钢共同体模式，成立一支从属于统

[①] 郑启荣：《全球视野下的欧盟共同外交与安全政策》，世界知识出版社2008年版，第44页。

一欧洲政治机构的欧洲军队，有统一财政、统一装备、统一指挥的一体化的军事力量"，① 这也被称为"欧洲防务共同体计划"。在德国，这一计划受到欢迎，因为德国考虑的是如何尽快获得国际承认，重回欧洲政治舞台。1952年，六国签署《欧洲防务共同体条约》。但是，出于对该组织超国家性质的疑虑以及担心缺少英国参与而无法有效制衡未来的德国，在随即进行的条约批准过程中，法国国民大会否决了这一计划。之后，西德的重新武装通过其加入北约而实现。自此，在两极对抗尤其是北约存在的背景下，欧洲自身的防务一体化因动力不足而暂时停滞。

（二）富歇计划（The Fouchet plan）

1957年，在煤钢联营的基础上，法、德、意、荷、比、卢六国在罗马签署《欧洲经济共同体条约》与《欧洲原子能共同体条约》（合称《罗马条约》），标志着欧洲一体化尤其是经济一体化的顺利开展。在这一背景下，法国总统戴高乐提出共同体六国应该在政府间框架下加强外交政策的协调程度。1961年的共同体首脑会议委托法国驻丹麦大使富歇（Christian Fouchet）成立委员会起草了一个基于政府间合作与政府间利益进行定期磋商的六国政治联盟计划，② 即建立一个具有法人资格，以一致同意为基础并拥有建设性弃权机制的政治联盟，其目的是"实现共同外交与防务政策，并捍卫"欧洲文明"的价值观"。③ 由于其他国家认为"富歇计划"破坏了共同体的超国家性，1962年对其进行了修订。但是，最终由于荷兰和比利时反对将英国排除在外以及戴高乐的反美论调，该计划最终失败。"富歇计划"失败的原因主要在于西欧国家在政治共同体是主权国家的政府间合作还是超国家一体化、在是否接纳英国入盟、在联盟防务是独立于北约还是在北约框架内等问题上存在严重分歧。该计划失败

---

① Holly Wyatt-Walter, *The European Community and the Security Dilemma 1978–92*, Landon: Macmillan Press Ltd., 1997, p. 21.

② Simon Nuttall, *European Cooperation*, Oxford: Clarendon Press, 1992, p. 37.

③ 余南平：《欧盟一体化：共同外交与安全政策》，华东师范大学出版社2009年版，第80页。

引发了对欧洲敏感的安全问题的探讨，其构想为之后的政治合作打下基础。

（三）欧洲政治合作（European Political Cooperation，EPC）

1965年6月，欧洲经济共同体六国决定将欧洲煤钢共同体、欧洲原子能共同体和欧洲经济共同体的机构合并，统称"欧洲共同体"，使欧洲一体化又取得了一次大的飞跃。同时西欧国家实力不断增强、东西方关系也有所缓和。借此良机，欧洲共同体成员国于20世纪60年代末重启了有关政治联盟的讨论。1970年卢森堡外长会议通过了由比利时外交部政治司司长达维农（Etienne Davignon）起草的《卢森堡报告》（The Luxemburg Report），欧共体各国决定在《罗马条约》框架外发展起一套政治合作机制，通过引入外长和高级官员的定期会议就国际政治问题交换意见，协调立场。外长会议一年两次，外交部政治司司长等高级官员的会晤则可更频繁。此外还可就特别问题建立专门工作小组。机制建立之初，由于与欧共体的事务严格区分，在如1973年石油危机中难以使用经贸手段有效维护欧洲的利益。因此，1973年出台的《哥本哈根报告》、1982年出台的《伦敦报告》对EPC机制进行了改革，重点是与共同体机制进行协同。此外，各国外长会议由两次增加到四次，建立欧洲联络员小组负责首都间联络，加强成员国外交部门在第三国以及国际组织和国际会议中的合作，推动了这一进程从政府间论坛向更高阶段的信息分享阶段过渡。[①] 同时，《伦敦报告》首次将安全问题纳入讨论对象中，设立"三驾马车"机制以加强政治合作的延续性，即由现任、前任和后任轮值主席国主席组成与第三国的对话机制，由前任和后任轮值主席国派遣外交官至现任轮值国协助日常工作并且同意让共同体委员会全面参与政治合作。

1986年2月，成员国签署《单一欧洲法令》（SEA）首次将欧洲共同

---

① 郑启荣：《全球视野下的欧盟共同外交与安全政策》，世界知识出版社2008年版，第48页。

体条约和关于政治合作的条约置于单一的法律文件中，为欧洲政治合作设置了法律基础，并且规定成员国"应该共同努力去形成并贯彻一项欧洲外交政策"，"用一个声音说话"并尽量避免"妨碍形成共识"。但同时，又限制 EPC 事务应在共同体制度框架外进行处理。

总的来说，欧洲政治合作（EPC）只是一个具有尝试性质的松散的政府间论坛，是 CFSP 的雏形阶段。它从防务共同体计划和富歇计划的失败中吸取教训，将成员国放在组织运作的中心，强调成员国的协商、沟通与了解。这一性质也延续到欧盟共同外交与安全政策中。在实践中，欧洲政治合作与欧共体事务日渐形成协同关系，在中东问题、英阿马岛问题、南非种族隔绝等实践过程中发挥了有效影响。但是，EPC 也遭遇了许多失败，如在 1979 年苏联入侵阿富汗，苏东剧变、海湾战争的反应和表现上都广受外界批评。

在 EPC 阶段，防范德国的重新崛起、抵御苏联的威胁成为欧洲各国进行政治合作的动力，但是美国力量在欧洲的存在以及英国对欧陆的离岸平衡等因素又削弱了欧洲各国进行政治联合的动力。此外，20 世纪 70 年代之前的尝试失败也反映了在经济一体化没有达到一定程度时，欧洲诸国仍需加强彼此的信任与"欧洲"的认同，更需要对欧洲政治联合的方向、模式等达成较为一致的共识。

二、共同外交与安全政策的形成

20 世纪 90 年代初，世界与欧洲政治格局的深刻变化成为欧洲寻求进一步政治联合的国际背景：

首先是冷战的结束。"华约"集团的解散以及苏联的解体标志着新的国际政治格局形成，这使得欧洲的安全形势发生了巨大变化。第一，关系欧洲安全的首要问题不再是东西方对抗，而是地区矛盾与冲突；第二，欧洲不再处于两个超级大国的夹缝中，政治独立性空前提升；第三，美国自克林顿政府上台，限制自身对欧洲内部事务介入，要求欧洲承担更多的安全责任。① 此外，因为冷战后军事问题的重要性大大下降，取而代之的是要真正走向全球化的经贸与投资，所以欧洲在全球经贸方面的优势得到凸显。在这一大背景下，欧共体成员国集体认识到欧洲复兴的机遇已经到来，必须抓住机遇扩大和深化一体化成果，提高欧洲在新形势下的国际影响力。

其次是德国的统一。统一后的德国经济实力强大，地缘位置重要。未来是"欧洲的德国"还是"德国的欧洲"，成为欧洲人优先思考的课题之一。对于那些曾经饱受德国蹂躏的欧洲国家来讲，如何在共同体框架下建立一种机制以防止德国再次称霸，成为当务之急。

第三是巴尔干问题。南斯拉夫的地区冲突使欧共体认识到没有统一、连贯和有效的外交政策，欧洲的安全稳定仍无法得到保障，更谈不上维护欧洲的海外利益。

1990年至1991年所举行的一系列就建立"欧洲联盟"的政府间会议实际上是共同体对各种内外挑战的回应。法德等国一致认为，随着经货联盟稳步推进，欧洲迈向政治联盟乃大势所趋，必须建立更加机制化的共同外交与安全政策来取代EPC。同时，各方围绕新制度的建立也存在分歧。在涉及民族国家主权的政治、外交、安全合作机制问题上，委员会与德国支持将其纳入共同体，而英、法等主张采取政府间合作方式，反对采用多数表决制；在发展欧洲独立防务问题上，法德主张西欧联盟获得行动能力，最终发展成为欧洲独立的防务力量，而英国和欧洲小国却强调北约对欧洲的重要性，主张欧洲防务应包含在大西洋联盟内部框架内。各国经过争论和妥协，《欧洲联盟条约》草案最终形成，支持政府间合作方式的意见占了上风。

1991年12月，欧洲理事会在荷兰马斯特里赫特召开首脑会议，通过了《欧洲经济货币联盟和政治联盟条约》（也称《马斯特里赫特条约》，简称《马约》），欧盟共同外交与安全政策正式建立并取代EPC成为欧盟

---

① Michelle Cini, *European Union Politics* (*Third Edition*), Oxford Unversity Press, 2010, p. 244.

的第二支柱。条约第五章对 CFSP 的目的、手段、决策程序和成员国与欧盟各自承担的义务做了相应规定,包括确立了欧洲理事会为 CFSP 的最高决策机构;引入了"三驾马车",即轮值主席国在前任和下任主席国的协助下执行任务;新增联合行动和共同立场两种政策手段;要求成员国进行系统的合作,避免采取损害联盟利益的行为等制度规定。总体来看,CFSP 对 EPC 的继承多于改革。与 EPC 不同的是,CFSP 将防务作为欧盟政策目标提出,一定程度上显示了对北约的独立性。在决策时,基本采取全体一致的表决方式(除了在程序问题及联合行动的某些方面引入了多数表决制),这使得欧盟外交与安全政策成为一些学者所谓的"寻找最小公分母(Lowest common denominator)的过程"。[1]

最初几年,外界对 CFSP 抱有过高期望,因而对其实际表现批评多于赞扬。一方面,欧盟批准并实施了一些联合行动与共同立场,如向俄罗斯、南非派遣观察员监督大选;协调波斯尼亚人道主义援助;向中东和非洲大湖区派遣特使促进和平进程;接管波黑莫斯塔尔城等,这些联合行动虽没有引起媒体太大关注,但欧盟能够确保每个问题达成共识并随之采取外交与技术、经济援助等相结合的办法,[2]并取得了积极效果。另一方面,在针对波黑问题、卢旺达大屠杀等重大问题上,CFSP 被认为缺乏成效,内部难以形成一致意见,军事行动缓慢且能力低下,从而严重影响了欧盟的声誉。欧洲政界学界普遍认为 CFSP 的程序机制过于复杂、制度规定模糊不清、决策缺乏效率,这些促使后来《阿姆斯特丹条约》对其进行必要修改。

三、共同外交与安全政策的发展

(一)《阿姆斯特丹条约》

1995 年奥地利、瑞典、芬兰加入欧盟后,欧盟成员国于 1996 年 3 月

---

[1] Michelle Cini, *European Union Politics* (Third Edition), Oxford Unversity Press, 2010, p. 256.
[2] 余南平:《欧盟一体化:共同外交与安全政策》,华东师范大学出版社 2009 年版,第 90 页。

开始举行新一轮政府间会议,商讨改革方案。目的主要是通过调整欧盟机构应对未来欧盟的东扩,改革理事会的表决制来加强欧盟的决策权,使共同外交与安全政策更具效率。经过各种级别会议长达18个月的艰难谈判,最终于1997年10月《阿姆斯特丹条约》出炉。该条约是对《罗马条约》和《马约》的补充条约。根据欧盟委员会和法、德、爱尔兰等国的建议,《阿姆斯特丹条约》对CFSP的改革重点有如下几项:(1)条约设立了共同外交与安全政策高级代表并与部长理事秘书长合并,增强欧盟外交的可见度与连续性;(2)在理事会总秘书处设立"政策规划与早期预警小组"(PPEWU);(3)引入"积极弃权"的概念,意味着在要求全体一致的情况下,理事会内部的弃权票不再被视为否定票,允许弃权的成员国持有异议,可以不参加行动,但又不妨碍其他国家的行动;(4)引入"共同战略"的政策手段,通过在成员国拥有重大共同利益的领域里确立共同目标,提供实现目标的手段来增强欧盟对外政策一致性;[①](5)对CFSP财政支持体系进行改革,规定由共同体预算(军事与防务行动除外)或由成员国以个案处理的方式为CFSP行动提供财政支持。总体来看,《阿姆斯特丹条约》强化了欧洲理事会在CFSP领域的统领作用,提高了欧盟委员会对该领域的参与程度,一定程度上加强了欧盟共同外交与安全政策的有效性与一致性。

(二)《尼斯条约》

《阿约》签署以后,欧盟在CFSP运作的过程中认识到成员国在对外政策上多元的利益需求与能力差别制约了联盟形成清晰而有效的对外政策。考虑到2004年许多中东欧国家将加入欧盟,若不提早改革,CFSP的运作可能面临瘫痪。2000年,欧盟尼斯首脑会议就新一轮改革进行磋商,最终通过《尼斯条约》。内容包括:压缩欧盟委员会的规模;重新分配欧盟理事会的加权票;扩大有效多数表决制议题范围;建立内部"强化合作"机

[①] 余南平:《欧盟一体化:共同外交与安全政策》,华东师范大学出版社2009年版,第94页。

制；政治委员会被政治与安全委员会替代。尼斯会议还通过了《欧洲安全和防卫政策》报告，明确欧洲快速反应部队与北约之间既合作又相对独立的关系。

新建的"强化合作"机制对 CFSP 的发展具有重要影响。它与"建设性弃权"一道，提高了欧盟共同外交的灵活性，即某些政策可以由那些"有意愿的和有能力的国家"进行自愿联合和推进，但不能涉及军事和防务行动。条约同时赋予了该合作在决策上特定多数的表决方式。同时，《尼斯条约》被认为增加了欧盟委员会的权力，也为欧盟未来的机制改革提供了保障。[1]

共同外交与安全政策的产生及发展与世界和欧洲的政治安全形势紧密相连，也是欧洲经济一体化不断发展的客观需要。通过对 CFSP 的发展历程进行观察可以得出结论，从 20 世纪 50 年代欧洲联合伊始，成员国尝试进行政治一体化的意愿就从未消失。冷战结束后，这种意愿愈加强烈。虽然与经济一体化相比，欧盟成员国在外交、安全甚至防务领域的制度化合作明显滞后且充满曲折，但以 CFSP 为主要内容的政治一体化毕竟拥有稳定的来自成员国的意愿支持，其发展并不是"裹足不前"而是呈"碎步前进"的。《尼斯条约》之后，随着欧盟大规模东扩的推进，有关 CFSP 的新一轮改革势在必行。

表 1—1 欧盟 CFSP 的发展演变

时　期	发　展
20 世纪 50—60 年代末	随着"欧洲防务共同体计划"与"富歇计划"的失败，一体化停止了在政治与安全领域的发展，经济一体化稳步推进
20 世纪 70—80 年代末	欧洲政治合作机制为成员国定期就国际政治问题交换意见、协调立场提供有利平台，但越来越无法满足应对欧洲内外形势变化的需要

---

[1] Michelle Cini, *European Union Politics* (*Third Edition*), Oxford Unversity Press, 2010, p. 250.

续表

时　期	发　展
1991 年	《马斯特里赫特条约》正式将共同外交与安全政策列为欧盟三大支柱之一，欧洲政治一体化有了制度基础，成员国合作从外交领域扩大到防务领域
1997 年	《阿姆斯特丹条约》对 CFSP 进行了首次改革，强化了决策机制，设立了 CFSP 高级代表和"政策小组"，改革了 CFSP 财政体系
2002 年	《尼斯条约》对 CFSP 再次改革，包括引入"强化合作"和"建设性弃权"，扩大特定多数表决制的应用等

资料来源：笔者自制。

第三节　共同外交与安全政策的局限性分析

既然成员国拥有进行政治一体化的意愿，那么为什么长期以来欧盟外交和安全领域无法取得像经济、贸易等领域那样显著的区域一体化成就呢？回答这一问题对本书的研究目标十分重要，因为改革在很大程度上是一次专门针对 CFSP 局限性的"对症下药"，且"诊治"力度相比《阿约》与《尼斯条约》较大。以下将从三个方面由表及里来探讨《里斯条约》之前欧盟共同外交与安全政策的局限性。

一、共同外交与安全政策的制度局限

CFSP 的制度局限是指因制度规定而导致 CFSP 在运作时产生阻碍或者引发"短板效应"，[1] 从而影响其政策效果的因素。这些因素部分是因制

---

[1] "短板效应"又称"木桶原理"。该理论由美国管理学家彼得（Laurence J. Peter）提出，是指盛水的木桶是由许多木板箍成的，成水量也是由这些木板共同决定的，若其中一块木板很短，则此木桶的盛水量就被短板所限制。这块短板就成了这个木桶盛水量的"限制因素"。

度规定得模糊、重叠甚至矛盾所致,部分是因制度难以有效应对实践所致。

(一) 一致性问题

欧盟共同外交与安全政策的"一致性"(包括"连贯性")由《马约》最早提出。原《欧洲联盟条约》第3条第1款规定:欧盟在尊重和发展共同体成果的同时,拥有一个单一的机构框架,以保证为实现其目标而采取行动的一致性和连贯性(consistency and continuity)。该条第2款进一步规定:"欧盟应特别保证其在对外关系、安全、经济与发展政策领域的整体对外行动的一致性。"

欧盟共同外交与安全政策的一致性主要包括两个方面:欧盟不同支柱下各个政策之间一致性属于"横向一致";欧盟与成员国的对外政策的一致性属于"纵向一致"。[①]

在"横向一致性"中,欧盟的三支柱结构引起了欧盟在法律人格与权能方面的不一致问题。一方面,欧盟不具有法律人格,不能加入国际组织,但是欧共体可以签署国际协议,这使得欧盟在执行共同外交与安全政策的工具如签订国际协定或与第三方对话时不得不依靠共同体的帮助,这就引起政策主体的错位。另一方面,在对外政策的整体构成中,对外经济政策隶属于共同体(第一支柱)之下,而传统的外交政策属于第二支柱,两种支柱实行完全不同的决策程序与手段,但在CFSP的实施中又需要相互辅助,这就引起与政策主体和决策方式有关的一系列不一致问题。例如,在第一支柱和第二支柱中都明确规定尊重人权是基本目标之一,但假如某个伙伴国被认定违反人权从而引起欧盟与之缔结的国际协议的暂时中止或对其实施制裁时,是应当按照共同体的程序还是按共同外交与安全政策的程序决定呢?很长一段时间,该问题曾阻碍着欧盟与地中海国家之间

---

① 学术界有一种观点认为还有第三种一致性,即机构之间的一致性。参见张华:"欧盟对外关系法中的一致性原则:以《里斯本条约》为新视角",《欧洲研究》2010年第3期。

发展援助项目的达成。① 这种分割造成欧盟对外政策长期相互脱节、支离破碎的形象，削弱了欧盟在国际舞台上的影响力。②

"纵向一致性"问题主要涉及联盟对成员国在政治外交上的约束力问题，即使欧盟与成员国在国际事务中保持立场、态度的一致。从《尼斯条约》的制度规定来看，尽管条约已经提到要求"成员国应本着忠诚和相互团结的精神，积极地、毫无保留地支持联盟的共同外交与安全政策"，"成员国不应采取任何有悖于联盟利益或可能损害联盟作为国际关系中一个整体力量的有效性的行动"，③ 但约束力只停留在"呼吁"的层面——欧洲法院被排除在共同外交与安全政策之外就很说明问题了。纵向的一致性问题在 2003 年伊拉克战争时暴露得格外明显，当时的轮值主席国希腊代表欧盟一直主张通过和平途径解决争端，而美国一意孤行对伊开战后，英国、波兰等欧盟成员国（或准成员国）则站在欧盟立场对立面支持美军的战争行动。

（二）连贯性问题

半年一届的"轮值主席国"制度严重影响了欧盟共同外交与安全政策的连贯性。由于轮值主席国是推进 CFSP 的主要动力，无论在欧洲理事会还是理事会，具有不同战略考虑与利益诉求的成员国接连登场，利用轮值主席国之机推行利于自己的政策。特别是一些中小国家，往往借助轮值主席国之机扩大自身的国际声誉与领导人的名望。这使得欧盟不仅在处理具体国际事务时经常面临主席国交接的麻烦，更是难以形成一个连续的中长期的对外战略。其最大的负面影响则是使外界认为欧盟的外交政策缺乏稳定性和可信度，导致美、中、俄等大国更愿意与德、法、英等欧盟成员国进行外交磋商，而轻视，甚至无视欧盟共同外交机制的存在。此外，连贯

---

① 房乐宪："欧盟共同外交与安全政策的性质及其运作局限性"，《现代国际关系》2000 年第 3 期，第 26 页。
② 陈志敏、[比]古斯塔夫·盖拉茨：《欧洲联盟对外政策一体化——不可能的使命?》，时事出版社 2003 年版，第 346 页。
③ 《欧洲联盟条约》第 11 条。

性差也表现在欧盟缺乏一个专门而高效的外交机构来贯彻其外交政策。

(三) 对外代表权问题

欧盟对外代表权的规定复杂而含混。30多年前基辛格 (Henry Kissinger) 提出的"假如我要给欧洲打电话，该打给谁"的著名问题一直困扰着欧盟。一方面，欧盟对外代表因政策领域不同而不同。一个跨领域的问题可能使来自第三国的使者需要与多个欧盟代表谈判。如对华武器出口解禁问题，在欧盟看来这既是政治问题，又是贸易问题，甚至还和人权挂钩，那么中国想要推动解禁，其"公关"对象可能就包括轮值主席国、共同外交与安全政策高级代表、欧盟委员会主席甚至欧洲议会议长等。另一方面，能够代表欧盟在国际事务中发表意见的大小首脑很多，有轮值主席国主席（包括成员国首脑和外长）、高级代表、欧盟特使、欧盟委员会主席、欧盟委员会对外关系委员、欧洲议会议长等。即使严格按照《阿约》的规定，在共同外交与安全政策上承担对外代表的是"三驾马车"，也至少包括了现任轮值主席国外长或首脑、高级代表和欧盟委员会代表（主席或对外关系委员），仍十分繁杂。

二、共同外交与安全政策的政府间性质

共同外交与安全政策的制度局限是由其政府间主义性质决定的。所谓"政府间"，是强调该政策的组织和运作主要由民族国家的利益、目标和行动来决定。它与作为第一支柱的"共同体"治理模式呈鲜明对比，后者被普遍认为具有"超国家"性质。[1]

---

[1] "政府间"与"超国家"是欧洲研究中两个相对的概念。共同体的超国家性质主要表现：1. 共同体有着明确的国际法律人格，早已作为国际舞台上一个举足轻重的经济力量被各国所承认，它不仅有缔结国际经济协定的权限，也具备完全的经济外交行为能力。2. 共同体拥有在关税、货币、共同商业、渔业等方面专属的权力，并且与成员国享有更广泛领域的共享权能。3. 欧共体形成了类似主权国家的三权分立系统——委员会、欧洲议会与欧洲法院可以分别起到独立于成员国的行政、立法与监督作用。

首先，理解 CFSP 的"政府间"性质可以借助"多边主义"这一概念。

按照罗伯特·基欧汉（Robert Keohane）的解释，"多边主义"可以概括为"在由三个或是多个国家组成的集团中，通过特定安排或机制协调国家政策的做法"。欧洲政治合作和共同外交与安全政策正是一种多边主义的合作，只不过前者是一种较为松散的模式，而后者则将这种合作形式加以强化——使其制度化、常态化，赋予其宏大的目标和价值理念（成为表现"欧洲认同"的一种方式）。多边主义合作明显的特点就是成员国意愿起决定性作用：一方面，成员国不愿意形成一种对自己的主权和决策造成有约束力的机制；另一方面，合作的议题、运作、表决等由成员国政府全权掌控。这两点决定了合作对成员国缺乏约束力，导致"不忠于"联盟或"违反"已达成协议的行为无法受到惩罚，以及在关键问题上多采取全体一致的表决方式。如联合国安理会就是一种典型的多边主义安排。因此，对欧盟来说，也只有在成员国意见都一致以及财政支持已经到位的问题上才会较为容易地达成统一，如欧盟在推动禁止地雷政策上的表现。

其次，理解 CFSP 的"政府间"性质必须回到民族国家"主权"的概念上。

历史上，欧洲创造了民族国家与主权的概念。1648 年，《威斯特伐利亚和约》（The Peace Treaty of Westphalia）的签订标志着国家体系的确立——国家成为国际关系的主要行为体，主权概念得到欧洲国家的普遍接受。何为主权？首先，国家拥有领土，在其管辖的领土内拥有最高权力；其次，所有国家一律平等，没有更高的权威凌驾于国家之上；第三，国家有使用武力的合法权利。自此，领土、主权和政府等国家的基本特征就成为新型国际关系的重要准则和标志性特征。[1] 在主权的概念中，主权对内的最高属性指国家的政治统治权力，对外属性派生于对内属性，即一个国家有权独立地决定自己的外交政策、处理国际事务和享有国际权利。

---

[1] 秦亚青：《权力·制度·文化》，北京大学出版社 2005 年版，第 57 页。

欧洲一体化理论的重要一支——政府间主义理论认为，欧洲一体化进程没有摆脱国际体系现实主义特征的束缚，欧洲各国都是明确追求私利的实体，尽管欧共体成员在诸如农业和贸易等"低政治"领域愿意进行更密切的合作，但他们顽固地紧紧抓住具有重要意义的主权，即"高政治"领域的外交政策权与武力使用权。[1] 政府间主义的缔造者斯坦利·霍夫曼（Stanley Hoffmann）对"高低政治"的分类清晰地解释了为什么欧盟第二支柱与第一支柱差别如此之大。随着欧洲一体化不断触及欧洲的政治、外交与安全领域，功能主义的"外溢"学说对政府间主义提出挑战，后者对其观点进行了某些修正，认为"虽然民族国家与国际组织的界限在逐渐模糊，但是并不意味着民族国家和政府已经失去了他们的意义。国家主权和民族国家只是被"驯化"（tamed）和改变，但并没有被超越";[2] 欧共体的独特作用在于降低了成员国的交易成本，使之在无政府主义的全球化时代能够更好地进行合作。20世纪90年代兴起的莫劳夫奇克的自由政府间主义更是认为，经济利益是欧洲一体化的最重要甚至是唯一动力，而建立一个欧洲联邦国家或是超国家政府只是精英们的一厢情愿而已。可见，在一体化进程中，主权的让渡，尤其是"高政治"领域主权的让渡是十分困难的。因此，无论是在报纸、媒体还是官方文件中，"主权在欧盟政治中都是敏感的带有情绪的词汇"。[3]

再次，成员国地缘战略与利益诉求的多元化加剧了政府间合作的困难。

欧盟内部大国小国、强国弱国林立。各国因国家实力与地缘位置的不同具有鲜明的多元战略利益。历史、宗教、文化和民族性格的多元性等塑造了欧洲各国不同的外交理念和彼此之间复杂的国际关系。欧洲政治一体化所经历的几次危机如"空椅子危机"（1965年）、"新老欧洲的分裂"

---

[1] Stanley Hoffmann, "Obstinate or Obsolete? The Fate of the Nation State and the Case of Western Europe", *Journal of the American Academy of Art and Sciences* 95/3, 1966.
[2] Michelle Cini, *European Union Politics* (Third Edition), Oxford Unversity Press, 2010, p. 91.
[3] Michelle Cini, *European Union Politics* (Third Edition), Oxford Unversity Press, 2010, p. 89.

（2003年）以及各国对欧洲事务，如在南斯拉夫共和国地位问题、土耳其入盟问题、扩大问题、发展共同防务等领域的意见分歧，皆由这一因素所致。民族国家利益的多元性提高了政治合作的难度，使国家利益与欧盟整体利益之间产生差异、矛盾甚至冲突。有关这一问题，后文将进行深入讨论。

总之，CFSP的局限性是由主权让渡的困境、成员国多元的利益以及制度瓶颈共同决定的，是横亘在欧洲一体化之路上的巨擘。这一局限性也是许多欧洲怀疑论者对政治联合不抱有希望的重要依据。但作者认为，作为开历史之先河的欧洲一体化进程，在半个多世纪的发展之路上始终是不断克服各种困难、阻力和危机而"碎步前行"的。欧洲大陆继续推进其带有"后现代"色彩的区域一体化并最终超越国际关系现实主义法则（主权原则）并不是没有可能。国内有学者认为，欧盟在尚未取代其成员国国际法主体地位或二者共存的情况下，欧盟共同外交与安全政策处于政府间与法制化双重特征的有限发展时期，[①] CFSP未来的发展仍具较大空间。

[①] 刘文秀："影响中国对欧外交战略定位的几个因素"，《教学与研究》2004年第11期。

第二章
《尼斯条约》后共同外交与安全政策的内外挑战

> "针对一个扩大后的欧盟,我们需要一种新的工作方式,而批准新条约(《里斯本条约》)将会使我们达到这一目标。今天,我们生活的世界正处在比以往任何时候都迅速的变化中。全球化带来新的挑战,新的行为体出现在国际舞台上,这要求欧盟必须具有持续应对这种环境变化的能力。《里斯本条约》会对欧盟的机制设置带来重要变化,这将直接作用于欧盟共同外交与安全政策以及欧盟安全与防务政策的实践中。"[1]

——前欧盟共同外交与安全政策高级代表索拉纳

唯物辩证法认为,事物的发展是内因与外因共同作用的结果,内因起决定性作用,欧盟的制度不外如是。《尼斯条约》签署以后,考虑到欧盟实施 CFSP 的内外挑战尤其是欧盟东扩的影响,欧洲政治精英与成员国希望就一体化发展的方向与可行的改革继续展开讨论。于是,2001 年 12 月的欧盟莱肯首脑峰会通过了著名的《莱肯宣言》,为欧盟新一轮改革奠定

---

[1] Javier Solana, "The Lisbon Treaty: Giving the EU more coherence and weight on the international stage", Brussels, 10 December 2007, http://www.consilium.europa.eu/uedocs/cms_data/docs/pressdata/EN/articles/97726.pdf. (上网时间:2011 年 11 月)

了基础。这一宣言距离《尼斯条约》在欧洲理事会通过仅过了1年。而这之后,从《尼斯条约》到《里斯本条约》的生效,欧盟经历了8年的改革准备期。而这8年的政策环境变化也恰恰证明了必须要对CFSP进行一次更大规模的改革。本章将从三个方面对《尼斯条约》之后欧盟实施CFSP的内外环境进行分析,这是《里斯本条约》出台的重要背景。

第一节 欧盟东扩对CFSP的影响

一、欧盟东扩及其成因

冷战结束后,原"华沙条约"国家纷纷进行国内政治经济转型,在国家战略上需要重新选择。基于安全利益和经济利益的考虑,中东欧国家纷纷提出加入欧盟的请求。一方面,通过达到欧盟所规定的入盟标准,中东欧国家可以尽快建立成熟、完善和法制化的经济体系,融入欧洲大市场,获得经济上的利益,同时促进政治上的民主化;另一方面,成为欧盟成员国或者准成员国"可以被其视为对自身的一种'软'性的安全保障",获得一种融入欧洲的归属感,同时加入欧盟成为许多中东欧国家加入北约的补充,使其可以更好地"获得北约的'硬'性的军事保护"。[1]

如果说中东欧国家加入欧盟是基于明显的"收益远大于成本预期"的话,那么欧盟为什么会选择一次性让如此多的成员国同时加入呢?实际上,欧盟从来没有一个清晰的扩大政策。从历史上来看,欧盟每次的扩大都是一种对入盟申请的反应,而不是主动为自身设定偏好和目标。虽然《罗马条约》写到"任何欧洲国家都可以申请加入共同体",但是并没有规定审核的标准以及所谓"欧洲国家"的界限,这就出现了历史上英国入盟

---

[1] Nell Nugent, *The Government and Politics of the European Union*, Palgrave Macmillan, 2010, p. 42.

第二章 《尼斯条约》后共同外交与安全政策的内外挑战

申请两次被法国否决，以及土耳其迟迟未获准加入欧盟的问题。1993年的"哥本哈根标准"虽然明确了入盟的谈判条件，但是它仍然不是一种积极地对于自身需求的设定。可见，在诸如扩大这种关键问题上，欧盟要么被动应对申请，要么让成员国发挥着主导作用（一些成员国相信本国会在某次扩大中获益因而积极推动扩大政策），各国通过政府间博弈形成了东扩的政策。2004—2007年欧盟的东扩是欧盟历史上第五次扩大，也是规模最大的一次，使欧盟成员国数达到27个（参见表2—1）。站在欧盟整体利益的角度，学术界认为解释欧盟东扩有现实主义与建构主义两种视角。现实主义学者的观点主要有：首先，更大的内部市场为现有的成员国提供了更多的贸易与投资机会；其次，扩大有利于欧洲政治稳定与安全。东扩的支持者认为，改造那些原先政治上不稳定、制度上不民主且与欧盟有着广阔边界的邻居们的最好方法是将其纳入进来——通过使其满足"哥本哈根标准"（入盟的条件）从而加以改造；第三，东扩增强了欧盟的国际影响力并做出良好示范以增强欧盟发展与联系政策的效力，从而使得诸如土耳其和巴尔干半岛等申请国加大内部改革力度。建构主义学者则认为，价值和认同塑造和决定着欧盟的扩大政策，欧盟及其成员国"对中东欧国家的责任标志着一种集体欧洲认同的宣誓，这已经成为欧盟政策的中坚部分"。[1]这两种分析实际上是从"理性选择"和"价值扩展"两个层次解释了欧盟选择东扩的原因。

表2—1 欧盟的历次扩大

入盟时间	国家名称
1973年	英国、丹麦、爱尔兰
1981年	希腊
1986年	西班牙、葡萄牙
1995年	奥地利、瑞典、芬兰

---

[1] Sedelmeier, "Eastern Enlargement: Risk, Retionality, and role-compliance", in M. Green Cowles and Simith (eds), *The State of the European Union: Volume 5*, Oxford University Press, p. 164.

续表

入盟时间	国家名称
2004 年	波兰、捷克、匈牙利、斯洛伐克、斯洛文尼亚、爱沙尼亚、拉脱维亚、立陶宛、马耳他、塞浦路斯
2007 年	罗马尼亚、保加利亚

资料来源：笔者自制。

二、欧盟东扩对 CFSP 的影响

（一）欧盟东扩对共同外交与安全政策目标的影响：地缘政治的角度

中东欧国家的大规模加入深刻地影响了欧盟共同外交与安全政策的目标内容。CFSP 的目标除了由《欧洲联盟条约》第 21 条与第 23 条规定的宏观部分，如"维护联盟的价值观、根本利益、安全、独立和完整"[①] 外，还包括相对具体的由欧洲理事会确定的 CFSP 的战略利益、目标与总体方针。[②] 中东欧国家的加入主要从地缘政治的角度改变了欧盟的内外安全环境，从而迫使欧洲理事会对 CFSP 的目标、范围和重心进行调整、更新。同时，更为复杂和严峻的地缘安全挑战也对 CFSP 的一致性、有效性提出了更高的要求。

欧盟内外安全环境的变化主要表现在以下方面：

首先，东扩使欧盟获得安全红利。东欧地区自古以来就是兵家必争之地。在地缘政治大师麦金德和布热津斯基的眼中，东欧是"心脏地带"，布满了"地缘政治支轴国家"，如乌克兰和波兰，"谁统治了东欧，谁就能主宰心脏地带"，进而能"主宰全世界"。[③] 苏东剧变以后，中东欧国家纷纷独立。鉴于俄罗斯使这些国家感受到的安全威胁与俄政治走向的不确定性，苏联国家积极投靠北约和欧盟以寻求保护。在俄欧关系方面，1994 年

---

① 《欧洲联盟条约》第 21 条第 2 款。
② 《欧洲联盟条约》第 26 条第 1 款。
③ [英] 哈·麦金德：《历史的地理枢纽》，商务印书馆 2008 年版，第 14 页。

北约提出建立"和平伙伴计划",向所有要求加入的国家尤其是东欧国家敞开大门。1999年波兰、捷克、匈牙利加入北约,2004年保加利亚、罗马尼亚、波罗的海三国等七国[①]加入北约。这两次北约东扩在政治上压缩了俄罗斯的活动空间并"严重威胁俄罗斯的安全"。[②] 同时,2004年前后爆发于中亚的"颜色革命",进一步提高了俄罗斯重整国力、扩充军备、在军事及能源等领域与大西洋联盟进行抗衡的决心。在美欧关系方面,冷战后的基本态势是美国与欧洲向平等、协作的关系发展,欧洲希望减少对美国和北约的依赖,而美国也希望欧洲能多承担一些地区安全责任。这样,综合欧俄结构性的战略矛盾与美欧关系的平等化趋势,欧洲必然得通过一体化框架下的自身努力来提高欧洲的安全系数。因此,欧盟东扩和CFSP的强化便是这一战略下两种互相联系的手段。欧盟东扩被认为是平息了"苏联的解体在地缘政治上造成的巨大混乱",填补了在欧亚大陆正中心的"黑洞",[③] 使中东欧国家在政治和经济上全面融入西方,加强了这些国家对欧盟的向心力。这不仅有利于欧洲的整体安全,而且在文化上也基本实现了欧洲所谓"统一"的梦想。对西欧、南欧国家来讲,东扩极大地延长了这些国家的战略纵深,使欧洲核心国家,如德国、法国、荷兰、意大利等处于更加安全的地位。换句话说,如果把俄罗斯看做是西欧大国战略对手的话,中东欧国家则在联盟内为西欧发达地区提供了安全屏障。

其次,东扩改变了欧盟内部的地缘格局。对于力主东扩的德国来说,不仅自身不再是"欧洲的边界",而且成为欧洲新的地缘政治中心,处于"左右逢友"的安全结构中;法国则从中心地带向西偏移,在地理上看似与德国要将欧盟一分为二,因此东扩也激发了法国在联盟内部向南部地中海区域扩大势力范围的欲望。此外,曾战火纷飞的巴尔干地区由欧盟的东部邻居变为被欧盟成员国所环绕,维持巴尔干半岛的稳定将成为保障欧盟

---

① 保加利亚、爱沙尼亚、立陶宛、拉脱维亚、罗马尼亚、斯洛伐克、斯洛文尼亚。
② 陈宣圣:《风云变幻看北约》,世界知识出版社2009年版,第100页。
③ [美]兹比格纽·布热津斯基,中国国际问题研究所译:《大棋局:美国的首要地位及其地缘战略》,上海人民出版社2007年版,第72—73页。

内部安全的首要问题。

第三，东扩带来了欧盟新边界的安全挑战。除了安全上的收益外，东扩后欧盟新边界地带严峻复杂的安全形势给欧盟共同外交与安全政策提出了新的问题和挑战。欧盟边界线大大延长，之前的"欧洲半岛"向欧亚大陆内陆呈扇形挺进，开始与"不太平"的高加索地区和中东地区相邻。在东部，俄罗斯、白俄罗斯、乌克兰以及摩尔多瓦成为新的接壤国。俄罗斯与北约盟国和北高加索国家的敏感关系可能演变为突发事件直接影响欧盟周边的安全稳定，如"颜色革命"和俄格冲突等。在北部，一块俄罗斯的飞地——加里宁格勒处于欧盟国家的环抱之中，俄罗斯曾多次威胁在此部署导弹以应对美国的反导系统。在东南部，由于罗马尼亚、保加利亚等国入盟，欧盟的边界延伸至黑海，在这里其将直接面对俄罗斯的军事压力。在南部，塞浦路斯的加入直接拉近了欧盟与中东、北非动荡地区的距离，与叙利亚、埃及和以色列相邻，敏感多变的中东、北非形势和巴以问题将成为对欧盟外交与安全的极大考验。同时，塞浦路斯问题也不容忽视，塞国内部的分裂有可能使欧盟卷入希腊与土耳其的积怨之中。总的来看，欧盟新的边界既要承受像俄罗斯这样的传统的来自地缘竞争国的战略压力，还要面对中东、北非、高加索等地区更为复杂的源自民族、宗教的矛盾，欧盟被卷入周边地区冲突的可能性提高。这需要欧盟首先制定统一的安全战略，并切实提高外交与安全的外部行动能力。

为了应对东扩后的局面，从 2002 年到 2004 年，欧盟开始接连不断地推出旨在加强联盟周边安全的政策与战略报告，对以前的目标做出更新和提升。

一方面，欧盟强化与周边国家和地区的联系。2002 年，欧盟共同外交与安全政策高级代表索拉纳指出，"欧洲的统一在地理上有着重大影响……欧盟睦邻政策对欧盟至关重要。欧洲的富饶、稳定与欧盟的周边地区有着紧密的联系，比如欧亚地区、地中海南岸和中东地区"。[1] 2003 年

---

[1] Javier Solana, "Lecture at the Inauguration of the Diplomatic Academy of the Ministry of Foreign Affairs of the Republic of Poland", 2002-10-16.

一份欧盟新的周边政策指导性文件,《更广阔的欧洲——睦邻关系:与我们东部及南部邻居的关系的新框架》,正式出台。2004年,欧盟委员会对外关系委员被改为对外关系与睦邻政策委员,这标志着欧盟外交的重心从中东欧新盟国转移到了对扩大后的新周边国家外交中。同年,欧盟又发布了《欧盟与地中海及中东战略伙伴关系最终报告》,进一步明确了其在中东地区的战略需求。在新的目标整合下,欧盟将周边范围划分为小周边(巴尔干、东欧)和大周边(地中海、中东、中亚)两个层次,对不同层次提出了不同的安全诉求,包括欧盟对旧的"巴塞罗那宣言"和"稳定联系协议"等做了升级修正。

另一方面,欧盟首次发布综合性的安全战略报告。2003年,欧盟颁布了《欧盟安全战略:一个更美好世界中的安全欧洲》。这份战略放眼全球,首次对欧洲的安全威胁和挑战进行全方位扫描。这份文件与新的睦邻政策共同形成了共同外交与安全政策新的目标和内容。在报告中,欧盟明确了其安全威胁不仅来自周边的地区冲突,也来自恐怖主义、大规模杀伤性武器、有组织犯罪以及欧洲的能源依赖等。欧盟认为,"当今的新威胁没有一项是单纯军事性的,也没有哪一项可以用单纯的军事手段可以解决。每一项都需要综合的解决手段",要运用"可支配的、全方位的危机管理和冲突预防的手段,包括政治、外交、军事以及民事、贸易与发展等活动",要采取积极的政策来对付新的动态威胁,"必要时采取强有力干预的战略文化"。欧盟在报告中强调提高共同外交与安全政策的一致性,推动构建一个有效的多边主义的国际秩序。

总之,目标与期望的提升与能力的提高应该相辅相成。为了使"一个积极而强有力的欧盟发挥全球性影响",[1] 旧的政策工具势必应得到改良。

(二)中东欧国家行为模式和理念对共同外交与安全政策的影响

欧盟东扩为 CFSP 造成了较为严重的"消化难"问题,新老成员国之

---

[1] "A SECURE EUROPE IN A BETTER WORLD: EUROPEAN SECURITY STRATEGY", Brussels, 12 December 2003, http://www.consilium.europa.eu/uedocs/cmsUpload/78367.pdf.

间在"认同""行为模式""理念"等方面充满分歧。这些分歧植根于民族国家不同的利益取向、历史经验和战略文化等,一时难以消弭。要解决这一矛盾必须做出制度上的突破,否则 CFSP 就陷入议而不决、决而不行的困境——这是欧盟对 CFSP 进行"布鲁塞尔化"改革的主因。

东扩导致的新老成员国分歧主要表现如下:

1. 行为模式:传统 VS 后现代

中东欧国家强烈的民族意识和传统的行为模式与老成员国已经带有"后现代"色彩的理念发生了激烈冲突。中东欧国家在历史上长期处于大国争霸的夹缝中,形成了对外界的强烈不信任感与不安全感,因而高度重视民族主权。以波兰为例,几百年惨遭大国蹂躏瓜分的经验使其一直具有明显的远大于其他中东欧成员国的外交抱负,[1] 即带有明显现实主义色彩的"均势"战略。波兰是新成员国中的地理和人口大国,在地缘政治中举足轻重,其希望利用自身战略优势在欧盟内部充当中东欧的领导人,与法德等大国相竞争。这导致波兰在联盟内部往往采用"粗暴"而强硬的方式来维护自身利益。如在 2005 年历时近一年之久的欧盟 2007—2013 年中期预算方案危机中,波兰坚决反对英国提出的方案,多次威胁使用否决权,并在各方基本达成一致的情况下拒绝做出任何妥协,使谈判几乎破裂。波兰强硬地维护国家利益还出现在 2007 年《里斯本条约》草案有关欧盟理事会投票方案上,波兰坚持"平方根"机制而反对大国利用人口优势获得更多的投票权,最终在其投反对票的威胁下,大国做出妥协,推迟了特定多数表决制的实行时间。波兰的这种行为方式不同程度地被捷克、匈牙利等中小国家效仿。小国认为,尽管加入欧盟可在经济上获益但在政治上不能沦落为"二等公民",大国小国应该平等。正如"疑欧"的捷克前总统克劳斯所说,"不久的将来,捷克作为一个具有主权的国家就不存在了,我们必须做一切努力,使我们独特的历史文化不会在欧盟中迷失"。这代表了新成员国对一体化蚕食其民族国家主权的疑虑。其他中东欧国家在行

---

[1] 杨烨:"欧盟新成员国行为模式对外交政策的影响:以捷克和波兰为例",《欧盟一体化:结构变迁与对外政策》,华东师范大学出版社 2009 年版,第 315 页。

为方式上虽然不如波兰那样强硬，但多对一体化议案持消极、保守的态度，在与大国合作时呈谨慎、戒备的姿态。

在半个多世纪的欧洲一体化进程中，德、法、意、荷、比、卢等欧盟元老国之间逐渐形成一种彼此包容、互相关照的合作理念，彼此间也保持着高度的信任、理解和默契，对待问题采用相近的思考方式。这种理念逐渐被学术界认为是一种"欧洲认同"。当然，这种认同的形成是非常复杂的过程，是欧盟研究领域的一项课题。有人为其寻找宗教、文化甚至语言的基础，也有人认为其是在经济交往、政治合作过程中经由物质和精神两个层次综合建构起来的，如"空椅子危机"与"卢森堡妥协"的后果。元老国在联盟内的行为模式也被认为是一种"后现代"的模式。而在东扩后，这种模式无疑受到新入盟国家的冲击。有专家认为，欧盟的核心国家层面出现模糊化和非固定化的趋势，扩大后的欧盟被一群小国"稀释"，缺乏凝聚力，欧洲建设难以继续发展。不同利益层面将会出现相关成员国之间的相对稳定的或非固定的利益组合，从而打破原来的以法德为核心的框架式的相对稳定的成员国合作关系。[①] 可见，这种来之不易的"后现代"的合作模式不仅要与中东欧国家现实主义的理念和行为进行对抗，其本身也可能随着成员国数量的增多而逐渐消亡。

2. 联盟外交与防务："大西洋主义"VS"欧洲主义"

中东欧国家加入欧盟，使得 CFSP 的发展更加受到美国因素的影响。冷战结束后，法、德等国不同程度地希望能够建设更加独立自主的共同外交与防务，逐渐降低北约和美国对欧洲政治的影响力，而随着中东欧国家涌入，北约以及美国在欧洲的外交和防务中的地位更加稳固，"大西洋主义"对"欧洲主义"形成挑战。因为新国家中大部分都是北约成员国和美国力量的坚定支持者。在波兰、捷克等国看来，面对俄罗斯的军事压力，欧洲大国并不能为其提供有效保护，美国是唯一强大的、值得信赖的、更是廉价的"保护伞"。此外，身处俄欧大国的夹缝之中，中东欧国家将现

[①] 杨烨："欧盟新成员国行为模式对外交政策的影响：以捷克和波兰为例"，《欧盟一体化：结构变迁与对外政策》，华东师范大学出版社 2009 年版，第 346 页。

实主义的均势制衡作为保障自身安全的战略出发点，引入美国这一第三方力量在欧洲牵制俄罗斯与欧盟大国。如斯洛伐克强调，"任何弱化或质疑大西洋纽带的可能性均应被排斥"，[①] 波兰则认为欧盟共同防务建设，应该不能削弱北约的作用。但是，这并不意味着中东欧国家对欧盟 CFSP 完全无所求，在应对如巴尔干地区民族冲突、恐怖主义、非法移民和自然灾害等非传统安全时，它们深知仍需依靠欧盟这样的多边集体安全机制。

欧盟内部在外交上的分裂突出表现在 2003 年美国对伊拉克发动战争以及美国在中东欧部署反导系统等问题上。作为 1999 年北约的新成员，波兰和捷克在北约内部一直表现抢眼。2007 年美国相继提出要在波兰、捷克部署反导系统，两国政府表示欢迎，事件曝光后极大地刺激了法、德等国的神经，并对欧俄关系造成负面影响。在欧盟看来，美国在东欧部署导弹不仅是冷战思维的延续，而且对欧洲的周边安全与睦邻政策带来极大威胁。最终在一片国际舆论的反对声中，美国取消了部署计划。这一事件反映出波、捷等国在防务问题上与欧洲大国分歧严重，他们希望维持北约治下的欧洲安全，抵制欧洲军事防务独立性的增强。值得注意的是，中东欧国家的立场也提振了英国在欧盟中的地位，英国长期以来奉行的"大西洋主义"在欧盟中更加有市场。

中东欧的这种战略选择也反向激励着美国要进一步加强与东欧的联系纽带，利用"新欧洲"来牵制"老欧洲"，围拢"大西洋主义"国家，强化北约在欧洲安全结构中的首要地位，防止自身在欧洲的威望有所下降。

3. CFSP 战略重心：地区 VS 全球

中东欧国家的加入使欧盟内部安全利益趋于多元化，导致成员国在对 CFSP 的定位和战略考量上出现不一致。作为欧陆强国，法、德、意、英等国一直希望欧盟能够在国际政治舞台上发挥积极的影响力，在政策导向上倾向于 CFSP 向全球扩展，而中东欧国家与法德等大国不同，他们更关心欧洲范围内，尤其是有关自身利益的安全事务，包括周边安全与非传统安

---

① 孙晓青、王莉："中东欧国家的外交政策：定位、取向及影响"，《欧洲研究》2004 年第 2 期。

全，不愿承担更大的涉及国际层面的义务。因此，在 CFSP 的发展方向上欧盟内部出现了地区主义与全球主义的争论。由于该政策的政府间主义模式，CFSP 很有可能取"最小公分母"的模式，即更重视在地区发挥的作用，将内部和周边安全视为政策重点和工作重心，对内以整合成员国分歧，适应和调整为主。这样，欧盟的国际行为体角色及其行动能力因中东欧国家而受到限制。东扩前后 6 年内 CFSP 行动的数据显示（见表 2—2），欧盟针对东欧地区的 CFSP 行动在 2003 年之后有明显增加，从此前 3 年（2000 年 5 月—2003 年 4 月）的 7 例上升为后 3 年（2003 年 5 月至 2006 年 2 月）的 26 例，而针对非欧盟地区的行动虽然数量本身增加，但在所有 CFSP 行动中所占比例减少，从前 3 年（2000 年 5 月—2003 年 4 月）的平均 50%，下降至东扩后 2 年（2004 年 4 月至 2006 年 2 月）的 41%。同时，针对西巴尔干半岛的政策并没有明显变化，而针对地中海地区的行动却逐年提高，这可以被认为是欧盟南部国家为平衡东欧地区而产生的结果。无论是"南翼"还是"东线"，欧盟针对周边的 CFSP 政策数量都有所上升，"地区主义"的取向较为明显。

此外，中东欧国家也使 CFSP 带有更多的"人权"色彩。如 2004 年，西班牙建议欧盟放松对古巴的制裁，主张与古巴重建外交关系，而捷克以古巴的人权状况为由对提案表示强烈反对，并威胁使用否决权，最终欧盟将其涉及古巴问题的决议推迟了 6 个月，并且相关制裁措施的放宽是以对古巴持不同政见者情况进行重新评估为基础制定的。[①]

表 2—2　东扩前后六年的 CFSP 的行动数据

地　区	东　欧	西巴尔干	地中海	非欧盟地区
2000 年 5 月至 2001 年 4 月			
联合行动	1	5	1	2
共同立场	—	6	—	11

---

① Kral D, "Enlarging EU Foreign Policy: The Role of the New EU Member States and Candidate Countries", Praha, *EUROPEUM Institute for European Policy*, 2005.

续表

地 区	东 欧	西巴尔干	地中海	非欧盟地区
决议	1	6	—	1
规范	—	5	—	3
总计	2	22	1	17
2001年5月至2002年4月				
联合行动	2	7	1	3
共同立场	—	1	—	12
决议	1	3	—	1
规范	—	1	—	2
总计	3	12	1	18
2002年5月至2003年4月				
联合行动	1	8	1	4
共同立场	1	—	1	13
决议	—	5	—	2
规范	—	—	—	5
总计	2	13	2	24
2003年5月至2004年4月				
联合行动	4	7	3	5
共同立场	1	2	1	13
决议	1	6	—	5
规范	—	1	—	11
总计	6	16	4	34
2004年5月至2005年4月				
联合行动	5	11	1	6
共同立场	4	3	2	11
决议	—	12	—	3
规范	—	1	—	6
总计	9	27	3	26
2005年5月至2006年4月				
联合行动	7	9	5	8
共同立场	4	—	1	6

续表

地　区	东　欧	西巴尔干	地中海	非欧盟地区
决议	—	5	—	4
规范	—	—	—	5
总计	11	14	6	23

资料来源：杨烨主编：《欧盟一体化：结构变迁与对外政策》，华东师范大学出版社2009年版，第10页。

（三）中东欧国家对共同外交与安全政策运作的影响：集体行动的角度

东扩使CFSP的"一致性"与"连贯性"问题更加突出。在CFSP决策时，欧洲理事会采用一致同意原则，理事会只在有限的情况下采取特定多数表决制。当欧盟成员国由15个急剧增加为27国后，可想而知，无论是欧洲理事会还是部长理事会，决策的难度都大大增加。

参与决策的国家数量尤其是小国数量的增多对集体决策还将产生额外的压力。我们可以利用集体行动理论中的"搭便车"问题（Free Rider Problem）对欧盟东扩后CFSP的决策压力进行分析。该理论由美国经济学家曼柯·奥尔森（Mancur Olson）于1965年发表的《集体行动的逻辑：公共利益和团体理论》（The Logic of Collective Action Public Goods and the Theory of Groups）一书中提出（在方法论视角上属于传统经济学的个体主义研究）。其基本观点认为：集体行动的成果具有公共性，所有集体的成员都能从中受益，包括那些没有分担集体行动成本的成员。因此，有一部分成员会不付成本而坐享他人之利，这有点像中国成语中的"滥竽充数"。奥尔森认为，理性人的显著特征就是行为前要进行成本收益的计算和权衡，以追求自身效用的最大化为目的，即使在组织或集团中也是如此。他得出结论：理性的自利的个人不会积极主动地发动集体行动并提供公共物品以满足所属集团或组织的需要，必须通过对集团成员实施选择性激励才能提高成员提供公共物品的可能性。而不同规模和性质的集团对其成员行为也有不同影响。在公共物品的获取方面，小集团比大集团更有优势。

欧盟是一个由理性的成员国组成的集体，由之前的"小集团"变为东扩后的"大集团"，CFSP 则致力于为集体提供"安全""影响力"等公共物品。如果我们将 CFSP 简单总结为保障欧洲安全，提高欧洲国际影响力的话，那么这种公共物品显然符合该理论"公共物品非竞争性和非排他性特点"。[①] 这样，有些国家，特别是小国有可能采用"搭便车"的行为方式，不愿意承担更多责任去推动 CFSP 发展。希望"搭便车"的国家在欧洲理事会或部长欧盟理事会的协商阶段（这一阶段被视为 CFSP 政策形成的关键阶段）会采取消极的态度，不但不愿意承担相关预算，而且找出不愿意合作的借口，希望大国或集体用其他方面的利益来换取自己不去阻挠该政策实行，向大国或者集体施压。这便造成 CFSP 的效率低下甚至议而不决。此外，"搭便车"理论还指出，随着参与集体行动者数量的增加，集体行动的成本也会相应增加，这也符合东扩后欧盟的现实。"搭便车"理论很好地解释了为什么对国家来说，外交、安全这类公共物品必须要由政府来组织提供，而欧盟恰恰在 CFSP 领域存在权威缺失，因此"搭便车"的现象会加剧该政策的运行困难。

中东欧国家在 CFSP 中的"搭便车"现象尤其体现在其对 CFSP 机制改革的态度上。这些国家一方面认同该机制需要进行改革，因为日益严重的非传统安全问题需要欧盟以更有效的组织予以应对；另一方面，这些国家又担心改革中大国会"占自己便宜"，削弱自身在欧盟中的"选择权"。在《欧盟宪法条约》中，波兰、捷克等国对改革的若干要点均持反对立场。出于疑虑，他们不愿意为欧洲一体化建设让渡更多的国家主权。同样，在共同安全与防务建设上，中东欧国家并不否定由此带来的对欧洲和"欧洲认同"的积极意义，但始终不肯明确而积极地表示支持，其中原因既有对大西洋关系的维护，也有经济上的考虑，如波兰外交计划部主任所说，"欧洲需要有独立性，给欧盟及其周边地区提供安全和稳定保障，但

[①] 笔者认为这一点应用于欧盟 CFSP 中需要进一步商榷，不排除大国利用优势地位推出会损害小国利益的议题，这样该政策就不符合非竞争性条件。

是，当前欧盟能否成为有完全行动能力的国际行为体还不得而知"。[1] 其言外之意表明，中东欧国家入盟后向欧盟"上交"经济主权，希望利用欧盟在经济、社会治理方面的成熟制度与经验改善中东欧国家的国力，但是并不愿意让渡政治上更多的国家主权，也不期待欧盟能成为具有完全行动能力的国际行为体。

总之，中东欧国家的"免费搭车"行为表现为：其希望借机解决长久以来的经济与社会问题，却不愿贡献更多公共物品即政治主权以提高欧盟的对外行为能力和独立防务能力。

（四）欧盟东扩加剧了该政策的议题超载困难

东扩后，联盟整体工作压力加大。对CFSP来说，由于成员国是CFSP议题的主要提案者，扩大后的欧盟CFSP将会面对更为繁重的议案压力。与议题增加相关的还包括欧洲理事会与部长理事会各秘书处的工作量大大增加，包括会议组织、议程安排、语言翻译、文件散发等等，致使欧盟机构负载严重。同时，欧盟委员会、欧洲议会等机构的编制必须进行相应改革以确保27个国家可以平等地享有治理权——欧洲议会的议席必须有所增加，欧盟委员会中每国至少有一名委员的安排也变得不切实际。与此相关的还有各机构官员，如委员会主席的选举问题。

此外，由于中东欧国家在转轨及其申请加入欧盟的过程中很多问题被掩盖，"部分中东欧国家在加入欧盟后，相继发生不同程度的内政与社会危机……对欧盟的扩大与深化带来一定消极影响"。[2]

总的来看，欧盟东扩所带来的决策困难是迫使欧盟进行新一轮改革的内因，也是主因。基于这种挑战的严峻性，欧洲政治精英们对一体化未来发展方向和模式进行了集体思索，从而使欧盟采取了一种与以往不同的改

---

[1] 孙晓青、王莉："中东欧国家的外交政策：定位、取向及影响"，《欧洲研究》2004年第2期。

[2] 中国现代国际关系研究院中东欧课题组："试析中东欧的入盟后综合症"，《现代国际关系》2006年12期，第17页。

革方式，这充分反映在《莱肯宣言》的内容中。

第二节 国际体系变迁对CFSP的挑战

纵观历史，自15世纪西方航海大发现至今，国际体系总共经历了三次大的变化。第一次是15世纪到19世纪末，世界由孤立、分散的区域型向相互联系的整体型过渡，全球资本主义贸易体系初步形成。这是属于欧洲人的世纪。航海大发现与商品经济的发展共同塑造了欧洲的辉煌，西班牙、葡萄牙、荷兰、法国、德国和英国相继登上世界霸主的舞台，以殖民者的身份统治着其他大陆。进入20世纪后，欧洲国家因民族、宗教和经济利益矛盾加剧引发两次世界大战，导致自身衰落，美苏争霸的两极格局形成。而在20世纪80年代末，苏东剧变导致冷战结束，美国成为唯一超级大国，塑造了单极的霸权体系（或者说是"一超多强"的多级格局）。对第二次和第三次的体系变化，也有学者认为可以合并，即从一战爆发到冷战结束可以被视为美国为夺取世界体系主导权而进行的百年战争。[①]

冷战结束后，虽然西方学者提出"历史终结论"，一度认为美国或者是所谓"西方民主阵营"的胜利使国际体系最终定格，但是国际体系实则继续发展演变：一方面，20世纪中叶以后，传统国际体系结构的内核与外延都在发生深刻变化，全球性贸易、投资和跨国公司日益兴起，国家间相互依存度空前提高，新的国际行为体对民族国家形成挑战。虽然美国在军事和经济上处于绝对领先地位，也并不是一种完全的"主导"。另一方面，进入21世纪后，随着"9·11"事件的爆发和美国"反恐谋霸"向外不断扩张和发动战争，其实力不断衰落，国际体系又在悄然转变。本节将从欧洲和国际两个层面来分析第四次国际体系变化对欧盟提出的挑战。

---

① 林利民："21世纪国际体系转型析论"，《现代国际关系》2009年第6期，第2页。

一、大西洋安全关系的变化要求欧盟承担更多地区安全责任

冷战结束后，国际权力呈分散化和多极趋势发展，随着2001年"9·11"事件的发生及美国连续发动的反恐战争，这一趋势日益明显。其突出表现就是欧盟与北约不断推动"大西洋区域内权力与关系的均衡化"，[①] 改变冷战时期形成的欧洲对美国"附庸式"的安全关系。早在1998年《阿姆斯特丹条约》标志欧盟正式建立共同安全与防务政策以及2000年西欧联盟撤销之际，欧盟就已开始正式打造属于欧洲自己的独立防务体系并建立了一整套军事组织——包括从防务规划、评估、决策到具体执行和军事部署。欧盟独立防务建设之所以能取得发展，源于美国和欧洲同时希望减少北约对欧洲安全所承担的义务。"9·11"事件发生后，美国的战略从应对中国、俄罗斯等传统对手转向"反恐"，并先后于2001年和2003年发动了针对阿富汗塔利班政权和伊拉克萨达姆政权的战争——通过反恐谋求更具优势的霸权地位是美国的现实战略目标。在这种情况下，美国更希望欧洲盟国能够承担欧洲地区的安全保障，将北约的更多资源用于美国在中东和亚太地区的反恐战争与战略部署。欧洲学者自己也承认，"冷战结束后，美欧的疏远正在加深，美国的安全考虑已经从欧洲转向中东、南亚和一个崛起的中国。欧洲应该关注自身的安全"。[②] 2003年3月17日，欧盟共同外交与安全政策高级代表索拉纳与北约秘书长罗伯逊交换信件，推动达成了北约与欧盟统称为一揽子协定的《柏林附加协议》（Berlin plus），内容包括6项原则和15个协定，确立了所谓"战略伙伴关系"。其核心思想是调整美欧军事上的旧关系，通过鼓励欧洲独立防务建设的发展，北约和欧盟将建立一种平等、协作的新军事安全关系。在此背景下，欧盟于

[①] 张茗："'战略性伙伴关系'往何处去——美欧关系剖析"，《欧洲研究》2009年第3期，第67页。
[②] "On target: Robet Gates's parting shot exposes Europe's military failings", *The Economist*, Jun. 16th 2011.

2003年12月出台了首个安全战略文件——《更美好世界中的欧洲安全》,[①] 赋予联盟安全行为体的身份,提出在强化大西洋联盟的基础上,加快自身防务建设。大西洋安全关系的调整和欧洲周边安全形势的严峻性要求欧盟承担更多作为安全行为体的责任,而强化共同外交与安全政策包括共同安全与防务政策是履行这一责任、维护欧洲整体安全利益的最佳选择。

二、欧盟需维护其作为世界"一极"的地位

21世纪初,国际体系最引人注目的转变就是世界多极化趋势日益明显,一批新兴市场国家对西方霸权发起"挑战"。自2008年起,无论是"G20"(二十国集团)还是"BRICS"(金砖国家)都是出现在世界媒体的最热门词汇,而象征西方主导国际体系的"G8"集团的作用则明显减弱。有学者认为,这是国际体系的第三次重大转变,即"权力东移",或者是"泛欧国家向非泛欧国家之间的权力转型"。[②] 国际政治的权重正在从大西洋两岸向太平洋地区转移,中国、印度等是这批新兴国家的代表。与此同时,长期的经济不振、老龄化与社会高福利政策等严重削弱了欧盟的国际竞争力,金融危机、主权债务危机等使得欧盟经济"焦头烂额"。国际地缘政治平衡的变化使得欧洲的优越地位不断下降,因此在"旧的格局日益失去意义,而新的世界秩序尚未形成"的国际战略形势下,"为了维护自身利益,欧盟及其主要成员国积极推动建设一个以联合国为中心、基于国际法之上的,将新兴大国融合在内的新的有效多边体系"。[③] 这样,欧盟需要拥有更为统一、有效和强大的外交能力以获得足够的外部支持,如通过与新兴国家合作进一步开拓外部市场,优化投资环境,向外输出欧盟

[①] Javier Solana, "A Secure Europe in a Better World", *paper presented to the Thessaloniki European Council*, 20 June 2003, http://ue.eu.int/pressdate/en/reports/76255.pdf.(上网时间:2009年1月)
[②] 林利民:"21世纪国际体系转型析论",《现代国际关系》2009年第6期,第8页。
[③] 冯仲平:"欧盟推动构建有效国际多边体系",《现代国际关系》2007年第12期,第20页。

的软权力；在各种多边机制下与美、俄、中以及其他大国竞争博弈，快速、有效地应对各类国际突发事件，切实维护欧盟的利益。

第三节 全球性问题与 CFSP 的压力

所谓全球性问题，是指当代国际社会面临的超越国家和地区的界限，关系到整个人类生存与发展的严峻问题，如国际恐怖主义、生态失衡、环境污染、人口爆炸、资源短缺、跨国犯罪等。进入 21 世纪后，恐怖主义、气候变化、核扩散、贫富分化等全球性问题日益凸显，在国际政治议程中占据越来越重要的地位。这些问题对欧盟 CFSP 提出了更高的要求。

一、恐怖主义问题

自"9·11"事件发生以来，以恐怖主义为代表的非传统安全问题引起全世界关注。2003 年 12 月，欧盟通过历史上第一份《欧洲安全战略》，将恐怖主义定为欧盟共同的三大战略威胁之一。欧洲之所以成为继美国之后第二个上榜的恐怖主义袭击目标，究其原因，首先在于欧洲有许多国家是美国坚定的盟友。"9·11"事件后，英国、法国、意大利等欧洲国家直接参与了美国领导的反恐战争；其次，冷战结束后西方世界与伊斯兰世界的关系不断紧张，突出表现就是在中东问题上美欧长期对以色列的偏袒态度导致伊斯兰世界的不满，并引起"基地"等一些极端恐怖组织的仇视；第三，欧洲社会内部的基督教与伊斯兰两种文化发生抵触，一些国家，如法国针对穆斯林实行了较为"苛刻"的移民、宗教政策。[1]

---

[1] 近年来法国对穆斯林的移民限制更为严厉，并先后立法禁止穆斯林妇女在公共场合佩戴头巾，禁止穆斯林进行街头礼拜等。法国主流对待移民的歧视和不公多次引发社会动荡，如 2005 年爆发的骚乱事件进一步加剧了穆斯林与基督徒之间的矛盾。

2004年3月发生的西班牙马德里列车爆炸事件①促使欧盟制定更加详尽的反恐政策。欧盟相继发表了《反恐宣言》与《欧盟反恐战略目标》。2005年7月7日，英国伦敦又发生连环恐怖爆炸事件,②迫使欧盟通过一系列新的反恐政策，如加强成员国的司法合作、加强反恐情报的搜集与交换、通过《反洗钱法》等切断恐怖组织资金来源等。在反恐的手段和策略上，欧洲与美国明显不同——美国强调武力征服而欧盟注重"治本清源"。欧盟善用经济援助、联系发展等"软实力"手段铲除恐怖主义滋生的土壤，包括其所谓"改进"第三世界的民主和人权状况。同时，欧盟重视国际组织的作用，强调多边合作。但是，随着恐怖主义已经成为日渐突出的全球性问题，欧盟任重而道远，如何有效整合成员国与共同体的反恐资源，强化信息情报合作，使成员国在遇到突发事件时能够快速反应、团结协作，决定了共同外交与安全政策在反恐领域的成败。

二、气候变化问题

在全球变暖已成为事实并正日益威胁人类生存环境的大背景下，气候变化问题逐渐成为最受关注的全球性问题。国际社会经过艰难谈判，先后于1992年和1997年通过《联合国气候变化框架公约》和《京都议定书》两个框架性国际文件（分别于1994年和2005年生效）。联合国、八国集团、二十国集团和达沃斯世界经济论坛等重要国际会议纷纷将气候变化作为主要议题，一些多边和双边的气候合作机制也相继建立。"气候政治""气候外交"等新概念的诞生标志着环境治理、碳排放等问题成为各国为政治和经济利益博弈的新领域。

---

① 2004年3月11日，西班牙马德里共有4列近郊旅客列车发生连环爆炸，造成192人死亡、1500多人受伤。这是马德里历史上死伤人数最多的一起惨案。爆炸案发生后，与"基地"组织有联系的恐怖组织"阿布·哈夫斯·马斯里旅"宣布对这一事件负责。
② 2005年7月7日早晨，英国伦敦利物浦街、罗素广场等多个地铁站相继发生剧烈爆炸，同时在地面上的多辆公共汽车也发生爆炸，由于当时正值上班的高峰期，爆炸造成56人死亡，700多人受伤的惨重后果。之后有"基地"组织欧洲分支等恐怖组织相继声称对此次袭击负责。

欧盟一向被认为是京都进程的"领导者"。[1] 它将气候问题列为自身的优先议题，推动国际社会利用多边手段解决环境问题。一方面，欧洲人的确非常关注自然环境变化，大量有关气候问题的权威科学报告都来自欧洲。从20世纪90年代起，欧盟就确立了宽泛的环境外交政策议程，着手治理全球环境。另一方面，欧洲希望谋求在全球气候问题上的主导权以提高欧洲的国际地位，向外输出"软实力"，同时得到经济上的红利。因为欧盟在绿色清洁、减少碳排放上有较为先进的技术，产业也相对发达，如果成功设立国际规制，欧盟的绿色科技将成为巨大的产业市场，成为欧洲经济新的增长点。但是，欧洲在气候外交中的立场却受到美国和包括中国在内的广大发展中国家的质疑甚至反对。美国在小布什时期宣布退出《京都议定书》，与欧洲发生严重分歧。中国等发展中国家也认为欧洲制定的碳排放标准没有考虑历史责任，对发展中国家不公平，这使得欧盟的影响力大打折扣。但是，欧盟在推动全球性气候问题上的贡献与发挥的作用又是不可否认的。从现阶段来看，气候变化问题既是国际社会关心的热点也是难点。欧盟要想达到上述多重目标，必须利用更加统一和高效的外交手段抢占在气候政治上的制高点，综合利用联盟与成员国在这方面的人力、科技和外交资源，这符合欧洲整体的利益。

三、核扩散问题

自20世纪60年代以来，防止大规模武器特别是核武器的扩散成为国际社会的共识。1995年，178个缔约国在联合国通过决议，无限期延长《不扩散核武器条约》。但是，冷战结束后，出于自身战略利益的考虑，一些国家仍试图拥有核武器，这其中包括印度、巴基斯坦、[2] 伊朗和朝鲜

---

[1] 薄燕、陈志敏："全球气候变化中的中国与欧盟"，《现代国际关系》2009年第2期，第44页。

[2] 印度和巴基斯坦于1998年不顾国际社会谴责先后进行核试验，宣布成为拥有核武的国家。

等国。

对欧盟来说，伊朗核问题是其最为优先的关切。自从2003年伊朗宣布提炼出"燃料铀"之后，伊朗核问题就频频爆发，至今仍是国际热点问题。伊朗是欧盟的邻国，扼守着连接亚欧大陆的战略通道与石油供给线，对欧洲的能源安全极为重要。伊朗还是一个信奉伊斯兰教的政教合一的国家，长期与美欧的盟友以色列交恶。欧盟及其成员国认为，如果伊朗掌握核武器将对其构成巨大的威胁。因此，欧盟一直是解决伊朗核问题的重要参与者之一，并扮演"先锋"的角色，在CFSP框架下多次采用共同立场、联合行动（如对伊朗进行经济制裁、石油禁运）等手段予以应对。与美国和以色列在这一问题上采取的强硬态度不同，欧盟坚决反对军事行动，强调在有效的多边机制下采取外交手段，用"全面对话"和"积极接触"的方式来解决伊朗核问题。2004年6月，欧美在华盛顿峰会上发表了《美欧峰会：关于大规模杀伤性武器的共同宣言》，强化了在北约框架与有关的国际多边组织中就该问题进行协调与合作。可见，在欧洲独立防务还处于初级阶段的条件下，要想有效解决对欧洲安全至关重要的问题，如伊朗核问题，CFSP是欧洲各国必须依赖的工具。

除了上述国际恐怖主义、气候变化以及核扩散问题外，人口问题、移民问题、全球贫富差距问题以及自2009年起在欧洲蔓延的金融、债务危机等都严重影响着欧盟的内部安全与经济社会发展，要解决这些全球性问题，需要不断整合和优化欧洲对外关系下的资源配置，强化CFSP政策的一致性、有效性，提高欧盟作为国际行为体的能力。

第三章
《里斯本条约》的出台及其主要内容

> "早在15世纪,葡萄牙的水手们从里斯本出发,去探索那世界的未知海域。同样,就在今天,生活在一个全球化的世界的我们——欧洲人,拥有了一张指引我们奋勇前行的新海图,那就是《里斯本条约》。"[1]
>
> ——欧洲议会议长布泽克(Jerzy Buzek)

为了应对《尼斯条约》后欧盟内外环境的变化,历时八年,《里斯本条约》于2009年12月1日正式生效。那么,欧盟本次的改革经历了哪些曲折?新条约的主要内容是什么?本章将对这些问题进行解答。

第一节 《里斯本条约》的出台

2001年12月欧盟布鲁塞尔峰会发表了《莱肯宣言》,要求通过改

---

[1] "President Buzek to participate in commemorative event marking the entry into force of the Treaty of Lisbon". Dec. 2009. http://proxy.ep-president.eu/president/view/en/press/press_release/2009/2009-November/press_release-2009-November-24.html. 布泽克在参加庆祝《里斯本条约》生效大会前的讲话。(上网时间:2011年5月20日)

革使欧盟成为一个更加民主、透明和高效的整体。根据宣言要求，欧盟成立了欧洲未来大会（Convention on the Future of Europe），即欧盟制宪委员会，为欧盟制定一部统一的宪法。但是《欧盟宪法条约》却遇到了巨大的批准危机，两个欧盟的创始国法国和荷兰相继公投否决了宪法条约，使欧盟陷入制宪危机。最终，《里斯本条约》作为宪法条约的替代品，于2009年12月1日正式生效。本节将对这一改革进程进行详细介绍。

一、欧盟条约的制定与批准

自从《欧洲单一法令》开始，每隔一段时间进行一次制度性改革已经成为欧盟的惯例。欧盟不断进行条约改革是欧洲一体化进程内在逻辑的要求。随着地区（如东扩、欧洲经济社会发展状况等）和国际（如体系变化，重大国际事件等）形势变化，欧盟需要不断改革加以适应，其中既有联盟整体的政策需要，又有成员国的诉求。从条约本身看，无论是《罗马条约》《马约》还是《阿约》等，都不曾规定作为最终条约，不得更改，相反都为进一步改革留有余地。其中最明显的是《尼斯条约》第23号声明，其直接设定了有关新一轮改革的基本议程。

条约的制定过程也就是成员国之间一连串政府间会议的磋商过程，会议的参与者主要是成员国的政府代表和联盟的政治精英。在《里斯本条约》生效之前，政府间大会的运作过程主要有：（1）任何成员国政府、欧洲议会或委员会均可以向欧盟理事会提交修订条约的提案，由欧盟理事会转交欧洲理事会，并通报成员国议会；（2）欧洲理事会以简单多数通过对修正提案进行审议的决定；（3）欧洲理事会主席召集成员国政府代表、欧洲议会和委员会代表组成大会，审议修正案，以全体一致做出决定，成立政府间大会商讨条约改革，决定会议的议题与议程；（4）政府间大会开始前，成员国首先都会成立专家组对提案进行研究以确定自身立场，之后由各国代表构成的"准备小组"（Preparatory Groupe）开始对条约细节进行商议，这些代表往往是一些政府高级官员和专家，这是整个成员国博弈环节中最重要的一环，各种利益妥协交换就发生在准备小组的会议期间，会议时间最少2个星期，一般根据议程确定；(5) 各成员间外交部长全程进行监督并提供政治指导。但有学者认为，由于知识专业受限外交部长在条约修订中不能起到很大作用；① (6) 最终由欧洲理事会即各国首脑进行最终的协商和博弈，并以全体一致的方式进行表决。② 值得注意的是，这个过程是彻底的政府间主义运作，委员会和欧洲议会没有否决权，影响力十分有限。

"改革条约"经政府间大会通过并由成员国首脑签署后进入成员国内部批准过程。自《欧洲单一法令》后，除《阿约》之外的所有条约都经历过批准危机，大部分欧盟成员国通过议会投票来批准，只有爱尔兰法律规定必须进行公投。在《欧盟宪法条约》的批准上，规定：其一，宪法条约由各成员国按各自宪法上的要求批准；其二，宪法条约须经所有签署国批准，否则不生效。③ 由于欧盟宪法与以前的欧洲一体化重要条约的区别在于，它已经超越了"宪法性条约"而成为"条约性宪法"，涉及到新政体的建立，涉及到各国的宪法基础问题，所以引发了公众的极大关注。一些成员国采用公民投票的方式来决定该条约的通过与否。其中包括一些从未进行过公投的国家，例如荷兰。④ 此外，条约的批准过程往往一波三折，这部分体现在每部条约所附加的议定书上，其中有些是根据某些国家的特殊情况，为了其能批准条约而给予的特殊承诺，如《关于在英国和爱尔兰适用〈欧洲联盟运行条约〉第26条某些方面的议定

---

① Nell Nugent, *The Government and Politics of the European Union*, Palgrave Macmillan, 2010, p. 88.

② Nell Nugent, *The Government and Politics of the European Union*, Palgrave Macmillan, 2010, p. 88.

③ 程卫东、李靖堃译：《欧洲联盟基础条约——经〈里斯本条约〉修订》，社会科学文献出版社2010年版，第6页。

④ ［荷］托马斯·克里斯滕森，田鹏、任可新译："2000年以来的欧盟条约改革进程—欧洲联盟宪政化进程中的曲折起伏"，《欧洲研究》2011年第1期，第137页。

书》。①

二、《莱肯宣言》：改革的先声

自 2000 年起，欧盟内部开始就《尼斯条约》展开谈判，这一条约主要涉及欧盟东扩后的机制调整问题，旨在解决欧盟日益紧迫的现实问题。欧洲一些政治精英认为，冷战结束 10 年后的欧盟面临许多不确定的变化，站在了历史的十字路口，需要开始思考和讨论有关欧洲一体化未来发展的原则性问题，其中最重要的是欧盟未来向何处发展的问题，此外还涉及欧盟的合法性问题、欧盟与成员国的权限问题、公民权利和欧盟应对国际挑战的问题。2000 年 5 月 12 日，德国外长菲舍尔（Joschka Fischer）在洪堡大学的一次演讲中以个人见解的方式提出，"欧盟的终极状态不应该是'国家联盟'，而是一个全面议会化的'欧洲联邦'。通过核心国家的紧密合作，导向一部欧洲宪法条约"。② 菲舍尔带有联邦主义色彩的言论在欧洲范围引起争论。法国总统希拉克与英国首相布莱尔对此给予的回应将这次有关欧洲未来的辩论进一步推向高潮。值得注意的是，一向反对"超国家欧洲政府"的法国"在戴高乐之后的一体化进程中社会意识发生位移"，③ 希拉克总统虽然仍反对建立一个欧洲合众国，反对照搬美国模式，但是却赞同"联邦"的概念，法德就欧洲一体化联邦主义发展模式达成共识。新的法德轴心启动，成为推动欧盟制宪的最主要力量。

终于，在《尼斯条约》的第 23 号特别声明中指出，在完成了东扩必须的机构改革的基础上，应就"欧盟未来发展展开更深入和更广泛的辩

---

① 程卫东、李靖堃译：《欧洲联盟基础条约——经〈里斯本条约〉修订》，社会科学文献出版社 2010 年版，第 239 页。
② 陈志敏、古斯塔夫·盖拉茨：《欧洲联盟对外政策一体化——不可能的使命？》，时事出版社 2003 年版，第 392 页。
③ 陈志敏、古斯塔夫·盖拉茨：《欧洲联盟对外政策一体化——不可能的使命？》，时事出版社 2003 年版，第 397 页。

论"；要求下一年度的轮值主席国瑞典和比利时鼓励讨论的展开；要求欧盟领导人在2001年12月的莱肯会议上，就"一项包含继续这一进程的适当主动行动的宣言达成协议"；声明还确定了革新应涉及的问题和发展方向，进而规定，在完成"上述准备性步骤之后"，于2004年举行新一轮政府间谈判，进行相关的条约修改。[1] 2001年11月25日，法德首脑发表联合声明，共同呼吁建立欧洲民族国家联盟，并制定一部欧洲宪法，比利时也随后发表声明主张在《莱肯宣言》中提出制宪问题。

2001年12月，在比利时莱肯举行的欧盟首脑会议上，欧盟各国领袖共同发表《莱肯宣言》，决定设立"欧盟制宪委员会"，[2] 筹划改革与制宪的问题。《莱肯宣言》强调，欧盟应着手进行深度"改革"与"更新"，考虑为"欧洲公民创立一部宪法"。为了应对内外挑战，革新目标应是使欧盟"更民主"、"更透明"和"更有效率"。《莱肯宣言》所涉及的问题超过50项，包括欧盟的民主合法性、未来的支柱结构等。欧盟制宪委员会由105位成员组成，由法国前总统吉斯卡尔·德斯坦（Giscard D'Estaing）任主席，成员包括15个成员国与13个候选国的代表以及欧洲议会与委员会的代表。由于德斯坦曾多年担任欧洲议会议员，被认为是"集成员国利益代表和欧盟机构利益代表的双重身份于一身"，[3] 对制宪大会的发展方向有着明确的思路和远大的抱负。根据安排，大会将经广泛征求意见与认真讨论后，起草有关制宪的最后文件。

对欧洲一体化来讲，《莱肯宣言》为推进"更紧密的联盟"这一理念提供了新的机遇，使那些对《阿姆斯特丹条约》和《尼斯条约》失望的一体化支持者欢欣鼓舞。[4] 宣言所表明的改革的紧迫性得到包括欧盟委员会、欧洲议会和成员国的广泛支持，但是要制定一部欧盟宪法，还需经历更为

---

[1] 吴弦："莱肯首脑会议会莱肯宣言评价——兼议欧盟谋求'制宪'的历史动因与要点"，《2002—2003欧洲发展报告》，社会科学文献出版社2003年版。

[2] 也称"欧洲未来大会"（The Convention Of The Future of Europe）。

[3] [荷] 托马斯·克里斯滕森："2000年以来的欧盟条约改革进程——欧洲联盟宪政化进程中的曲折起伏"，《欧洲研究》2011年第1期，第136页。

[4] Michelle Cini, *European Union Politics* (*Third Edition*), Oxford University Press, 2010, p. 45.

严峻的挑战。

三、《欧盟宪法条约》的批准危机

　　2002年10月28日，欧盟制宪委员会主席德斯坦向来自欧盟成员国、欧盟机构和13个候选国的代表等105位人士组成的欧洲未来制宪会议提交了欧盟宪法的草案初稿。2003年6月，欧洲制宪会议批准了宪法草案，并于10月进入政府间会议讨论。2003年12月，欧盟峰会在没有取得共识的情况下落幕，虽然意大利寻求避免重新就单个条款进行谈判的战略未获成功，但接下来的轮值主席国爱尔兰成功地使各国就修改后的条约草案达成一致。2004年10月，欧盟25国首脑在意大利首都罗马共同签署了《欧盟宪法条约》。之后，《欧盟宪法条约》进入各国国内批准程序。

　　无论是在欧盟的法律制度还是运行机制上，宪法条约都对欧盟进行了诸多具有重大意义的改革。然而，宪法条约的批准却陷入危机。在2005年5月29日举行的法国公投中，超过69%的选民参加了投票，结果有54.7%的投票者反对批准宪法条约。3天后的荷兰公投中，61.6%的投票者也反对批准宪法条约。法国和荷兰作为欧盟的创始成员国，一直在欧洲一体化过程中发挥积极的领导作用，他们同时公投反对欧盟的重要条约，这在欧洲一体化的历史上还是第一次。自此批准过程停滞，整个欧洲对宪法条约及其未来命运展开争论，这段时间被广泛称为"欧盟制宪危机"。

　　欧盟制宪危机是当时欧洲一体化中各种分歧与矛盾的总爆发，包括各成员国政府之间、成员国国民之间以及成员国国内政治阶层之间的综合性矛盾。首先，危机源于"民主赤字"问题。自由政府间主义大师莫劳夫奇克认为，欧盟的治理结构实际上是一种"宪政妥协"，欧盟致力于解决政府不希望承担的政策方面的问题，如中央银行、竞争法、环境政策等，但却不参与社会福利、医疗、教育等领域的治理，它也没有建立一个公民之上的社会机构，如政党，因而欧盟不是一个公民民主参与的政体。[①] 公民与欧盟之间矗立着以政府为代表的民族国家这一道坚固城墙，要想通过立宪打破这道墙，现阶段的欧盟还不具备这样的公民基础，或者说公民还不"放心"将所有事务都交付超国家的欧盟。其次，制宪危机反映了法国与荷兰的民众对政府在经济、社会、就业等方面的施政情况不满。欧盟的单一市场和东扩等政策使法国、意大利、荷兰等国的民众不断因移民、环境、就业和竞争等问题承受较之前更大的压力，从而对政府与欧盟心怀疑虑。有学者认为，这涉及在欧盟的社会模式中"经济层面的盎格鲁—撒克逊模式与法国模式之争"，[②] 代表着两种欧洲观的较量。第三，危机反映了"欧洲认同"还无法压倒"民族主义"。欧洲认同其实是欧洲政治精英所提炼出的一种观念，从某种程度来看，欧洲一体化正是多年来"欧洲认同"与"民族主义"这两种观念的一场攻防战。虽然欧洲认同逐渐成形并发展，但宪法条约的失败说明，"欧洲认同"此次没有战胜"民族主义"而形成压倒性的公共政治文化，"欧洲尚不具备一部可以借助其实现欧洲认同的宪法……欧洲共同的历史、文化认同还比较薄弱，在可以预见的未来，欧洲认同的发展水平很难支持一个等同于现有国家模式的欧洲联邦或欧洲合众国"。[③]

2005年6月16日，欧盟首脑会议做出了暂停各国对《欧盟宪法条约》的批准程序和相应延长批准权限的决定，欧盟实施了一项旨在增进公民和精英人士对话机会的项目，即所谓的"D计划"，即对话（Dialogue）和讨论（Debate），欧盟制宪进入反思期。

[①] [美] 安德鲁·莫劳夫奇克，赵晨译："欧盟宪法的本质——仍需从自由政府间主义来理解"，《欧洲研究前沿报告》，华东师范大学出版社2007年版，第307—308页。

[②] 罗红波："从深层次看法国否决欧盟宪法条约的原因和影响"，《欧洲研究前沿报告》，华东师范大学出版社2007年版，第328页。

[③] 王展鹏："宪法爱国主义与欧洲认同：欧盟宪法的启示"，《欧洲研究前沿报告》，华东师范大学出版社2007年版，第347—357页。

四、《里斯本条约》的起草与生效

基于改革的必要性，欧盟需要尽快走出制宪危机并挽救搁浅的欧盟宪法，每半年轮换一届的欧盟轮值主席国被寄予厚望。然而，2005 年下半年，适逢疑欧情绪较浓的英国担任轮值主席国，虽然英国首相布莱尔希望借此大干一场，但最终却是"雷声大，雨点小"。① 2006 年上半年，奥地利担任轮值主席国，其在 6 月召开的欧盟首脑会议上委托德国在 2007 年轮值国任内制订"路线图"计划（Road Map for the EU constitutional process），旨在结束欧盟制宪危机，重启改革进程。2006 年下半年芬兰在其担任轮值主席国期间进行了"小步改革"尝试，收获不大。2007 年年初德国上任，当时恰逢欧盟成立 50 周年，各国普遍希望能够在这一纪念时刻使欧盟摆脱改革的危机，推进一体化进程。2007 年 1 月，在西班牙和卢森堡的倡议下，已经批准或支持《欧盟宪法条约》的 22 个国家②在马德里召开会议，讨论推动下一步改革的方案。2007 年 3 月，德国柏林召开纪念欧盟成立 50 周年大会，德国代表欧盟发表了《柏林宣言》，强调"欧盟需要一个新的共同体基础"。③ 终于，在 2007 年 6 月 21—22 日的欧盟领导人峰会上，经过长达 36 小时的马拉松谈判确定了解决宪法批准危机的方案。要求在下半年葡萄牙的轮值主席国任内，召开新一轮政府间会议，起草一个修改现行条约的"改革条约"，代替欧洲宪法条约，其主要目的之一是避免采用公民投票的方式。至此，欧盟新一轮改革又看到了曙光。

2007 年 7 月 23 日，在欧盟外交部长理事会上，葡萄牙提交了一份根据欧盟领导人峰会所达成的一致意见而起草的新的条约文本，并将其作为

---

① 吴江："《里斯本条约》的出台：解析与展望"，《欧洲研究》2008 年第 1 期，第 100 页。
② 已经批准宪法条约的 18 个国家是：意大利、比利时、卢森堡、德国、西班牙、奥地利、芬兰、希腊、塞浦路斯、匈牙利、爱沙尼亚、拉脱维亚、立陶宛、马耳他、斯洛伐克、斯洛文尼亚、保加利亚和罗马尼亚。四个原则上支持宪法条约的国家是爱尔兰、丹麦、瑞典、葡萄牙。
③ 吴江："《里斯本条约》的出台：解析与展望"，《欧洲研究》2008 年第 1 期，第 101 页。

政府间会议讨论的基础文本。条约全称为"修订《欧洲联盟条约》和《欧洲共同体条约》的条约（草案）"。2007年10月19日，欧盟各国首脑在里斯本召开的非正式欧洲理事会会议上就条约的最终法律文本达成一致，新条约也被称为《里斯本条约》。2007年12月13日，各国在布鲁塞尔正式签署《里斯本条约》，新条约刊登于2007年12月17日的《欧洲联盟官方公报》。

在各成员国的批准环节上，除了爱尔兰因宪法上的规定必须进行全民公投以外，其他成员国将不举行公投。在2008年6月爱尔兰公投前，已经有匈牙利、法国、波兰等18个成员国相继批准了新条约。但是，爱尔兰公投却以53.4%的反对票否决了《里斯本条约》。爱尔兰的否决虽然使欧盟又一度陷入紧张气氛，但是在经历了制宪危机的考验之后，欧盟各成员国很快达成一致，认为一方面应该尊重爱尔兰人民的选择，欧盟将致力于对爱尔兰人民的特殊需求展开研究，另一方面强调其他成员国继续按原计划批准条约。关于爱尔兰公投否决《里斯本条约》的原因，学界认为首先是爱尔兰公众对新条约扩大欧盟权能的范围与决策能力有深深疑虑，担心欧盟在税收上权力增加将迫使爱尔兰提高公司税，影响其企业的竞争力；其次，爱尔兰担心欧盟委员会采取轮流制之后，小国的影响力在委员会内会减弱；第三，爱尔兰担心欧盟在共同外交与安全政策领域权力的加强将增加爱尔兰的军事义务，影响其中立性。在2008年12月的欧盟峰会上，为了使新条约在2009年年底前生效，欧洲理事会针对爱尔兰对改革的"担心"，制订了解决方案，即承诺对爱尔兰做出一系列特殊安排，并加强对爱尔兰的宣导工作。终于，在2009年10月2日，爱尔兰就《里斯本条约》进行了第二次公投，结果新条约以2/3的支持获得通过。对此，欧盟委员会主席巴罗佐说，"《里斯本条约》的通过显示了爱尔兰人民对欧盟的信心，显示了欧洲具有团结一致的价值观"。①

---

① 参见http://baike.baidu.com/view/1209781.htm。（上网时间：2011年5月20日）

2009年11月3日，随着最后一个成员国——捷克批准《里斯本条约》，新条约结束了所有批准程序，于12月1日起正式生效，欧洲一体化进程翻开了新的一页。

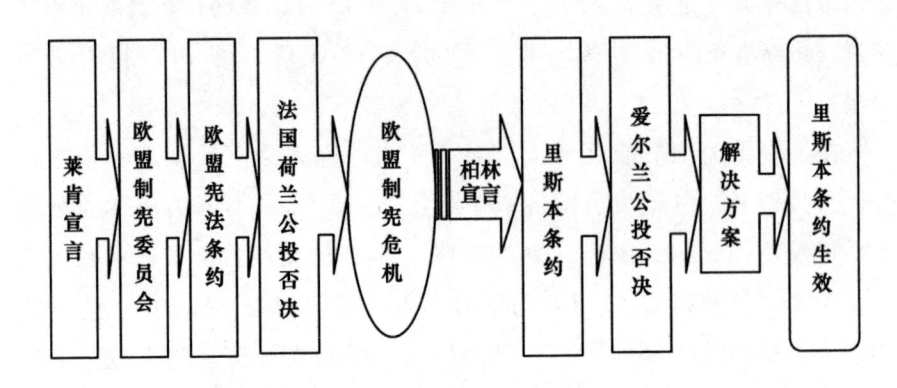

图3—1 《里斯本条约》改革进程示意图

资料来源：笔者自制。

第二节 条约改革过程中的成员国政策分析

欧洲一体化研究中的一个核心问题就是关于民族国家与欧洲共同体（欧盟）的关系问题。1966年出现的政府间主义，从解释"空椅子"危机出发，认为"欧盟的每一步发展，不论是前进还是倒退，都是成员国意愿的反映。一体化停滞主要是成员国政府抵制向布鲁塞尔进一步转让国家主权"。[①] 20世纪90年代，莫劳夫奇克通过研究国内政治并且吸收国际合作议价理论（Bargaining Theory）与新自由制度主义成果提出了颇具影响力的自由政府间主义，认为"欧盟一体化的最好解释就是各国领导做出的一系

[①] Stanley Hoffman, "Obstinate or obsolete? The fate of the nation-state and the case of the Western Europe", Daedalus, Vol. 95, No. 3, 1966. pp. 862–915.

列理性选择"。① 可见，民族国家和政府在欧洲一体化的进程中始终发挥着重要作用，而在 CFSP 的发展演变中，欧盟大国尤其是法国、德国等则一直起主导作用。本节将以成员国为视角，重点对比大国在《里斯本条约》出台过程中的战略与政策，目的在于更好地洞察 CFSP 改革的内在动力，从过程分析结果所具有的特点与趋势。

一、法国：推动"改革条约"出台

（一）冷战后法国日趋严峻的外交局面

作为昔日的欧陆强国，法国在二战后的外交战略主要依托两大考虑：（1）如何重塑法国的世界地位；（2）如何约束和防范强大的东方邻国——德国。为此，从"白里安计划"到"舒曼方案"，法国政治精英设计了欧洲的联合作为实现法国外交两大目标的重要手段。最初，以舒曼为代表的法国政治精英带有一定的联邦主义思想，但是之后法国对欧洲联合越来越秉承实用主义的目的。到戴高乐执政阶段，法国坚持未来的欧洲应该是"由民族国家组成的多国家的欧洲"。这种带有强烈民族主义的思想成为法国外交的"戴高乐主义"，其本质是捍卫国家主权和民族独立。戴高乐主义至今仍深深地影响着法国的外交。同时，法国认为联合的欧洲应该以法德合作为支柱，逐步摆脱外部势力控制，建设欧洲独立的防务力量。此外，法国外交还强调民主与人权等价值因素。

苏东剧变后，北约非但没有解散，反而成为美国控制欧洲的工具，德国的统一与繁荣也对法国在欧洲的领导权形成强大挑战，冷战后国际体系的变化迫使法国调整"戴高乐主义"的外交理念。布热津斯基这样描述法国的外交困境："若法国要营造欧洲的未来，就必须既让德国参与又加以束缚，还得逐步剥夺美国对欧洲事务的政治领导。而这将导致法国陷入双重政策困境：一是如何在不断削弱美国在欧洲的存在的同时，保持美国对

---

① ［英］安特耶·维纳、［德］托马斯·迪兹主编，朱立群等译：《欧洲一体化理论》，世界知识出版社 2009 年版，第 100 页。

欧洲的安全承诺——法国仍然承认这一承诺是必不可少的；二是如何在阻止德国领导欧洲的同时，使法德关系成为推动欧洲一体化的发动机。"① 1999年欧元区建立以后，法国和德国在联盟中的关系被比喻为一种为"核弹与马克的平衡"，而这一平衡却受到欧盟东扩的挑战。2004年至2007年，由德国主导的欧盟东扩顺利完成，德国成为欧洲的地缘政治重心，而使法国外交面临严峻挑战——"法国成为欧洲旧格局解体的输家"。②

为此，法国不仅主动回归了北约军事一体化机构，还与英国开展防务建设方面的合作。此外，法国着手在南部欧洲寻找发展空间，希望打造一个由其主导的"地中海联盟"。③ 随着法国外交空间受到挤压，其必须考虑平衡与各方的关系——既争夺，又合作；既防范，又借重，通过欧洲一体化争夺欧洲事务主导权，以北非、中东为战略支点，向全球拓展。

（二）萨科齐政府积极推动"改革条约"出台

自20世纪70年代起，法德联盟推动欧洲一体化，取得了如《欧洲单一法令》《马斯特里赫特条约》等一系列成果，被喻为"双发动机"。但是，2005年5月法国全民公投却否决了具有划时代意义的《欧盟宪法条约》，这被认为是当时执政的希拉克政府经历的重大挫折。④

2007年5月，法国人民运动联盟领导人萨科齐赢得大选成为法国"第五共和国"的第六位总统。萨科齐上台后不仅在国内实施振兴经济、改善就业等举措，在外交上改善了与美国关系，而且大力强化"法德轴心"。为抵消法国因否决宪法条约而在欧盟中受损的声望，萨科奇齐提出将"回

---

① ［美］兹比格纽·布热津斯基，中国国际问题研究所译：《大棋局：美国的首要地位及其地缘战略》，上海世纪出版集团2007年版，第53页。
② 周保巍、成健主编：《欧盟大国外交政策的起源与发展》，华东师范大学出版社2009年版，第94页。
③ "地中海联盟"由法国总统萨科齐提出。其构想源于1995年11月27日巴塞罗那会议所确立的"巴塞罗那进程"，即欧盟和地中海沿岸国家——阿尔及利亚、摩洛哥、突尼斯、塞浦路斯、埃及、以色列、约旦、黎巴嫩、马耳他、叙利亚、土耳其这11个北非和中东国家以及巴勒斯坦民族权力机构，建立在经济、能源、移民、民主制等方面的全面合作关系。
④ Nell Nugent, *The Government and Politics of the European Union* 7th edition, Palgrave Macmillan, 2010, pp. 257-258.

第三章 《里斯本条约》的出台及其主要内容

归欧洲",① 把挽救宪法条约作为外交的重点。为此，法国进行了三点努力：

首先，推动"简化条约"的出台。萨科齐建议缔结一个只包含最基本制度改革的迷你公约（mini-treaty），这一想法后被"简化条约"代替。其目的是希望欧盟改革能够避免全民公投，只在法国议会中进行表决。法国还主张建立某种一体化程度较低的决策程序，在安全等重要问题上由理事会以一致同意方式做出决定，而在一些决策上可采取特定多数统一原则。②在2007年6月有关制定《里斯本条约》的欧洲理事会及其他层级欧盟会议中，法国的诸多具体的目标得到实现，③包括取消超国家元素的符号、确立欧盟法律人格、确定特定多数表决制、强调国家议会作用、强化合作等。④

其次，反对欧盟进一步扩大。萨科齐认为欧盟的边界应就此固定，在机构改革前不再举行任何有关扩大的谈判。同时相比其前任更严厉地反对土耳其入盟。

第三，利用法国轮值主席国地位推动欧盟改革。在萨科奇的努力下，法国议会于2008年2月顺利批准了《里斯本条约》。2008年下半年法国担任欧盟轮值主席国期间，在气候变化、能源安全、共同农业与移民政策改革等领域的表现都可圈可点，尤其在俄格冲突和金融危机面前，萨科齐展示了领导才能，让欧盟向世界表达了有力的声音。这有助于《里斯本条约》在欧洲获得更多的支持。

总之，在《里斯本条约》的出台过程中，法国起到了重要的推动作用，符合法国国家利益的制度安排也基本得到尊重。

---

① "萨科奇将为法国经济松绑"，《第一财经日报》2007年5月8日，第2版。
② 吴志成、杨娜："欧盟共同外交与安全政策：大国态度的比较分析"，《欧洲研究》2006年第2期，第85—88页。
③ Edited by Maurizio Carbone, *National Politics and European Integration: From the Constitution to the Lisbon Treaty*, Edward Elgar, 2010, pp. 42 – 46.
④ 德国在新条约草案中提出，欧盟的目标之一将是为民众提供一个"自由、有序竞争"的内部市场。但法国坚决要求删除"自由、有序竞争"字样，认为欧盟目标应是实现经济繁荣和增长，该提法最终被删去。

二、德国：领导联盟走出危机

（一）冷战后德国"角色意识"的变化

德国的外交政策有着明显的地缘政治特征，正如德国小学生的语言课本所指出的："德国有九个邻国，这就是德国最大的问题。"[1] 自从德国形成以来，一种"夹缝中生存"的特殊地缘体验成为德国所有外交行为的根源。不安全感造就了德意志国民性中"武力崇拜""强权意识"、矛盾性与善于思辨的特点。

经历了两次世界大战的德国沦为被占领国，国土被一分为二。为了恢复"正常国家"身份，德国从一开始就积极地投身于欧洲联合的事业中，以主权让渡来换取政治上的解放，实现国家的统一。如阿登纳所说，"面对世界新的发展，德国人有必要寻找一条路，它既能考虑到欧洲国家的安全需要，又能使包括德国在内的西欧得以重建……德国人也能逐步获得置身于世界各自由人民之中的平等地位"。[2] 对联邦德国来说，欧洲联合还能牵制"宿敌"法国，并使自己获得谅解，拓展生存空间。所以，德国一直都是欧洲一体化最坚定的支持者，主张要建立拥有一个政府、一部宪法的"欧洲联邦"。历史的惨痛经历使德国在二战后树立了全新的外交思维，那就是反战、多边主义和欧洲联合。

冷战结束后，德国统一、苏东剧变，欧洲半个多世纪的地缘政治平衡被打破，德国的优势地位再次显现。作为欧洲一体化的发动机，法德轴心关系遭受挑战，双方在北约、欧盟东扩与未来发展问题上分歧不断增多。德国逐渐改变外交上"追随者"的角色，转而意在推行一种"德国道路"[3]的大国外交，并在国际舞台上表现得更加自信与自我。在后冷战时

---

[1] Jeffery W. Legro, *Rethinking the world*, Cornell University Press 2005, p. 115.
[2] [德]康拉德·阿登纳，上海外国语学院译：《阿登纳回忆录》，上海人民出版社 1973 年版，第 3 卷，第 291 页。
[3] The German Way, 出自 2001 年施罗德竞选德国总理的宣传口号。

代，德国在一体化中开始更多地强调自己的国家利益，越来越不情愿扮演联盟中"主要埋单者"的角色。① 德国不但主导了符合自身国家利益的欧盟东扩，而且通过推行全方位外交重建了德美、德俄、德中等大国政治关系，发挥了显著的全球影响力。但是，德国的重新崛起仍需要依托欧洲一体化来得以巩固与发展，主要因为德国仍处在一种地缘安全困境中。如基辛格所言"德国既不是大到足以独自左右均势，也不是小到无法对均势产生任何影响"。② 因为德国不拥有法国那样的军事力量，所以其在欧洲独立防务建设中，属于依附的角色。自由制度主义的国际关系理论则认为德国在欧洲一体化进程中已经形成了路径依赖，塑造了相对稳定的价值和行为规范，即合作的理念与多边主义的规范。德国认为自己对欧洲一体化进程负有某种责任，欧盟的利益与德国的国家利益紧密相联，如德国在欧元区中的作用。总之，德国的外交在国家利益与联盟利益间采取一种灵活、实用主义、平衡的政策。

（二）默克尔政府为挽救宪法条约而努力

在《里斯本条约》出台的全过程中，德国一直发挥着基础性的作用。正是德国外长菲舍尔（Joschka Fischer）于1999年1月12日在欧洲议会以及2000年5月12日在柏林洪堡大学（Humboldt University）的两次演讲，掀起了全欧洲有关制宪的大讨论。菲舍尔认为制宪所要解决的问题主要包括欧盟"民主赤字"以及欧盟横向（各机构间）和纵向（欧盟与成员国间）的权能分配问题，"欧盟宪法的核心将体现联邦与民族国家的关系"，制宪将"倾向于欧盟联邦主义，但为了操作的可行性，还必须依靠拥有主权的民族国家"。③ 菲舍尔本想与时任法国外长的维德里纳（Hubert

---

① Nell Nugent, *The Government and Politics of the European Union* 7*th* edition, Palgrave Macmillan, 2010. p. 256.
② Adrian Hyde-Price, European Security in the Twenty-First Century.
③ Fischer, "From Confederacy to Federation: Thoughts on the Finality of European Integration", speech by Joschka Fischer, Humboldt University Berlin, 12 May, http://www.jeanmonnetprogram.org/paper/00/joschka_fischer_en.rtf. （上网时间：2010年2月）

Vedrine)一起提出"欧洲未来"的设想,但后者拒绝了他的邀请。在"宪法草案"的制订中,诸多德国的诉求得到体现,包括加强《欧盟基本权利宪章》的地位、在理事会中采用有效多数表决制(QMV)和加强欧洲议会的作用。2005年5月,德国联邦议院与联邦参议院相继批准了欧盟宪法。①

欧盟制宪危机爆发后的2005年11月,默克尔上台成为德国历史上第一位女总理,她迅速抓住德国在2007年担任欧盟轮值主席国以及《罗马条约》签署50周年这两个重要机遇,为挽救失败的欧盟宪法而努力。默克尔强调,《欧盟宪法条约》问题是德国担任欧盟轮值主席国期间的中心任务之一,德国将为重新启动《欧盟宪法条约》制订详细的"路线图","如果欧盟无法在2009年欧洲议会选举之前就欧盟宪法达成共识,那将是欧盟历史性的失败"。② 为此,德国寻求与所有的欧盟成员国政府包括欧盟委员会和欧洲议会展开双边协商。正如默克尔承诺的,德国归纳了12个重要问题和重要的谈判领域并将之发送到所有欧盟成员国手中,为2007年6月的欧洲理事会谈判做了充分准备,并为下半年葡萄牙轮值主席国期间的政府间会议打下坚实基础。其间,德国与波兰就欧洲理事会表决机制的谈判引人注目,在德国的强硬要求下,波兰最终妥协,使得双重表决机制得以采纳。③

总之,德国在整个《里斯本条约》的出台过程中发挥了"核心作用",④ 其对待《里斯本条约》的总体态度就是使其尽快通过,并使其内容最大限度地接近《欧盟宪法条约》。从菲舍尔的演讲以及默克尔的斡旋可

---

① 根据德国宪法法院规定,德国不需要通过公投来批准欧盟宪法,但是德国国内一些政客如基民盟的彼得·葛维勒(Peter Gauweiler)、自民党主席韦斯特韦勒(Guido Westerwelle)等要求举行公投,之后因法、荷否决宪法条约而搁置了国内的争论。
② 国际在线专稿,"德国任欧盟轮值主席国的几大任务",2007年1月,http://gb.cri.cn/14558/2007/01/18/401@1407488.htm。(上网时间:2011年5月)
③ 但该表决机制从2014年11月1日才开始启用,且至2017年3月31日为过渡期。
④ Edited by Maurizio Carbone, *National Politics and European Integration: From the Constitution to the Lisbon Treaty*, Edward Elgar, 2010, pp. 60–65.

以看出，现在的德国正在改变欧盟中"温驯的力量"（tamed power）[①]的形象，传统的依靠法德轴心的动议模式已经受到德国"国家主义"的挑战。

三、英国："捍卫红线"

（一）从孤立到参与

作为岛国，英国从立国之初就针对欧陆奉行均势外交政策。首先，英国做欧陆的"离岸平衡手"，防止霸主国家出现；其次，英国对海外市场依赖性较强，重视对海外殖民地的开拓；第三，英国外交政策注重现实利益，特别是经济利益。"我们没有永恒的盟友，也没有永恒的敌人，只有我们的利益是永恒不变的"，这是英国政治家帕默斯敦（Palmerston）对英国外交传统的概括。在现实主义思想的指导下，丘吉尔将"三环外交"作为英国二战后对外政策的基石——第一环是英联邦与英国；第二环是英语世界，尤其是英美特殊关系；第三环是联合起来的欧洲。[②] 这一战略延续至今。

英国是欧洲一体化中的保守力量，被认为"缺乏欧陆式的宪法文化"。[③] 从最初游离到艰难加入，英国认识到要通过参与一体化来平衡欧洲大陆的力量，防止出现对英国不利的"欧洲合众国"。因此，英国坚守"国家主权"，拒绝欧盟的"联邦化"，成为欧盟中"不情愿的力量"，并利用经济、政治和英美特殊关系来塑造欧盟的生态，弱化法德轴心的力量。在共同外交与安全政策上，英国认为，只有欧洲防务保持一定程度的独立性，才能使欧盟满足美国责任分担的要求，才能在北约内部发挥真正

[①] Edited by Maurizio Carbone, *National Politics and European Integration: From the Constitution to the Lisbon Treaty*, Edward Elgar, 2010, p. 65.

[②] 《丘吉尔演说全集》，第7卷，第7712页，转引自周保巍、成健主编：《欧盟大国外交政策的起源与发展》，华东师范大学出版社2009年版，第142页。

[③] 叶江、王一："浅论英国在欧盟制宪中的地位与作用——兼谈欧洲一体化的前景问题"，《欧洲研究》2008年第2期，第78页。

的伙伴作用，从而"加强和永续大西洋联盟"。① 布莱尔曾说："（英国）保持全球作用的唯一途径就是通过欧洲。丧失我们在欧洲的中心作用，就丧失了我们在国际上发挥重要作用的机会。"② 无论保守党还是工党政府，英国都认为欧洲一体化最好仅限于市场的一体化，欧洲的联合应建立在政府间主义的原则之上。

（二）布莱尔政府："捍卫红线"

在2004至2005年间，执政的工党布莱尔政府对欧盟制宪采取了一定的宽容态度，认为除了"宪法"的名称以及条约的一些带有超国家性质的字眼外，宪法本身的内容包括一些机制上的改革并没有越过"英国利益的红线"。所谓"英国利益的红线"，被认为是英国在2003年一系列政府间会议中初步确立、到2007年最终成型的诸多英国政府的谈判底线，强调欧盟新的条约将不会带来"大跳跃"的深度联合，更不会挑战英国在外交和防务事务的独立性以及现存的"选择性退出"的权力（opt-outs）。③ 虽然如此，但是由于英国朝野与民众怀有较强的疑欧情绪，英国仍无法避免通过全民公投来批准《欧盟宪法条约》，可法国与荷兰的公投失败又使英国避免了表决。

（三）布朗政府：务实参与

在改革条约制定时期，英国经历了首相的更替，由同为工党的戈登·布朗接替了布莱尔。布朗上台后，英国的对欧政策并没有发生大的变化。新政府主要争取三大目标：首先，最大程度上限制超国家性质的改革内容，在个别方面期待有所倒退，主要包括删除"宪法"、"盟歌"等，强化欧洲理事会而弱化欧盟委员会的作用，限制欧盟的立法性权力和理事会中

---

① Jolyon Howorth, "Britain, NATO and CESDP: Fixed Strategy, Changing Tactics", *European Foreign Affairs Review* 5: 377-396, 2000, p. 384.
② [英] 托尼·布莱尔著，曹振寰等译：《新英国——我对一个年轻国家的展望》，世界知识出版社1998年版，第325页。
③ 不能遭受挑战的还包括英国现行的劳动制度和社会立法、英国的警察和司法体系、英国的税收和社会安全体系。Miller, Taylor, "The EU Reform Treaty: Amendents to the Treat on European Union", *House of Commons Library Research Paper* 07-80, 22 November, 2007。

的有效多数表决制度；其次，英国应继续被给予在某些政策领域享有"例外"权力的保证，尤其是坚持英国外交与防务政策的独立性，保护英国在税收、社会安全规划、警务和司法等方面的政策不受联盟法干预；第三，在满足以上两点情况下，确保新条约只是一部"修订条约的条约"，而不是条约宪法，只有这样，英国才能有充足的理由不采取全民公投表决而对其国内有合理交代。

在具体的磋商中，英国并没有对新条约出台制造太大的障碍。这是因为，一方面，2007年召开的一系列密集的政府间双边和多边会议反映了多数欧盟成员国想早日走出制宪危机的愿望，加上法、德等欧盟核心成员国的压力，"没有给予像英国这样持消极态度的国家对其国家利益和偏好以更充裕的思考和表达空间和时间"。[①] 另一方面，英国在实际的谈判中坚守了自己的底线，其他国家也"聪明且务实"地给予了英国想要的"豁免权"，如针对《欧盟基本权利宪章》对英国的适用性[②]等。在 CFSP 方面，由于该政策实质上仍继续排除在共同体政策之外，并没有给英国很大压力。此外，布莱尔希望自身的首相工作有一个体面而友好的结束，不希望英国因强硬姿态而遭到孤立，因此采取了合作态度。正如2007年10月新首相布朗在英国议会下院就其政府在《里斯本条约》谈判中的表现发表演讲时所表述的那样："我们从细节上捍卫了对我们至关重要的利益……也保护了我们实际有效的否决权。"[③] 2008年6月，英国议会正式通过了《里斯本条约》。

四、其他国家

由于欧盟28个国家拥有千差万别的地缘位置、经济实力和文化传统

[①] Edited by Maurizio Carbone, *National Politics and European Integration: From the Constitution to the Lisbon Treaty*, Edward Elgar, 2010, pp. 70 – 73.
[②] 参见《里斯本条约》中《关于将"欧洲联盟基本权利宪章"适用于波兰与英国的议定书》。
[③] Brown, House of Commons Debates, 22 October, 2007. www.publications.parliament.uk/pa/cm200607/cmhansrd/cm071022/dobtext/171022 – 0003.htm. （上网时间：2010年5月）

等,每个国家都对自身在联盟中的定位和利益偏好有着独特的设计,从而形成多元的行为方式,但如果具体研究各个国家在《里斯本条约》出台过程中,尤其针对共同外交与安全政策所采取的立场时,我们还是能够找到部分国家所具有的一些共性。同时,应该注意到,从"制宪危机"到《里斯本条约》的生效,成员国国内政党、民众、媒体等对一体化事务的影响相比过去有较大增长。

(一) 元老国

除了法、德之外,比利时、卢森堡、意大利和荷兰是一体化的坚定支持者。相对其他成员国,这些国家更倾向于深化欧洲的政治一体化,对"法德轴心"或"核心欧洲"也相对支持。作为联盟中的小国,依托欧盟尤其是更加统一有效的共同外交与安全政策,这些国家才能在国际社会发挥一定的影响力,使其国家利益最大化。但是,在《里斯本条约》出台过程中,同法国一样,意大利、荷兰政府的更迭使其行为方式发生了一定程度的变化,如 2006 年上台的意大利总理普罗迪和荷兰首相扬·彼得·巴尔克内德(Jan Peter Balkenende)相比前任都更加支持改革条约的出台。荷兰在条约修改中表现突出,其要求增加成员国议会对欧盟决策的发言权,增加成员国退出机制,强化辅助性原则。

(二) 中东欧国家

2004 年与 2007 年欧盟的两次东扩,虽然并没有在部长理事会中形成明显的由新入盟国家组成的小集团(voting bloc),但的确对欧盟的决策产生了影响。以波兰为首的维谢格拉德集团,包括捷克、匈牙利和斯洛伐克在内积极寻求在欧盟改革中统一立场。作为新成员国,再加上特殊的历史经验,波兰等国特别重视维护民族国家主权,对欧盟多层治理的政治现实还显得不够适应。在本轮改革中,欧盟理事会的"双重多数表决制"遭到波兰强烈的反对,波兰认为其中"支持国人口占欧盟总人口占 65%"的通过条件,是大国如德国强加给波兰和其他小国的不公平对待,并因此不断提及与德国的历史关系，使得条约谈判一度困难重重。最终，德国等成员国做出妥协，规定"双重多数表决制于 2014 年开始实施，在 2014 至 2017 年间，任何一个成员国可在任何一次投票中要求恢复使用现行表决机制"。此外，波兰还寻求并获得了在《欧盟基本权利宪章》适用性上的豁免权，而捷克坚持的新条约需规定成员国退出机制的要求也得到满足。在《里斯本条约》的签署过程中，波兰总理卡钦斯基（Kaczynski）和捷克总统克劳斯（Klaus）所表现出来的迟疑态度受到老成员国的批评和质疑。

（三） 北部欧洲与环地中海国家

北欧诸国过去多持中间立场，如丹麦一直对欧洲一体化持谨慎态度，曾于 1992 年全民否决了《马约》，并和英国一起反对欧元区政策。但在《里斯本条约》出台过程中，北欧国家更多地显示出支持的态度，这说明这些国家民众的疑欧情节不断减弱。[1] 北欧国家支持欧盟共同外交与安全政策，注重与波罗的海国家在部长理事会中的合作。环地中海的希腊、西班牙、葡萄牙等国对欧洲一体化包括外交、防务的联合也持支持立场，很大程度因为这些国家都是欧盟区域政策的受益国，长期接受欧盟结构基金（Structure Fund）和共同农业政策（CAP）的优待，同时希望依赖欧盟发挥更大的国际影响力。这些国家普遍反对欧盟继续扩大，希腊更是强烈反对土耳其入盟。西班牙联合波兰要求改变理事会双重表决制获得成功。葡萄牙则在关键的 2007 年下半年接替德国任欧洲理事会轮值主席国，顺利促成了《里斯本条约》的签署。

总的来说，欧盟成员国政府在《里斯本条约》的酝酿、谈判和出台过程中扮演了主要角色。由各自国家利益所形成的政策偏好是其相互进行博弈的基础。同时，国内的政党政治、大选、政府轮替等因素也对欧洲一体化改革产生了不同程度的影响，如法国、意大利和西班牙等国的政府交替使得其对待改革条约态度有所不同，而德国、波兰、捷克等国政府领导人

---

[1] Finn Laursen, "The Nordic countries: between skepticism and adaptation", in *National Politics and European Integration: From the Constitution to the Lisbon Treaty*, Edward Elgar, 2010, pp. 182–193.

略显强势的个性和风格也影响了博弈的结果。值得注意的是，在英国、法国、荷兰等国的谈判诉求上，对"全民公投"方式的回避在一定程度上对《里斯本条约》最后内容的确定产生了实质性影响。在《里斯本条约》的出台过程中，英国采取守势，而"法德两国的合作发挥了关键作用，法德之间的密切配合，最终促使欧盟走出了制宪危机"。[1]

在共同外交与安全政策的发展历史上，国家利益与欧盟利益一直是相互依赖、相互交织又时而相互博弈的。没有成员国国家的利益就不存在整体的欧盟利益。可以说，以欧盟整体利益为基础的共同外交与安全政策是欧盟所有成员国利益和政策偏好的"最小公分母"。对于欧盟内部的小国来说，由于其影响力有限，CFSP是其发挥外交影响力的主要舞台；而对于像法国、德国这样的大国来说，它们更多是双管齐下，既利用CFSP作为彼此合作的平台，又保留自身的大国外交。但是，随着欧洲民族国家在国际体系中相对与绝对实力的下降，它们希望将更多的政策目标放到欧盟层面来予以实现，尤其在外交层面，希望以欧盟的身份来和欧洲以外的国家进行谈判并解决单独无法解决的问题。这种考虑是共同外交与安全政策希望打造"欧盟集体身份"的根本原因。

第三节 《里斯本条约》对欧盟制度改革举要

一、《里斯本条约》与《欧盟宪法条约》的异同

作为《欧盟宪法条约》的替代品，《里斯本条约》对《欧盟宪法条约》有所保留也有所修正，既有为了走出危机而不得已的修改，也有通过对制宪进程进行反思和总结的成果。

---

[1] 章念生："欧洲新三剑客劲头不太足"，《人民日报》2007年12月24日，第7版。

(一)保留部分

与宪法条约相比,《里斯本条约》保留了前者关于机构改革的主要内容,也包含了宪法条约中被视为带有宪法性质的关键因素。机构改革是欧盟本次改革的核心部分。负责起草《欧盟宪法条约》草案的欧盟制宪委员会主席德斯坦在英国《独立报》撰文指出,《里斯本条约》就如同《欧盟宪法条约》,这是因为《欧盟宪法条约》中最重要的有关机构改革的内容基本上原封不动地包含在了《里斯本条约》之中,《里斯本条约》作为一份"修订条约的条约"只是把这些元素重新排列组合,放入"旧工具箱"中。①《里斯本条约》坚持欧盟的独立法人地位;坚持明确划分成员国与欧盟的权限范围;坚持强化欧洲议会的共同决策权,精简欧盟委员会的人数;坚持强化共同外交与安全政策及其机构,保留原欧盟总统(理事会常任主席)、欧盟外长(高级代表)和外交部(对外行动署)的实质内容;坚持扩大特定多数表决制使用的范围;坚持赋予《欧洲基本权力宪章》法律约束力;保留"强化合作"与"永久结构性合作"等制度安排等;坚持制定团结条款;坚持增加允许成员国退出欧盟的条款;坚持引入全欧洲范围内的公民请愿等。

(二)修改部分

新条约本着一种实用主义的态度对欧盟宪法条约进行了修改。在条约形式上,宪法条约是以一部新条约代替欧盟所有现有的基础条约,而《里斯本条约》采取的是欧盟传统的修订条约的方式;条约本身取名《里斯本条约》,与《阿姆斯特丹条约》《尼斯条约》等一脉相承,显得温和而平常,内容中也删除了所有宪法性字眼和有关欧盟象征和标志的表述,如联盟外交部长改名为"联盟外交事务与安全政策高级代表"。以上两种改变确保了新的条约不再被各国付诸于全民公决,保证了条约被顺利批准;由

---

① 郑春荣:"《里斯本条约》解析",《国际论坛》2008年5月第10卷第3期,第12页。

于英国的强烈反对，基本权利宪章只在新条约中规定赋予其法律效力和适用范围（不纳入所有国家），不再包括全文；在表决权问题上，因波兰等国反对，新条约规定在 2014 年之前继续适用《尼斯条约》的表决机制，2014—2017 年为过渡阶段，将适用特定多数表决制；修改后的条约规定，以后欧盟法律文件仍旧保留"条例、指令和决定"的名称，而不采用原《欧盟宪法条约》中"法律、框架法"的称谓等；宪法条约中规定的欧盟法最高效力原则也不再出现在新的条约中，而是以一个政府间会议声明的形式回顾欧盟法院的判例法。[①] 此外，《里斯本条约》对许多问题增加了细致说明与补充，如条约将民族国家议会更紧密地纳入到欧盟立法进程之中，补充指出欧盟共同外交和安全政策的独特地位并说明在这一领域普遍适用的是一致通过原则。条约还规定欧盟以后在修改条约时不仅只是扩大还可以撤回原有的权限。新条约详细地阐明了有关难民、移民政策以及预防和打击犯罪方面的措施，强调在能源政策方面各成员国应加强团结。在环保方面，新条约加入了防治气候变化的条款，还增加了有关内部市场和竞争方面的议定书等。[②]

二、《里斯本条约》与《莱肯宣言》的改革目标

通过对《里斯本条约》出台背景的分析我们知道，欧盟东扩、冷战后欧洲内外环境的变化以及全球性问题的凸显对欧盟的制度与运作提出了改革要求。此外，"民主赤字"也是本次改革想要解决的重要问题。2001 年的《莱肯宣言》针对这些需求为欧盟未来改革提出了四个方面的改革目标：（1）更好、更清晰地界定欧盟的权能；（2）简化欧盟的法律文件；（3）解决透明、民主与效率问题；（4）探讨为欧盟公民制定一部宪法的可

[①] 程卫东、李靖堃译：《欧洲联盟基础条约——经〈里斯本条约〉修订》，社会科学文献出版社 2010 年版，第 14—20 页。

[②] 吴江："《里斯本条约》的出台：解析与展望"，《欧洲研究》2008 年第 1 期，第 103 页。

能性与必要性问题。① 制宪会议与宪法草案都围绕着以上目标进行了改革尝试。

通过《里斯本条约》的内容可以看到，所有目标都不同程度地达成了，而第四个目标则通过"制宪危机"得出结论，那就是现阶段为欧盟制定一部宪法的条件尚未成熟。在新条约中，几乎所有的改革举措都围绕前三大目标，尤其是"使欧盟更加透明、民主和效率"，这一问题成为《里斯本条约》的核心内容，其中加强欧盟的共同外交与安全政策是改革的重中之重。

三、《里斯本条约》的主要改革内容

（一）简化体制

《里斯本条约》对欧盟的体制作了重大的结构性调整。

首先，欧盟取代欧共体，并赋予欧盟法人地位。这一改革无疑增强了欧盟作为国际政治实体的地位和能力，意味着欧盟可以参加相关国际谈判、参与缔结国际协定和成为国际组织的成员。

其次，调整条约结构。保留《欧洲联盟条约》的名称，而将《建立欧洲共同体条约》改名为《欧洲联盟运行条约》（Treaty on the Functioning of the European Union），并确定这两个条约为欧盟的基本条约。对两个条约内容做了调整，前者着重于确定原则，后者侧重于规范机制与程序，"这种分工使《马约》在形式与功能上更接近于宪法"。②

第三，取消三大支柱结构。《马约》所确立的欧盟三大支柱结构（欧共体、共同外交与安全政策和警务与刑事司法合作）在名义上被废除，欧盟与欧共体合二为一。警务与刑事司法合作纳入《欧洲联盟运行条约》，使用传统上的共同体方式。共同外交与安全政策包括在《欧洲联盟条约》

---

① "Laeken Declaration on the Future of The European Union"，http：//european-convention. eu. int/pdf/LKNEN. pdf.（上网时间：2011 年 5 月 17 日）
② 戴炳然："解读《里斯本条约》"，《欧洲研究》2008 年第 2 期，第 55 页。

之中，使用特定的决策程序。在形式上，欧盟的组织结构和运作机制得到简化，原先分治的三支柱下所带来的欧盟在制度、权能与运作上的繁琐问题得到解决。

（二）提高透明性与民主性

"透明与民主"是欧盟一直以来饱受诟病的问题，欧盟经常被指责为"精英政治"，其"民主赤字"也深深削弱着欧洲一体化的大众认同与群众基础。因此，欧盟本轮改革将加强欧盟的透明度与民主性作为重要的内部目标。

首先，明确欧盟与成员国之间的权能划分。这是提高欧盟透明度的第一步。新条约下，除了在共同外交与安全政策领域内的权能外，欧盟的权能分为专属权能、共享权能、政策协调的权能和采取支持、协调和补充行动的权能四大类。其中，新条约首次将对外贸易政策的范围扩大到包括所有外国直接投资在内，规定它属于欧盟的专属管辖权。

其次，规定欧盟机构的工作将更加透明化。强调欧盟的主要机构如理事会在讨论或通过立法性文件时，将举行公开会议。

第三，明确规定欧盟运作以代议制民主为基础。欧洲议会为公民的代表，欧洲理事会与部长理事会为各国政府的代表。

第四，规定了欧洲公民的动议权。明确欧盟的公民权，规定欧盟公民资格是对各国公民资格的增加而非取代。规定达到百万之数的欧盟公民，可以要求委员会就某项事务提出立法建议。

第五，加强成员国议会在欧盟运行中的作用。通过对辅助性原则的强化，使得成员国议会对欧盟立法拥有更多的知情权和异议权。

第六，发展欧盟人权法。规定了《欧盟基本权利宪章》的法律地位与效力，基本人权将得到进一步尊重。

此外，欧洲议会权力的增加，多数表决制中考虑人口因素等都有利于提高欧盟运作的透明度，有利于促进欧洲公民对欧盟的认同和支持，增强欧盟的合法性。

（三）改革机构

新条约对欧盟机构配置和内部权力分配进行了重要调整。

第一，设立欧洲理事会常任主席。将欧洲理事会正式纳入欧盟的组织，明确规定其职能作用与决策方式。设立一名任期两年半，可连任一次的欧洲理事会常任主席，确保欧洲理事会工作的连续性，增进内部一致，常任主席在与联盟共同外交与安全政策有关事项上可代表欧盟。

第二，设立外交事务与安全政策高级代表。在部长理事会中，突出了由各国外交部长组成的"总务理事会"的功能，分立出统筹共同外交与安全政策的外长理事会，由专职的负责外交事务与安全政策的高级代表主持。该代表兼任欧盟委员会副主席，其职能是促进欧盟在共同外交与安全领域的共同利益，并在对外关系中代表欧盟。

第三，设立欧洲对外行动署。该机构将协助高级代表开展工作，并与成员国的外交机构进行合作。以上三点改革是新条约的制度创新，反映了欧盟谋求加强其共同外交与安全政策，提高内部在对外关系政策上的协调与一致，有助于欧盟在国际上形成统一的对外形象，加强欧盟的外交力量。

第四，改革欧盟委员会的组成与主席选举。委员会成员将从2014年11月起减少至成员国数量的2/3。这意味着各成员国在每三届委员会中将有一届"轮空"，即没有该国代表担任委员会委员。这种构成办法在改变成员过多、人浮于事的同时，还将增强委员会超国家政府的形象。另一个新规定是委员会主席将由欧洲理事会提名、由欧洲议会选举产生，这增加了民主负责性（democratic accountability）色彩。[①]

第五，改革欧洲议会的组成与权力。欧洲议会议员总数不超过750名，每个成员国最多96名议员，最少6名议员，分配以"递减比例原则"为基础。每个欧洲议员代表的人口数在人口数量多的国家要多于人口数量少

---

① 戴炳然："解读《里斯本条约》"，《欧洲研究》2008年第2期，第60页。

的国家，人口数量少的国家所拥有的议员总数要少于人口数量多的国家。总的分配原则要综合考虑效率多元和团结因素。① 欧洲议会通过扩大"共同决策程序"②的范围增强了其立法权。《里斯本条约》生效后，共同决策程序的范围从原先的44个领域扩大到85个领域，获益最大的是农业、渔业、自由安全和司法事务以及共同商业政策领域。新条约还赋予欧洲议会修改条约的提议权以及参与修改条约大会的权力。同时，欧洲议会的预算权力得到进一步提高，如取消了欧盟预算中"强制性开支"与"非强制性开支"的区分，扩大了欧洲议会对预算的修改权和控制权。

（四）改革决策程序

规定多数表决制成为欧盟决策的普通程序。《里斯本条约》不仅增加了多数表决制的适用范围，而且规定从2014年11月起，特定多数包括双重多数，即指至少55%的理事会成员，至少包括其中15名成员，并且他们所代表的成员国的人口至少占联盟人口的65%。为了避免少数大国凭借人口优势阻挠决策，条约还规定阻止通过必须至少包括四个国家。新条约将特定多数程序的实施范围扩大了44个领域，其中23个是欧盟原有的，21个是新增加的。

（五）其他

《里斯本条约》进一步加强了弹性一体化的机制，如有关加强型合作与常设有组织合作的新规定等，这些制度进一步强化了欧盟的共同外交与安全政策，本书将在下一章中对此做详细分析。

《里斯本条约》还引入了简化的条约修改程序。根据这一程序，在欧盟的政策与内部行动方面，如条约的修改不涉及扩大或增加欧盟职权，可

---

① 张磊：“欧洲议会与《里斯本条约》：动力、变革与挑战”，《欧洲研究》2010第3期，第57页。
② 由《马约》引入，在该程序中，代表欧盟公民的欧洲议会和代表成员国政府的欧盟理事会分享共同的立法权和责任，没有一个机构可以不经过另一机构的批准而独自通过法律。

以不必经由"通常的修改程序",即召开政府间会议起草新条约,而由欧洲理事会以全体一致决议做出(但仍需成员国履行批准手续)。考虑到起草条约和召开政府间会议的复杂繁琐,"这应该是欧盟体制上的一个重要变动"。①

《里斯本条约》还增加了"退出程序"。规定"任何成员国可以根据本身的制宪要求,决定退出联盟",② 并制定了实施程序。这是以往所有条约中未曾有过的。

总之,在新的国际政治背景下,《里斯本条约》为扩大后的欧盟提供了新的制度基础与机构设置,欧盟的法律制度和结构得到相对简化。为增强欧盟运作的透明、民主与效率,许多新机构、新举措应运而生。从《莱肯宣言》《欧盟宪法条约》,再到《里斯本条约》,反映出欧洲一体化的发展动力仍较为强劲。同时,"制宪危机"说明欧洲一体化中存在的深层次矛盾不易调和,如"民主赤字"问题。成员国间在一体化根本性问题以及欧盟未来模式选择上的矛盾和分歧将继续对一体化的发展产生深远影响。

---

① 戴炳然:"解读《里斯本条约》",《欧洲研究》2008年第2期,第57页。
② 《欧洲联盟条约》第50条。

第四章
共同外交与安全政策的改革及其组织架构变化

> 联盟拥有的机构框架应旨在弘扬联盟价值观,促进联盟目标的实现,服务于联盟、联盟公民及其成员国的利益,保证联盟政策和行动的一致性、有效性及连续性。

——《欧洲联盟条约》中新加入的第 13 条第 1 款

从这一章开始,我们将深入了解《里斯本条约》对欧盟共同外交与安全政策的具体改革内容以及这些改革对 CFSP 机制架构的影响。首先,作者将提出两个不同观点,或者是解读的视角。其一,通过第二章对欧盟改革背景的介绍我们得知,《里斯本条约》的重要目标就是使欧盟成为更加一致和有效的国际行为体,强化欧盟的对外行动能力,那么从外部看来,这或许可以视为对欧盟超国家性质的提升。其二,《里斯本条约》针对共同外交与安全政策的诸多改革无疑强化了欧盟内部那些具有明显政府间主义性质的机构,如欧洲理事会和部长理事会,有学者认为这是欧盟"理性化的政府间主义"(Rationalised Intergovenmentalism)[①] 的又一次改良。那么,该如何认识和理解这两种看似矛盾的观点呢?带着这个问题,本章对

---

① Wessels, Wolfgang, "Nice results, The Millenium IGC in the EU's evolution", *Journal of Common Market Studies*, Vol. 39. No. 2, June 2001, pp. 197–219.

新条约条款进行解读,尤其是对欧盟 CFSP 机制架构的变化与影响进行深入分析。

本章主要运用比较政治的方法对欧盟机制架构的权力变化等进行分析。对于这一问题,国外很多学者经常使用"机制平衡"(institutional balance)[①]这一带有明显政体色彩的用语,认为新条约在一定程度上重塑了欧盟的内部机制平衡。这反映出比较政治分析方法已经成为研究欧盟政治的重要路径和手段。朱立群教授认为,"除了从国际关系的角度探讨欧洲一体化动力之外,还有更多的学者从比较政治学角度关注欧盟政治建设问题……欧盟可以被看成是与国内政治体系相似的一个研究对象"。[②]的确,欧盟制度结构的成熟和发达程度远远超过了其他国际组织所拥有的永久性秘书处及附属代表团那样的制度安排,也比后者拥有更广泛的政策责任与领域。因此,对欧盟这一近乎"三权分立"的特殊政治结构进行比较政治学分析已经成为欧盟研究的重要组成部分。

第一节 共同外交与安全政策的目标与手段:更加"外向"的行为体

与《尼斯条约》框架下的 CFSP 相比,《里斯本条约》对该政策的法律基础进行了一系列明显的修改。这些改革既包括机制上的主要创新、决策程序的改革,也包括对目标、手段、权能等规定采用新的表述。此外,从制宪而来的一些带有宪政色彩的目标和精神也都包含在《里斯本条约》的字里行间。通过对条款细节进行分析,我们将试图去了解和评价新条约

[①] Wolfgang Wessel and Franziska Bopp, "The Institutional Architecture of CFSP after the Lisbon Treaty-Constitutional breakthrough or challenges ahead?", *CHALLENGE Research Paper No. 10*, June 2008.

[②] [英]安特耶·维纳、[德]托马斯·迪兹主编,朱立群等译:《欧洲一体化理论》,世界知识出版社 2009 年版,第 13—18 页。

框架下，共同外交与安全政策的功能与性质发生了哪些改变？

一、关于目标、权限的新规定

《里斯本条约》扩展了欧盟对外行动的目标，使其几乎涵盖了所有传统外交政策的领域和内容。新的目标设定使欧盟更具雄心，显示出更加"外向"的特质。《里斯本条约》中有关 CFSP 的条款（参见表4—1）。

在《欧洲联盟条约》的序言中，欧盟强调欧洲的文化、宗教和人文遗产以及人权、自由、民主、平等、法律精神等价值观，宣称"欧盟共同外交与安全政策（包括共同安全与防务政策）的目标应当是巩固和强化欧洲身份与独立性，推进欧洲与世界的和平、安全与进步"。[①] "在与更广泛世界的关系中，联盟应坚持和促进其价值观和利益，致力于保护其公民。它将致力于和平、安全、全球可持续发展、各国人民间的团结和相互尊重、自由公正的贸易、消除贫困、保护人权以及严格遵守并发展国际法，包括遵守《联合国宪章》的原则。"[②]《欧洲联盟条约》第 21 条为联盟对外行动规定了一系列目标，这些目标的表述是从《尼斯条约》不同的条款中摘取并融合而来的。新条约强调了对价值观和"标准"的共同追求，[③] 反映出欧盟寻求将其内在特质扩展到对外行动中，"进一步拓展和延伸欧盟作为'民事力量'（civilian power）与'规范力量'（normative power）的自我认知"。[④] 通过这些表述，欧盟实际上在力求彰显罗伯特·库珀所谓的"后现代霸权"，[⑤] 即欧盟的软权力。

共同外交与安全政策是欧盟对外关系的重要组成部分，而欧盟的对外

[①]《欧洲联盟条约》序言第 12 段。
[②]《欧洲联盟条约》第 3 条第 5 款。
[③]《欧洲联盟条约》第 21 条，联盟对外行动一般条款。
[④] Wolfgang Wessel and Franziska Bopp, "The Institutional Architecture of CFSP after the Lisbon Treaty-Constitutional breakthrough or challenges ahead?", *CHALLENGE*, Research Paper No. 10 June 2008, p. 7.
[⑤] ［英］罗伯特·库珀，吴云等译：《和平箴言：21 世纪的秩序与混乱》，北京大学出版社 2007 年版，第 41 页。

第四章　共同外交与安全政策的改革及其组织架构变化

关系一直由不同的部门、使用不同的方法来处理。共同外交与安全政策、共同商业、发展援助等虽分散在共同体条约的不同部分，但在实践中往往彼此联系。《里斯本条约》加强了欧盟在对外关系领域的政策协调程度，简化了原有制度，将之前分散在不同支柱下的共同商业、发展合作与人道主义援助等并入《欧洲联盟运行条约》第五部分。同时，《欧洲联盟条约》第 24 条第 1 款规定，"共同外交与安全政策将适用特别的规则与程序：除特别规定外，适用一致通过的决策机制；不能通过立法性文件；欧盟法院在此领域没有管辖权"。在《欧洲联盟运行条约》第一编有关联盟权能范畴与领域的规定中，共同外交与安全政策（第 2 条）既不属于欧盟的专属权能（第 3 条）也不属于"共享"（第 4 条）与"支持"权能（第 6 条），而是表现为一种特殊规定。① 这样，原第二支柱的共同外交与安全政策仍然保留政府间主义的方法。欧盟制度总体结构形成隐性的两支柱结构。

由于欧盟取代了欧共体，被赋予了法律人格，欧盟真正成为国际舞台上的一个实体，取得了在共同外交与安全领域缔结国际协议的能力，也拥有了在国际组织中采取行动、参与一些重要国际会议的合法性。在 2009 年 12 月之前，只有欧共体有合法国际地位，共同外交与安全政策在法律框架之外执行。因此，欧盟委员会不能在外交政策领域代表欧盟；只有通过成员国的政治代表才能实现，"在 2009 年 12 月之后，有关欧盟的'二元论'将不再存在，欧盟拥有了完全的法律资格。同时，在大部分国际谈判中，欧盟的权能由共同体和成员国共同分享，因此它们都需出现在谈判桌前，正如欧盟在有关气候变化问题的国际谈判中的参与模式"。② 但应注意到，《欧洲联盟条约》第 4 条规定，联盟应尊重成员国固有国家特性，成员国安全仍归成员国自己管辖。欧盟在第 18 号"关于权能界限的声明"中强调条约未授权欧盟的权限将保留给成员国。在第 24 号"关于欧盟法人资格的声明"中明确规定，欧盟拥有法人资格的事实绝不应以任何方式授权

---

① 在《欧盟宪法条约》中，共同外交与安全政策规定在"共享"与"支持"的权能中。
② Piotr Maciej Kaczyński, "Single voice, single chair? How to re-organise the EU in international negotiations under the Lisbon rules", *CEPS Policy Brief*, March 2010.

联盟在成员国根据两部条约授权联盟的权能之外的领域立法或采取行动。可以认定，虽然欧盟获得了对外行动的法律资格，但其能在多大程度上执行共同外交与安全政策，这种意愿取决于成员国。有学者认为，"对条约的多次修改不仅没有扩大反而缩小了欧盟权限，相比之下，欧盟机构的超国家因素并未得到更多体现，而政府间因素反而得到强调"。[1]

二、关于任务的新规定

新的共同外交与安全政策为联盟安排了涉及民事与军事的双重任务。《欧洲联盟条约》第42条规定，"共同安全与防务政策为联盟提供利用民事和军事资产实施行动的能力"，"联盟可运用民事和军事手段的任务应包括：联合裁军行动、人道主义救援任务、军事建议与援助任务、冲突预防与维和任务、作战力量在危机处理中肩负的任务，以及在维和与冲突后稳定局势的任务。所有这些任务均可运用于打击恐怖主义，包括支持第三国打击其境内的恐怖主义"。[2]《里斯本条约》对共同安全与防务政策的内容与目标进行了更加清晰的界定，进一步强调了反恐的重要性，并对欧盟传统的"彼得斯贝格任务"（Petersberg Tasks）进行了扩充。[3]

《里斯本条约》更加清晰地界定了共同安全与防务政策（CSDP，之前被称为欧盟安全与防务政策，即ESDP），通过加入"共同"一词提高了该政策的联盟属性。新条约规定，"共同安全与防务政策是共同外交与安全政策的组成部分，为联盟提供利用民事和军事资产实施行动的能力"，"共同安全与防务政策应包括逐步形成联盟共同防务政策"。新条约强调成员国应该致力于共同安全与防务政策的实施，"成员国应承诺逐步提高其军事能力"，"应向联盟提供民事与军事能力，以促进理事会所确定目标的实

---

[1] 徐贝宁："从《里斯本条约》看欧盟共同外交与安全机制对政策运作效力的影响"，《国际论坛》2009年5月第3期，第20页。
[2] 《欧洲联盟条约》第43条第1款。
[3] 1992年6月19日，西欧联盟在波恩附近的彼得斯贝格（也翻译为彼德斯堡）古堡召开的会议，提出著名的"彼得斯贝格任务"，包括人道主义救援、维和与危机处理任务。

现"，军事能力较强的成员国应建立常设有组织合作。同时，条约特别强调，该政策"不应影响某些成员国安全与防务政策的特征，一些成员国认为其共同防务可在北大西洋公约内实现，联盟应尊重这些国家所承担的北约义务"，"在此领域的义务和合作应与北大西洋公约内的义务保持一致，对于作为该组织成员国的国家而言，北约仍是其集体防务的基础"。[1] 这一点同时反映在新增添的"团结条款"[2] 上："如一成员国遭受恐怖袭击或者自然或人为灾难，联盟及其成员国应基于团结精神采取联合行动。联盟应调动可支配的一切手段，包括成员国提供的军事资源"，这一条与北约的集体安全条款极为相似，两者最大的不同是在遭遇武力侵犯时，北约可采取包括动用武装力量的行动。作者认为，"团结条款"的增加是欧盟朝"安全与防务联盟"前进的一种努力，毕竟欧盟内部有许多国家并不是北约成员国，作为一个"有抱负"的国际安全行为体，有必要对这些国家做出安全保证。同时，欧盟又希望在不破坏北约作为欧洲安全基石的情况下发展欧洲独立防务，这反映了欧洲主义对大西洋主义在防务问题上的挑战和妥协。现阶段，欧盟需要发展独立防务，但想要脱离北约仍然遥不可及。"作为一个安全行为体，欧盟仍处在早期的摇篮时期。"[3]

总的来说，欧盟进一步扩展了对自身身份的认定与执行手段的建设，不在单纯以"民事力量"为己任，而是通过民事与军事能力的共同发展对CFSP加以强化。

三、关于执行手段的新规定

通过对共同外交与安全政策新的目标与任务进行分析可以得出结论：在新条约里，欧盟对该政策提出了更高的"期望"，政策目标更加"外向"，任务设置注重军事与民事并举。为了达成这些目标，《里斯本条约》

---

[1] 《欧洲联盟条约》第42条。
[2] 《欧洲联盟运行条约》第222条。
[3] Jolyon Howorth, *Security and Defence Policy in the European Union*, Palgrave, 2007, p. 56.

在政策的执行手段上又有何种程度的变化呢？

《欧洲联盟条约》第25条规定：联盟应通过下列方式执行共同外交与安全政策：（1）确定总体指导方针；（2）通过决定，以确定下列事项：联盟采取的行动、联盟将采取的立场、就实施前两点提及的决定所做的安排；（3）加强成员国在执行政策时的系统合作。与《尼斯条约》相比，"共同战略"这一政策手段被删除了，取而代之的是第26条（TEU）中"欧洲理事会应确定联盟的战略利益"和"确定在此种局势下联盟政策的战略方针"。由此可见，方针、决定与立场仍然为共同外交与安全政策的主要执行手段，"立法性的行动"被坚决排除在外。与该政策在目标与任务上的更高定位相比，执行手段方面的改革显得较为有限。

在动议权上，原先由理事会主席（轮值主席国）掌握的权力转移至新设立的高级代表手中，"任何成员国、联盟外交事务与安全政策高级代表或得到委员会支持的高级代表，可向理事会提交任何有关共同外交与安全政策的问题"，"如需一项快速决定，高级代表可自行或应成员国要求在48小时内或在紧急情形下在更短时间内召开理事会特别会议"。[1] 因此，成员国与委员会的动议权仍必须与高级代表共享，高级代表可以在"快速决定"模式下单独动议。

在CFSP的预算方面，新条约规定（TEU第41条）："为履行CFSP行动的开支由联盟预算负担，但源于具有军事或防务性质的行动的此类开支以及理事会经由一致通过做出其他决定的开支除外"，"联盟预算未负担的开支应根据国民生产总值的规模由各成员国负担。"在此，《里斯本条约》新加入一条："理事会可通过一项决定，规定特别程序，以保证联盟预算对共同外交与安全政策内的紧急活动给予快速拨款，特别是对第42条第1款和第43条提及任务的准备活动（CSDP以及民事与军事手段的相关任务，如联合裁军行动、人道救援、维和等）。"条约规定，这笔紧急预算来自由成员国出资、经联盟外交事务与安全政策高级代表提议、理事会以特

---

[1] 《欧洲联盟条约》第30条。

定多数通过决定来设立的启动基金,欧洲议会对此只有咨询权。有关紧急预算的新规定增强了共同外交与安全政策的灵活性,但也反映出在现阶段源于军事和防务性质的行动仍脱离于联盟的预算。

为了加强共同外交与安全政策的一致性,《里斯本条约》强调:"成员国应该本着忠诚和相互团结的精神,积极地、毫无保留地支持联盟的对外政策与安全政策,并且应与联盟在该领域的行动保持一致。应共同努力,加强和发展政治上的相互团结。它们不应采取任何有悖于联盟利益或可能损害联盟作为国际关系中的一个整体力量的有效性的行动。理事会与高级代表应确保这些原则得到遵守。"[1] 可以说,加强共同外交与安全政策的一致性是《里斯本条约》改革的一大主线,但是该政策政府间主义的性质决定了在实践中达成一致的难度。有关"团结"的条款仍然没有相关硬性的"惩罚"措施予以配合,"义务"仅仅意味着成员国可以各行其事而不受到任何制裁。总的来说,目标与手段的新规定在《里斯本条约》中有一定落差,更加宏大的愿望并没有带来与之对应的行动手段的升级。

四、关于决策程序的新规定

《里斯本条约》通过"共同外交与安全政策的决定应由欧洲理事会与(部长)理事会一致通过,立法性法令的通过应被排除"[2] 的规定延续了该政策政府间主义的本质。但是,新条约也规定了理事会采用特定多数表决的4种例外情况,[3] 这其实是一种突破:

1. 根据第22条第1款提到的有关联盟战略利益和目标的欧洲理事会决定,通过确定联盟行动或立场的决定。

2. 根据联盟外交事务与安全政策高级代表应欧洲理事会一项特别要求(该要求由理事会主动动议提出或根据高级代表的动议提出)而提交的提

---

[1] 《欧洲联盟条约》第24条第3款。
[2] 《欧洲联盟条约》第31条第1款。
[3] 《欧洲联盟条约》第31条第2款。

议，通过有关确定一项联盟行动或立场的决定。

3. 通过一项实施确定联盟行动或立场的决定。

4. 根据第33条任命一名特别代表。

有关特定多数表决制度，《欧洲联盟运行条约》第238条第3款进行了明确规定，"自2014年11月1日起，特定多数指代表参加国的理事会成员的至少55%，所代表的成员国的人口占联盟人口的至少65%；阻止少数必须包括最少代表超过参加国总人口35%的理事会成员再加一个成员，否则即应认为达到特定多数。通过减损前一种方式，在理事会并非根据委员会或联盟外交事务与安全政策高级代表的提议采取行动的情况下，特定多数应被界定为包括最少代表参加国的理事会成员的72%，所代表的成员国的人口占联盟人口的至少65%"（或称扩大有效多数表决制）。

根据是否由委员会或高级代表提议的不同情况，在四项采用特定多数表决的特殊情况下，第2和第4项将采用第一种特定多数表决制（代表参加国的理事会成员的至少55%），而其他两项采用第二种特定多数表决制（代表参加国的理事会成员的72%）。

由此推断，如果高级代表希望理事会采取特定多数来通过自己的一项动议的话，高级代表必须获得欧洲理事会的同意，得到其授权（根据第2项）。此外，《里斯本条约》规定理事会对涉及军事或防务的决定不得采取特定多数行动。欧洲理事会可以一致方式通过一项决定，使理事会以特定多数方式采取行动。[1]

《里斯本条约》保留了成员国进行建设性弃权的权利。条约规定，[2] 在表决投票时，任何理事会成员均可通过发表正式声明的方式使其弃权符合要求。弃权国不适用此类决定，但承认该决定对联盟有约束力。本着相互团结的精神，相关成员国不应采取任何可能与根据该决定采取的联盟行动相冲突或阻碍该联盟行动的任何行动，而其他成员国应尊重该成员国的立场。如以此种方式投弃权票的理事会成员代表了至少1/3的成员国且代表

---

[1] 《欧洲联盟条约》第31条第3、4款。
[2] 《欧洲联盟条约》第31条第1款。

的人口占联盟总人口的至少1/3，则不得通过此项决定。

为兼顾成员国与联盟整体利益，《里斯本条约》改良了"紧急刹车"机制，规定："如某一理事会成员声明，出于其国内政策方面重大的且明确阐明的原因，它拟反对以特定多数通过该项决定，则投票不再举行。高级代表将与有关成员国密切磋商，寻求其能够接受的解决方案。若高级代表的努力未获成功，理事会可以特定多数请求将该问题提交欧洲理事会，由欧洲理事会以全体一致方式通过一项决定。"[1] "紧急刹车"机制是"卢森堡妥协"[2]（Luxembourg Compromise）精神的体现，即当某项决定影响一个成员国的关键性国家利益时，无论采取何种表决方式，都应该尽量争取所有成员国的一致意见，这反映了在CFSP领域成员国的主权与利益较联盟整体利益占优势地位，这一机制也将对高级代表的工作形成挑战。

五、关于"灵活性条款"的新规定

"灵活性条款"（Flexibility）是根据欧洲一体化实践逐渐形成并且越来越重要的一种制度。它与"多速欧洲""核心欧洲""先锋集团"等概念密切相关，意在使少于欧盟成员国总数的成员国集团利用联盟制度促进相互间更为紧密的合作。最早的"灵活性条款"出现在《马约》中，主要针对欧元区的建立。之后的《阿约》[3] 正式规定了"加强型合作"（enhanced cooperation），但因条件过于严格影响了其实践性。《尼斯条约》为此放宽了参与"加强型合作"的条件，将部长理事会的表决制由"全体一致"改为"有效多数"，并允许在CFSP领域实行这种合作模式（在CFSP领域内实行该合作仍采取全体一致表决方法）。"灵活性条款"重要性和应用面的

---

[1] 《欧洲联盟条约》第31条第2款。
[2] 1965年，法国引发欧共体的"空椅子危机"，经"卢森堡妥协"最终解决，使得部长理事会暂停向有效多数表决制过渡，这一事件对欧洲一体化，尤其是共同体决策方面，造成深远影响。
[3] 《阿约》还将欧盟部分成员国于1985年至1990年在申根签署的有关逐步取消共同边境检查的协议（申根法律）纳入欧盟框架，这一法律所体现的精神也是一种灵活性的合作。

不断提高源自于欧盟规模不断扩大，使得共同体决策的成本大大提高，从而形成一致意见更为困难的现实。《里斯本条约》针对 CFSP 的"灵活性条款"也进行了一定程度的改革，值得注意的是条约正式将此机制引入到共同安全与防务政策领域。

《欧洲联盟条约》第 20 条、《欧洲联盟运行条约》第 326—334 条对加强型合作的目标和方式等进行了详细规定。这些规定与《尼斯条约》大致相同，主要变化有：

（一）降低了参与加强型合作成员国数量的要求

在《尼斯条约》下参与此合作的最少成员国数量是 8 个，《里斯本条约》规定的最少成员国数量是 9 个，考虑到欧盟成员国总数已扩大到 28 个，实际上参加加强型合作的成员国数量要从此前的 1/2 降低为 1/3。

（二）修订了《尼斯条约》下的程序规定

在除专属权能和 CFSP 以外的其他政策领域下，希望参与加强型合作的成员国是向欧盟委员会提出申请、由欧洲议会同意，委员会向理事会提交提案。而在共同外交与安全政策框架下，成员国应向理事会提出请求。该请求转交联盟外交事务与安全政策高级代表，由其就拟议的加强型合作是否符合共同外交与安全政策提出意见，该请求也应转交委员会就是否符合联盟其他政策提出意见，并同时以通知为目的转交欧洲议会。最后，理事会以一致同意方式通过决定批准加强型合作。可以看到，《里斯本条约》使其主要的制度创新——高级代表在建立 CFSP 的"加强型合作"时将发挥重要作用，其不仅有权提议理事会就实施加强型合作框架内已通过的法令采取必要的过渡措施。同时，作为欧盟委员会副主席，其还可以影响欧盟委员会就建立加强型合作的意见。

（三）设立了"常设有组织合作"

《尼斯条约》（第 27B 条）规定：加强型合作不得运用于军事和防务领

域，而《里斯本条约》打破了这一限制——设立了新的"灵活性条款"即常设有组织合作（permanent structured cooperation）。《欧洲联盟条约》第42条、第46条和"关于常设有组织合作的议定书"对参与这种合作的对象、合作的内容和程序等进行了详细规定。要求"军事能力达到较高标准并在此领域相互承担更具约束力的义务，以完成最具难度之使命的成员国，应在联盟范围内建立常设有组织合作"。① 合作旨在"加强本国对多国部队、主要的欧洲装备计划以及欧洲防务局在发展防务能力、研究、采购和武器装备等领域的活动的贡献"，"最迟到2010年，或者在国家层面，或者作为多国部队集团的组成部分，有能力提供包括运输和后勤在内的支持因素，有能力在5—30天内执行联盟运用军事和民事手段执行的任务（TEU第43条），尤其是应联合国采取行动"，并特别提到："联盟在安全和防务事务中发挥更坚定作用将有助于促进重建后的大西洋联盟的活力。"② 在程序上，符合条件的成员国应将其意愿通知理事会和高级代表，理事会应在3个月内通过一项决定建立常设有组织合作，并决定参与国名单。理事会经咨询高级代表，以特定多数采取行动。如果某一成员国不再符合该合作议定书规定的标准或不再履行相关承诺，理事会可以终止其参与合作。部长理事会中只有参与该合作的成员国代表才能进行表决。

可见，《里斯本条约》对"灵活性条款"的改革主要是将这种合作扩展到了军事与防务领域——通过设立"常设有组织合作"，并在理事会中大胆采用特定多数的表决制，使欧盟共同安全与防务政策获得发展。与此相关的结果还有：一方面，高级代表将在协助成员国达成灵活性合作方面发挥重要作用；另一方面，参与加强型合作的成员国无疑将提高自身在联盟内部尤其是CFSP领域的权威和声望。实际上，在欧盟防务建设的实践中，法、英等老牌欧洲军事强国早就进行了类似的合作，如2004年成立的欧盟作战群（EU Battle Groups）正是这一模式的成功事例。《里斯本条约》为这种合作进一步提供了法律保障。

---

① 《欧洲联盟条约》第42条第6款。
② 参见"关于由《欧洲联盟条约》第42条确立的常设有组织合作的议定书"。

表 4—1 《里斯本条约》中有关共同外交与安全政策的条款

欧洲联盟条约（TEU）	序言—第 12 段			
	第一编：共同条款			
	第 3 条 5 款—目标；第 8 条—邻国政策			
	第三编：机构条款	第四编	第五编	第六编
				最终条款
	第 15 条第 6 款 欧洲理事会主席	加强型合作条款 （第 20 条）	联盟对外行动一般条款与共同外交与安全政策特别条款	
	第 16 条第 6 款 外交事务理事会			第 47 条 联盟具有法律人格
	第 18 条 高级代表			
声明	3. 关于《欧洲联盟条约》第 8 条的声明：联盟将考虑与其保持特殊近邻关系的小国的特殊情况			
	6. 关于《欧洲联盟条约》第 15 条第 5－6 款，第 17 条第 6－7 款以及第 18 条的声明			
	8. 关于在《里斯本条约》生效时应采取的与欧洲理事会主席和外交事务理事会主席有关的实际措施的声明			
	9. 关于与欧洲理事会就行使理事会主席所做决定有关的《欧洲联盟条约》第 16 条第 9 款的声明			
	12. 关于《欧洲联盟条约》第 18 条的声明			
	13. 14. 关于共同外交与安全政策的声明			
	15. 关于《欧洲联盟条约》第 27 条的声明：筹备"对外行动局"			
	24. 关于欧洲联盟法人资格的声明			
	36. 关于成员国在自由、安全和公正的区域谈判和缔结国际协议的《欧洲联盟运行条约》第 218 条的声明			
	37. 关于《欧洲联盟运行条约》第 222 条的声明			
	40. 关于《欧洲联盟运行条约》第 329 条的声明			
议定书	十、关于由《欧洲联盟条约》第 42 条确立的常设有组织合作议定书			
	二十五、关于实施共享权能的议定书			
	三十六、关于过渡性条款的议定书			

第四章　共同外交与安全政策的改革及其组织架构变化

续表

欧洲联盟运行条约（TFEU）	第一部分：原则
	第一编：联盟权能范畴与领域
	第2条第4款——CFSP/CSDP
	第3条第2款——缔结国际协定
	第五部分：联盟对外行动
	第一编：联盟对外行动一般条款
	第二编：共同商业政策
	第三编：与第三国的合作与人道主义援助
	第1章：发展合作；
	第2章：与第三国的经济、金融与技术合作；
	第3章：人道主义援助
	第四编：限制性措施
	第五编：国际协定
	第六编：联盟与国际组织和第三国的关系及联盟代表团
	第七编：团结条款
	第六部分：机构与财政条款
	第一编：机构条款
	第一节 欧洲议会 ｜ 第二节 欧洲理事会 ｜ 第三节 欧洲法院
	第234条 对委员会和高级代表的不信任动议 ｜ 第235条 理事会表决；第238条 特定多数表决制度 ｜ 第275条 对CFSP没有管辖权
	第三编：加强型合作（第326条—第334条）
	第七部分：一般与最终条款 第352条第4款——有关CFSP的授权

资料来源：程卫东、李靖堃译：《欧洲联盟基础条约——经〈里斯本条约〉修订》，社会科学文献出版社2010年版；Wolfgang Wessel and Franziska Bopp, "The Institutional Architecture of CFSP after the Lisbon Treaty-Constitutional breakthrough or challenges ahead?", *CHALLENGE Research Paper No.10*, June 2008。

第二节　共同外交与安全政策的制度改良：创新与整合

共同外交与安全政策的机制经过《里斯本条约》的改革后，发生了较大的变化，其中最为显著的就是欧洲理事会常任主席、联盟外交事务与安全政策高级代表以及对外行动署这三个新诞生的职位或机构。这三大创新对共同外交与安全政策相关机构，包括欧洲理事会、部长理事会和欧盟委员会等原有的权责分工带来较为深刻的变化，更影响了欧盟整体利益与成员国利益在 CFSP 政策形成过程中的权重。不少学者认为，对欧盟共同外交与安全政策的制度创新是《里斯本条约》最核心的成果。

一、欧洲理事会常任主席

20 世纪 90 年代以后，欧洲理事会通过一系列政府间会议有力地推动了欧洲一体化的发展，逐渐成为欧盟中最为重要的机构，被誉为欧洲一体化的"发动机"。在 CFSP 领域，欧洲理事会掌握着联盟对外利益、目标、战略、立场乃至大小事务的决定权和规制权。但是，欧洲理事会也存在诸多问题：一方面是其政府间的决策方式引起的权力分散的问题；另一方面，是其制度本身导致的，如议题超载、缺乏政策连贯性的问题。

为了解决这些问题，《里斯本条约》创造一个新职位——欧洲理事会常任主席（其构想来自《欧盟宪法条约》的"欧盟总统"）。《欧洲联盟条约》第 15 条规定：欧洲理事会主席由欧洲理事会以特定多数选举产生，任期两年半，可连任一次。其职责主要有：（一）主持和推进欧洲理事会的工作；（二）在总务理事会工作的基础上，与委员会主席合作，确保欧洲理事会工作的筹备和连续性；（三）努力促进欧洲理事会内部的凝聚力和一致；（四）在每次欧洲理事会会议后向欧洲议会递交一份报告。欧洲理事会主席以其级别和身份在与联盟

CFSP有关的事项上代表欧盟，但不得影响高级代表的职权。欧洲理事会常任主席的职能主要源于之前的欧洲理事会轮值主席。如果把欧洲理事会比做一个交响乐团的话，《里斯本条约》则为其增添了一个独立的总指挥，轮值主席国并没有消失，而是成为乐团的首席小提琴（与指挥的交流最为频繁），其在总务理事会中依然保留，成为"常任主席"的助手。

相比由成员国担任的轮值主席，"常任主席"有如下优势：

首先，有利于解决政策缺乏连贯性的问题。由于之前的轮值主席国主席是成员国首脑，如何利用长达半年的轮值主席之机向欧洲理事会提供有利于本国利益的议题成为轮值主席们首先要考虑的。从某种程度上说，联盟的议程被成员国的需求所绑架了。而"常任主席"不担任成员国的行政职务，是联盟整体利益的追求者。两年半甚至五年（如果获得连任）的个人任职期限使其有充足的时间来推动某项长时段的政策，如"欧盟2020战略"等，使包括CFSP领域在内的议题具有连贯性。

其次，工作更"专"。常任主席具体有四项任务：（一）准备会议；（二）组织讨论；（三）书写决议；（四）跟踪议题。"常任主席"相比成员国首脑有更多的精力和时间来完成这四项任务。在之前的轮值主席国机制下，"六个月的时间不足以使轮值主席掌控共同体事务的细节"，而"欧盟连续的扩大让其在了解伙伴国家的具体立场时变得越来越困难"。[①] 欧盟扩大还使会议的准备工作更加繁重和费时，轮值主席更是无法关注到那些小国家的利益需要。常任主席则有相对充裕的精力来照顾各个国家的立场，其相对公允的地位也容易获得大部分成员国的支持。

第三，有利于提高议题的成功率。由于掌握着议程与草案，如果一个提案得不到成员国必要的支持，常任主席有足够的时间进行劝说并可以召开非正式会议进行讨论以提高对议案的支持率。在极端情况下，如果负责总务筹备工作的轮值主席国与常任主席在议题上发生了严重冲突，那么他还可以坐等六个月直到更换轮值主席国。此外，常任主席特殊的身份与充

[①] Joint Study of EPC, EGMONT and CEPS, "Treaty of Lisbon: a second look at the institutional innovation", September 2010, p. 9.

裕的精力使其便于进行成员国之间的协调工作，弥合他们之间针对某一议案的分歧。作为一种博弈工具，他可以在成员国之间充当联络人与谈判者，如果一个成员国反对某个议题，那么他可以做出对该国在另一议题中进行利益补偿的承诺从而充当保人的角色。

第四，成为欧盟的一张"名片"。"常任主席"对外代表欧盟从某种程度上解决了基辛格提出的"电话号码"的问题，其专职的身份与较长的任期为其与世界其他大国和国际组织的领导人进行交往、沟通提供了便利，有利于增强欧盟国际行为体的表现力和行动力，克服了之前由轮值主席国对外代表欧盟，尤其是"小国担任轮值主席国时，欧盟外交的可信度大打折扣"①的弊端。此外，如在交响乐团的演出中，技艺高超的指挥家可以赋予演奏以个性化的内容与灵魂一样，欧洲理事会常任主席也可以赋予欧盟外交以个人色彩。

由于该职位的诞生，原三驾马车制度受到较大削弱，轮值主席国在CFSP上的影响力大大减弱，其作用发生在总务理事会的会议筹备过程中。高级代表与欧盟委员会主席的对外代表权也受到该职位的有力竞争。

总的来说，常任主席因其职能的"专"与任期的"长"有望克服或减少之前轮值国担任主席时的困难，增强了欧洲理事会特别是在共同外交与安全政策领域的能见度，提高了欧盟内部决策的效率，强化了决策的连贯性和一致性。当然，该职位作用与效能的发挥相当程度上取决于担任此职个体的素质，如协调能力、② 大局观和个人声望、魅力、敬业精神等等，有关该职位的更深入分析将在后文进一步展开。

二、外交事务与安全政策高级代表

《里斯本条约》的第二大机制创新就是外交事务与安全政策高级代表

---

① Fraser Cameron, *The Foreign and Security Policy of the European Union*, England Sheffield Academic Press Ltd., 1999, p. 99.

② 欧洲理事会主席在工作中需要与担任总务理事会主席的轮值主席国主席、"高级代表"、欧盟委员会主席、欧洲议会以及其他成员国首脑等多个部门和个人进行协作。

的设立（The Representative of the Union for Foreign Affairs and Security Policy）。从名称上看，新条约扩展了其职能范围，使其成为范畴更广的欧盟外交事务与安全政策代表（之前全称为"欧盟共同外交与安全政策高级代表"）。其整合了之前欧盟对外关系领域的多个职位，被认为"拥有两种头衔，三种功能"[①]（double hat or three functions）——包括共同外交与安全政策高级代表、总务与对外关系理事会主席和欧盟委员会对外关系委员。在职务上，他同时担任外交事务理事会主席与欧盟委员会副主席，不再兼任理事会秘书长。[②] 高级代表的任期为5年。在其任命上，条约规定"经委员会主席同意后，欧洲理事会以特定多数程序任命高级代表"，"高级代表应受委员会程序的约束"。在职能上，条约规定"高级代表实施联盟共同外交与安全政策，就联盟共同外交与安全政策发展提出建议，并根据理事会的指令执行此项政策。高级代表在共同安全与防务政策领域发挥同样的作用"，"应确保联盟对外行动的一致性"，"负责由委员会承担的在对外关系方面的责任，并负责协调联盟在对外行动的其他方面"。[③]

高级代表同时担任了欧盟委员会副主席，所以受到欧洲议会的监管，委员会主席也有权要求其辞职。可以说，高级代表需要同时向欧洲理事会、欧盟委员会和欧洲议会负责，成为欧盟中受监督情况最为复杂的职能，因此欧盟学者认为"'高级代表'不仅戴着三顶帽子，同时还拿着雨伞，穿着雨衣"。[④] 也有学者认为，很难想像委员会主席会把所有对外关系方面的权力都让给高级代表，因为委员会里有不少职能都是对外的。由于欧洲理事会拥有对高级代表的任命权，事实上高级代表在委员会和理事会

[①] Wolfgang Wessel and Franziska Bopp, "The Institutional Architecture of CFSP after the Lisbon Treaty-Constitutional breakthrough or challenges ahead?", *CHALLENGE Research Paper No. 10*, June 2008, p. 19.
[②] 这种调整和总务与对外关系理事会拆分有关，详见本章第三节第二点。
[③] 《欧洲联盟条约》第18条。
[④] CEPS, EGMONT and EPC, "The Treaty of Lisbon: Implementing the Institutional Innovations", November 2007.

之间也许会更倾向后者。①

相比索拉纳担任的高级代表，新"高级代表"的权力得到提升，"从辅助性"角色上升为"核心"角色。②

首先，全面主持外交事务理事会工作。高级代表在理事会拥有安排议程、召开会议、③组织讨论的权力，而该部门之前由轮值主席国担任一把手，原来的"高级代表"只是辅助角色。

其次，拥有动议权。《欧洲联盟条约》第30条规定，"任何成员国、高级代表或得到委员会支持的高级代表，可向理事会提交任何有关共同外交与安全政策的问题，并且可以向其提交任何动议与提议"。高级代表的动议权不是垄断性的，而是必须与成员国或者委员会共享。可见，高级代表分享了原本只属于成员国和委员会在CFSP领域的动议权。与之前轮值主席国作为政策动议主体相比，高级代表体现联盟整体的利益，有望提出站在联盟立场并且具有政策连续性的提案。

第三，可建议理事会采取特定多数表决制。《欧洲联盟条约》第31条规定："根据高级代表应欧洲理事会一项特别要求而提交的提议，通过有关确定一项联盟行动或立场的决定"时"可以特定多数采取行动"。这一权力还包括在对CFSP框架内的紧急活动给予快速拨款时。④金玲认为，"虽然全体一致原则仍然是CFSP领域的一般性原则，但是认为欧盟CFSP仍然完全掌握在成员国手中的理论已经丧失制度依据，CFSP的超国家特性显著增强"。⑤

第四，高级代表在履行其职责时，有了一个重要机构——欧洲对外行

---

① 张华："欧盟对外关系法中的一致性原则：以《里斯本条约》为新视角"，《欧洲研究》2010年第3期。
② 金玲："《里斯本条约》与欧盟共同外交与安全政策"，《欧洲研究》2008年第2期，第69页。
③ 《欧洲联盟条约》第30条规定：如需迅速做出决定，高级代表可自行或应成员国要求在48小时内或在紧急情形下在更短时间内召开理事会特别会议。
④ 《欧洲联盟条约》第41条第3款。
⑤ 金玲："《里斯本条约》与欧盟共同外交与安全政策"，《欧洲研究》2008年第2期，第69页。

第四章　共同外交与安全政策的改革及其组织架构变化

动署的协助（具体见本节下一个问题）。高级代表还是联盟派驻第三国和国际组织代表团的领导。①

第五，在有关CFSP事项上对外代表欧盟。高级代表可以代表欧盟与第三方进行政治对话，并在国际组织如联合国安理会中和国际会议上阐明欧盟的立场。② 高级代表与欧洲理事会常任主席一起成为欧盟外交领域两个重要的"电话号码"，增加了欧盟外交的能见度与超国家性质。

此外，高级代表在任命处理特定政策问题的特定代表时、在欧洲对外行动署行动时、在实施团结条款时享有提议权，在成员国进行加强型合作和进行常设有组织合作中享有咨询权等。

高级代表是继常任主席之后在成员国之间发挥协调联系的又一重要纽带，根据条约赋予的权力，其不仅在理事会，也在国际组织和国际会议中协调成员国的行动。相比常任主席，高级代表在欧盟对外行动中工作更加具体，职能更加清晰因而其可能具有更强的动员能力与协调能力（因为由成员国外长组成的外交事务理事会相比于由国家首脑组成的欧洲理事会其工作更为直接和具体，许多外交决策和意见是在外交事务理事会层面形成的）。

让高级代表同时担任欧盟委员会副主席是《里斯本条约》最为重要的改革，直接赋予了高级代表使用共同体资源和处理有关预算的权力，使得其对欧盟的贸易、发展、环境甚至共同投资政策具有发言权。这是对超国家力量与政府间力量进行的一次结合。前高级代表索拉纳认为，"《里斯本条约》使得高级代表能够动用联盟所有存在的资源与工具成为可能，这将增强欧盟在国际舞台上的权重"。③

从条约的规定来看，在涉及到对外行动事务时，高级代表与欧洲理事

---

① 《欧洲联盟运行条约》第221条。
② 《欧洲联盟条约》第27条第3款。
③ Javier Solana, "The Lisbon Treaty: Giving the EU more coherence and weight on the international stage", Brussels, 10 December 2007, http://www.consilium.europa.eu/uedocs/cms_data/docs/press-data/EN/articles/97726.pdf.（上网时间：2011年11月）

会常任主席、政治与安全委员会以及与负责总务理事会的轮值国主席的职能存在一定的重叠，在对外代表权方面也可能与常任主席等发生矛盾。这些都有待各方在实践中进行磨合。由于欧盟 CFSP 政府间的运作方式，该职位很有可能在遇到各行为体发生严重利益冲突时去追求一种"低收益"[1]（low profit）。这或许会成为该职位工作中的一种常态。

　　高级代表的身兼数职与特殊责任对担任该职位的人提出了更高的要求，既需要其具备良好协调能力也需要其具备相当的领导能力。在工作中，高级代表领导着整个欧盟的外交团队，不仅需要同理事会、常任主席、欧盟委员会、欧洲议会、政治与安全委员会、各国外交部门等诸多部门打交道，还领导和主持外交事务理事会、对外行动署、特别代表、常驻代表团等。由于该职位的重要作用，大胆推断联盟内部在未来可能为争夺此职位形成选举联盟，如大国与小国、新成员与老成员、北约国家与非北约国家等。而根据《过渡性条款议定书》，特定多数表决制将从 2014 年开始实施，对此新条约第 6 号声明特别强调，"在选择欧洲理事会主席、委员会主席和高级代表等职位人选时，应充分考虑尊重联盟与其成员国地理和人口多样性的需要"。[2]

三、欧洲对外行动署

　　为了协助高级代表的工作，《里斯本条约》专门新设立了一个部门——欧洲对外行动署（European External Action Service，简称 EEAS），条约规定"该部门与成员国外交部门合作，其成员由理事会秘书处与委员会秘书处相关部门的官员以及各成员国外交部门调派的工作人员组成"。成立对外行动署的首要目的就是提高欧盟的对外行动能力，该机构"把原

---

[1] Wolfgang Wessel and Franziska Bopp, "The Institutional Architecture of CFSP after the Lisbon Treaty-Constitutional breakthrough or challenges ahead?", *CHALLENGE Research Paper No. 10*, June 2008, p. 23.

[2] 关于《欧洲联盟条约》第 15 条第 5－6 款，第 17 条第 6－7 款以及第 18 条的声明。

来分属于欧盟理事会和欧盟委员会负责外交事务的部门合二为一，组成单一的外交部门与外交团队"。① 2010年7月8日，欧盟正式批准了建立对外行动署的计划，并于12月1日起正式运作。它具有以下几个特点：

首先，人员构成体现了对超国家机构与成员国外交资源的整合。该组织人员主要来自欧洲理事会、欧盟委员会秘书处和成员国外交部门。其中，成员国外交部门的人员不超过40%，② 总编制达到近7000人，其中一部分在欧盟驻全球130多个大使馆工作。这种人员构成不仅满足了共同外交与安全政策中"共同"的要求，体现了超国家性质，也更符合欧盟的民主文化。③ 与高级代表类似，对外行动署多元的人员构成使其可综合利用联盟与成员国、理事会与委员会的双重外交资源，形成合力以提高CFSP的行动力。

其次，对外行动署的组成体现相对独立性。该组织并不附属于其他欧盟机构，而是直接听命于高级代表。高级代表对其有领导权和指挥权。对外行动署的日常工作由高级代表任命的行政总秘书（Executive Secretary-General）代表其进行负责，④ 下面还设有两位代理秘书（Deputy Secretaries-General），分别负责行政和外交事务。按照地理划分，对外行动署设有6个地区部门，分别是：（1）亚洲；（2）美洲；（3）非洲；（4）中东和南部邻国；（5）俄罗斯、东部邻国与西巴尔干；（6）全球与多边事务。各部门设有分管领导。除此之外，对外行动署还包括安全、战略规划、法律事务、内部组织关系、信息与公共外交、预算与检查、个人信息保护等多个部门，其内部事务分工已相当细化。在预算上，对外行动署拥有独立预算，由高级代表进行规划与安排，欧洲议会每年对此进行审核。2010年该机构启动资金为950万欧元，预计完全运转后资金将达到30亿欧元。⑤ 如

---

① 叶江："'外交署'的使命与效率"，《人民日报》2010年7月15日。
② Mahony, Honor, "Details emerge on final set-up of EU diplomatic corps", *EU Observer*, 22 June 2010.
③ Rettman, Andrew, "EU ponders creation of new diplomatic breed", *EU Observer*, 4 June 2010.
④ COUNCIL DECISION establishing the organisation and functioning of the European External Action Service PDF, Council of the European Union, 20 July 2010.
⑤ "Q&A: EU External Action Service", *BBC News*, 23 June 2010.

果对外行动署的事务涉及发展、援助等，欧盟委员会中的相关委员也对其有一定干预权。可见，对外行动署是高级代表执行联盟共同外交与安全政策的一部庞大外交机器，高级代表可相对独立地进行外交资源支配，这势必有助于提高欧盟对外政策的有效性与一致性，同时也是欧盟该政策"布鲁塞尔化"的显著表现。

第三，对外行动署重在提高欧盟情报搜集与危机反应能力。对外行动署结合了欧盟对外关系领域原本隶属于委员会与理事会的一些重要部门，如理事会下的联合情势中心①（Joint Situation Center）、监视力量②（Watch-Keeping Capability）和委员会下的危机指挥中心③（Crisis Room）等。欧盟对其涉及危机管理与情报搜集的部门进行了一次整合，反映了在新形势下欧盟希望提高反恐、情报、危机管理工作的水平。新任高级代表凯瑟琳·阿什顿（Catherine Ashton）在对外行动署成立之初说，"自我提交方案以来才过去了短短4个月，我们就取得了今天这样的重大进展，原因很简单，欧洲需要整合，以在一个更加复杂和力量格局不断变化的世界中捍卫自己的利益"。④

总之，对外行动署的成立是欧盟对其包括情报、反恐、危机处理等在内的外交资源的一次强有力整合，是对共同外交与安全政策执行工具的强化。该机构与其负责者——高级代表一起，反映出欧盟将更多的外交与安全事务的权力慢慢集中于布鲁塞尔的趋势。

四、欧洲防务局

在共同安全与防务领域，《里斯本条约》将欧洲防务局（European De-

---

① 联合情势中心是欧盟的情报机构，建有情报分析中心，拥有来自成员国的110名雇员，针对特定问题对成员国的情报进行汇总以形成提交理事会的报告。
② 由12名负责军事与警务的官员组成，负责收集欧盟执行海外任务的情况。
③ 由6名委员会官员组成，通过拥有独立的网站、数据分析系统和全球媒体软件等关注和报告全球与欧盟有关的突发新闻。
④ "欧盟正式成立对外行动局"，凤凰财经网，http://finance.ifeng.com/news/special/cxc-mzk/20100727/2448798.shtml。（上网时间：2010年6月5日）

fence Agence）正式列入欧盟制度中。该组织是由2003年在希腊塞萨洛尼基（Thessaloniki）召开的欧洲理事会提议，2004年部长理事会通过联合行动的政策手段而建立的。《欧洲联盟条约》第42条第3款规定："成员国应该承诺逐步提高其军事能力。防务能力的发展、研究、采购与军备方面的主管机构（欧洲防务局），应确定实施行动所需的必要条件，推进满足这些条件的措施，促进确定并在适宜时采取必要的措施以加强防务领域的工业和技术基础，参与制定欧盟军事能力和军备政策，并协助理事会评估军事能力的提高情况。"该组织主要由高级代表领导，受理事会的监督和管理。欧洲防务局主要有以下四大职能：（1）努力形成一个更全面、更系统的方案来确定和满足欧洲安全与防务政策的实力需要，包括协调军事需求；（2）加强欧洲防务技术研究（European Defence Research and Technology，简称EDRT），包括促进研究与技术协作；（3）通过实施项目，比过去更快、更有效地促进和加强欧洲武器装备合作；（4）强化防务技术与工业基础，创建一个具有国际竞争力的欧洲防务装备市场。欧洲防务局下设四大团体：军事实力规划人员、研究与技术专家、武器装备合作项目和工业市场。2007—2008年，欧洲防务局主管部（Steering Board）开始实施四大战略：实力发展战略、欧洲防务技术研究战略、欧洲武器装备合作战略和欧洲防务科技与工业基础战略，[①] 相关战略目标对其26个成员国（除丹麦外）的活动具有指导性作用。总之，该机构旨在整合欧盟成员国防务的技术研究、武器装备采购与合作，加强和巩固共同安全与防务政策的实力基础。

第三节　共同外交与安全政策组织架构的变化及影响

《里斯本条约》在共同外交与安全政策领域的一系列改革，尤其是欧

[①] "欧洲防务局战略框架简介"，搜狐网，http://mil.news.sohu.com/20110411/n280222007.shtml。（上网时间：2010年5月4日）

洲理事会常任主席、欧盟外交事务与安全政策高级代表以及对外行动署的建立，使得原有的机构平衡发生了变化：一方面，各机构之间在共同外交与安全政策上所拥有的权力大小发生变化；另一方面，各机构之间的关系或者其协作与联系方式发生了调整。有关《里斯本条约》CFSP 的组织架构（参见表 4—2）。

一、欧洲理事会

作为共同外交与安全政策的最高决策机构，欧洲理事会对该领域的统领作用得到一定程度的强化。《里斯本条约》巩固了欧洲理事会的法律地位，通过对其职责和任务的规定加强了该机构作为欧盟共同外交与安全政策决策主体以及国际关系行为体的特殊地位。有学者认为，欧洲理事会的性质似乎变得模糊了，"从理论上讲，欧洲理事会的行为也可成为欧洲法院监督的一部分。在这种情况下，欧洲理事会是否还是原来意义上的政府间机构就很难判断了。它仍然代表欧洲各国自己的利益，但它的活动和决定也得遵守条约的精神和规定"。[1]

通过设立常任主席一职加强了机构内部的一致性与政策的连贯性。原先轮值主席国的地位被大大弱化，取而代之的是代表联盟整体利益的常任主席。此举有望改善欧洲理事会内部的博弈机制，使欧盟 CFSP 的目标更加明确、议程更加连贯、成员国之间意见得到更加充分的协调。但是，新条约本身的文本对常任主席与总务理事会秘书长在准备会议、拟定草案等方面的分工并没有具体规定，只是要求总务理事会协助常任主席的工作。

二、欧盟理事会

对原先负责 CFSP 的总务与外交关系理事会进行了改革，将其拆分为

---

[1] 陈玉刚："《里斯本条约》后的欧盟政治发展"，《国际观察》2011 年第 1 期，第 49 页。

总务理事会与外交事务理事会。总务理事会仍然由成员国轮流担任主席，主要职责是协助欧洲理事会常任主席做好欧洲理事会的筹备工作，而外交事务理事会由高级代表任主席进行总领。这种新模式可能带来几个问题：（1）作为由成员国担任轮值主席的总务理事会如何与欧洲理事会常任主席协调工作，前者体现成员国的意志而后者是代表欧盟整体。（2）涉及到外交与安全事务时，总务理事会的轮值主席又要与外交事务理事会进行协调，而后者的首脑也是代表联盟整体利益的高级代表。由此可见，轮值主席国虽仍然负责总务理事会，但在外交事务上的发言权和控制力大大减弱。

外交事务由专门的理事会进行处理说明欧盟提高 CFSP 行动效力的决心，而外交事务理事会由高级代表任主席，其多重身份有望强化该理事会的作用，使其能够利用在共同体机制下的资源和参与财政预算的分配。

《里斯本条约》生效后，作为在理事会指导下向其提供政策建议的政治与安全委员会作用将更加突出。该部门将收到来自外交事务与安全政策高级代表的工作要求，协助理事会执行团结条款、对危机管理行动进行监督指导。有学者认为，"这些任务设置将与高级代表发生一定程度的重叠"，"由于职能划分上的模糊，该机构与成员国政府常驻代表委员会（COREPER）在准备理事会会议工作上也可能产生紧张关系"。[①]

三、欧洲议会与成员国议会

在《里斯本条约》框架下，欧洲议会对共同外交与安全事务的参与权没有发生实质性变化。欧洲议会在对共同立法、人事任命和财务监督方面的权力有所扩大。新条约增加了高级代表作为与欧洲议会新的联系人，取代了之前的委员会主席和理事会轮值主席。欧洲议会就 CFSP 的讨论也由

[①] Wolfgang Wessel and Franziska Bopp, "The Institutional Architecture of CFSP after the Lisbon Treaty-Constitutional breakthrough or challenges ahead?", *CHALLENGE*, *Research Paper No.* 10, June 2008, p. 17.

一年一次增加到一年两次。欧洲议会可向理事会和高级代表提出质询和建议。在 CFSP 预算问题上，由联盟预算负担的开支依然受到欧洲议会的监督，但涉及军事或防务性质的行动或者理事会经由一致通过而产生决定的开支除外。

《里斯本条约》规定了成员国议会在欧洲联盟中的作用。特别规定应进行议会间合作——"欧洲议会应与各国议会共同就组织与推动联盟内部有效的和定期的议会间合作做出决定"。新条约强调要推动成员国议会与欧洲议会之间的信息交流与就某些专题组织召开议会间会议，"尤其是就与共同外交与安全政策有关的事务进行辩论"。[①]

但是，《里斯本条约》对欧洲议会在共同外交与安全政策的参与程度上规定依然是较为严格的，欧洲议会只是在该政策领域扮演"论坛"的作用，而没有"立法性"影响，其也不具备协调成员国议会来影响欧盟或成员国外交政策的机能。从形式上看，在 CFSP 领域，欧洲议会仍然是被边缘化的机构。

四、欧盟委员会

欧盟委员会对共同外交与安全政策的影响力在一定程度上由高级代表的工作能力所决定。在共同外交与安全政策的提案权方面，高级代表"剥夺"了委员会就 CFSP 的动议权，制度只是要求高级代表需在委员会的支持下提交动议。在原本属于委员会专属管辖的对外贸易、援助等对外关系领域，欧洲理事会、欧盟理事会通过其地位的增强以及高级代表对委员会的权力形成挑战，因为高级代表的责任就是保证委员会与其他机构在对外关系上的一致。政府间机构的介入也增加了成员国在此领域的发言权。从制度分析来看，欧盟委员会主席参与 CFSP 的权力被高级代表所取代。由于高级代表统领外交事务理事会以及对外行动署，而这两个部门也负责欧

[①] 《里斯本条约》：《关于成员国机会在欧洲联盟中作用的议定书》。

盟的国际贸易与发展事务，欧盟委员会从事贸易与发展的委员容易受到高级代表的间接影响。[①] 由高级代表取代之前委员会中的对外关系委员，拉近了理事会与委员会之间的距离。因此，高级代表的个人能力，尤其是协调能力、领导能力，包括其与欧盟委员会主席和委员们的关系等在相当程度上决定着欧盟委员会在 CFSP 领域的介入程度。

五、欧洲法院

与之前的规定并没有大的不同，欧洲法院无权干涉共同外交与安全政策或者共同安全与防务政策的运行。但是，该政策必须遵守《欧洲联盟条约》第 40 条之规定："共同外交与安全政策的实施不应影响两部条约就行使《欧洲联盟运行条约》第 3—6 条提及的联盟权能而规定的程序及各机构的权力范围"，此外欧洲联盟法院可以对某一成员国、机构、自然人或法人提出的诉讼做出裁决，如果自然人或法人是就共同外交与安全政策（CFSP）或共同安全与防务政策（CSDP）向欧洲法院起诉的话，欧洲法院应该对联盟是否违反上述第 40 条规定进行审查。

总之，《里斯本条约》对共同外交与安全政策的机制架构进行了一定程度的改良。从比较政治学的角度来看，欧盟机构的决策、行政和司法等部门在《里斯本条约》后的权力分配发生了不同程度的变化。超国家和政府间两种力量与资源进行某种融合——新框架强化了执行该政策的政府间主义机构，但通过高级代表一职使共同体框架下的资源能够更为便利地为 CFSP 服务。在欧洲理事会与欧盟理事会内部，"欧洲面孔"的常任主席与高级代表充当成员国的"指挥家"和"协调器"，有望增加决策的一致性与连贯性并提升联盟的权威。换句话说，改革增加了 CFSP 政府间运作中的"共同体"成分。

[①] Piotr Maciej Kaczynski & Peadar o Broin, "Two new leaders in search of a job description", *CEPS No. 200/25*, November 2009, p. 3.

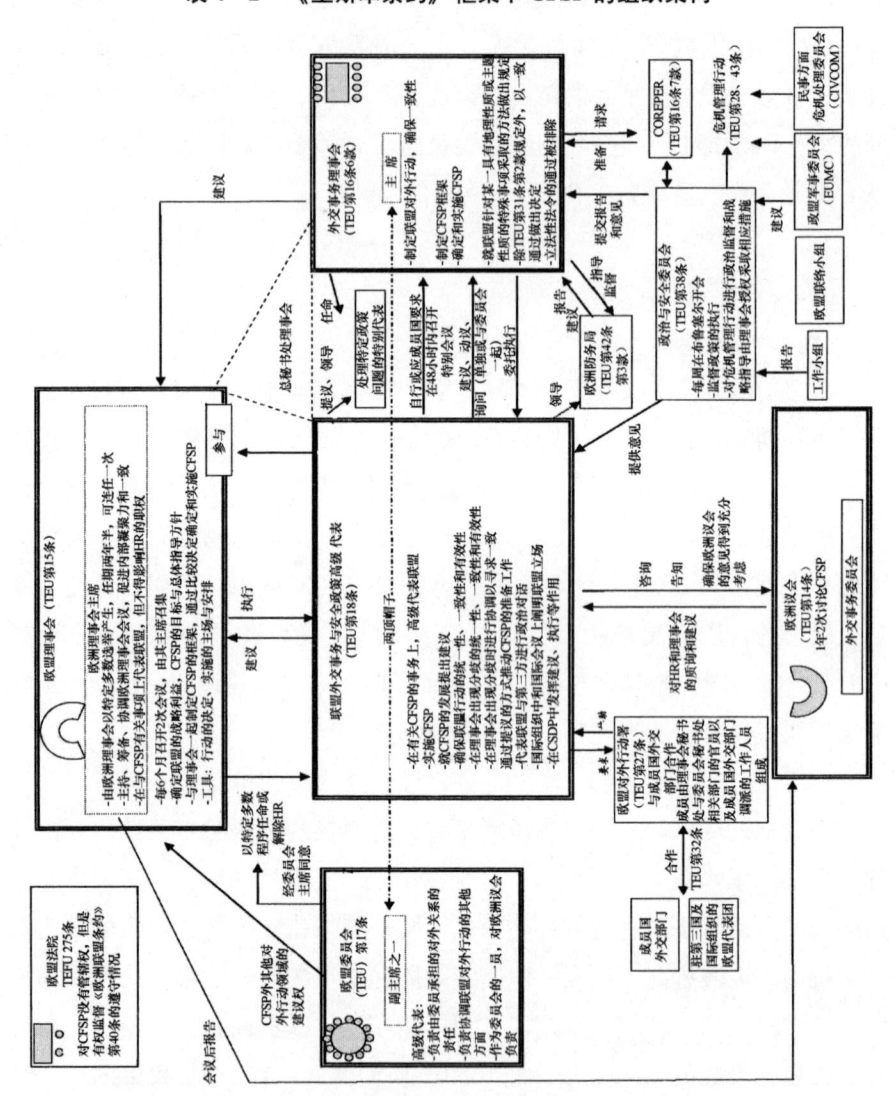

表4—2 《里斯本条约》框架下 CFSP 的组织架构

资料来源：程卫东、李靖堃译：《欧洲联盟基础条约——经〈里斯本条约〉修订》，社会科学文献出版社2010年版；Wolfgang Wessel and Franziska Bopp, "The Institutional Architecture of CFSP after the Lisbon Treaty-Constitutional breakthrough or challenges ahead?", *CHALLENGE Research Paper No. 10*, June 2008。

第五章
共同外交与安全政策的"布鲁塞尔化"①

> "六个月的轮值主席制度缺乏'远见',而我坚定的目标是确保我们的工作及其发展能有一种长期性。……欧盟属于我们每一个人,我们不再进行'零和'的游戏。欧洲必须为每个成员国带来福音。我将考虑每个人的利益和感受。"②

——首位欧洲理事会常任主席范龙佩

从20世纪70年代的欧洲政治合作,到冷战结束后的欧盟共同外交与安全政策,欧盟这一领域的一体化与制度化程度不断提高。时至今日,我们既不能认为共同外交与安全政策已经达到如同欧盟在经济治理方面的"共同体"模式,更不能简单地认为这一领域仍处于无政府状态下的政府间合作形式。可以说,欧洲一体化在外交与安全领域已经经历了政府间论坛(1970—1973年)、跨政府信息分享(1973—1981年)、合作的规范创造(1981—1986年)、组织化(1986—1993年)和走向安全治理(1993年

---

① 本章内容经笔者修改曾以论文"试析《里斯本条约》框架下欧盟共同外交与安全政策的'布鲁塞尔化'"在《国际论坛》2013年第5期发表,特此说明。

② "Herman Van Rompuy, first permanent President of the European Council", 19 November 2009, http://www.be-lgium.be/en/news/2009/news_herman_van_rompuy_president_europa.jsp.(上网时间:2012年2月11日)

之后）五个阶段。① 自从《马约》签署后，《阿约》与《尼斯条约》等都在当时的国际政治背景中不断强化这一安全治理结构的法律基础、组织形式与运作效能。虽然共同外交与安全政策与民族国家存在中央权威政府管理下的安全治理不同，共同体在这一领域的介入程度有限，成员国的利益偏好与谈判协商仍很大程度上决定着 CFSP 的运作和实践。但是，近年来针对欧洲一体化的研究认识到，制度主义以及社会化建构的理论也渐渐成为解释这一领域特殊状态的工具，因为单纯的政府间主义视角无法有效解释不断扩大后的多元国家联盟仍然能够推进 CFSP 向前发展的原因。一种源于制度与认同的内生动力成为约束民族国家、推进共同外交与安全合作的新的重要因素。有学者将这一因素所产生的现象概括为"布鲁塞尔化"的趋势。笔者认为，所谓"布鲁塞尔化"缘于欧盟内外环境的变化，特别是欧盟东扩的影响。中东欧国家大量涌入的压力导致欧盟需要寻找新的模式避免 CFSP 陷入停滞。因此，利用"布鲁塞尔化"的概念和视角对 CFSP 的最新改革成果进行解读，可以使我们进一步透视《里斯本条约》的本质和内涵。

第一节 欧洲一体化的理论

经过半个多世纪的发展，欧盟已经成为塑造当今国际体系的一支重要力量。其不仅像一块磁石吸引着周边国家的加入，而且成为其他地区进行区域合作的借鉴对象。于是，自 20 世纪 50 年代《罗马条约》签订以来，国际关系理论界就试图去解释欧洲联合的过程，去探寻这一新的国际合作形式所具有的特殊意义，并逐渐形成欧洲一体化理论这一特殊理论群。欧洲一体化理论是国际关系理论和比较政治学理论的一部分，属"中观理

---

① Michael E. Smith, *Europe's Foreign and Security Policy: The Institutionalization of Cooperation*, U. K. Cambridge University Press, 2004, p. 39.

论",其主流理论之间通过"理论论争""理论混合"等形态不断发展、创新,丰富着国际关系"宏观理论"和政治学理论的内容。同时,欧盟研究还包含大量的政策领域和欧盟发展特定方面的经验研究。

欧洲一体化理论要解决的核心问题就是"为什么主权独立的民族国家会走向联合?其背后的动力是什么?与此项关联的问题是,一体化合作是否导致民族国家主权向着超国家层面转移,从而导致新的政体出现"。[①] 有学者认为,欧洲一体化包括进程和结果两个方面,从理论上将这两个方面进行整合是非常困难的。问题主要在于这两个方面需要解决的理论问题完全不同,运用的方法自然也就不可能相同。前者要解决的是动态的一体化进程问题,后者则要解决静态的政治体系结构及其运作问题,二者很难统合在一个分析框架之下。[②] 因此,如同欧盟本身具有的治理层次纷繁复杂的特点一样,欧洲一体化的理论也呈现出多视角、多层面,甚至是一种"马赛克"似的拼图景象。没有一种宏观的理论能把握其全貌,它们解决的只是某一类或某一问题领域。

迄今,欧洲一体化理论大致经历了三个发展阶段:20世纪五六十年代的规范探索阶段,主要表现为功能主义与联邦主义的产生,理论主题是解释欧洲一体化的结果与产生原因;七八十年代的理论深化阶段,包括新功能主义与政府间主义的论争,理论主题除了延续上个阶段的问题外,还包括欧洲的治理问题与如何对其政治系统与进程进行分析描述的问题;90年代的理论大混合阶段,包括自由政府间主义的兴起、制度主义的不断成熟、理论基础从理性主义向建构主义转向等,研究欧盟及其为欧洲带来的社会政治后果成为思考的主题。

如果对欧洲一体化理论流派进行简化分类,可以分为政府间主义与超国家主义两大阵营,理论演进也是主要以这两派论争的形式来展现的。

---

① [英]安特耶·维纳、[德]托马斯·迪兹主编,朱立群等译:《欧洲一体化理论》,世界知识出版社2009年版,第3页。
② 朱立群:"欧洲一体化理论:研究问题、路径与特点",《国际政治研究》2008年第4期。

一、政府间主义

政府间主义由斯坦利·霍夫曼于 1966 年提出，其要义是坚持一体化中民族国家和政府的核心作用，认为"欧盟的每一步发展，不论是前进还是倒退，都是成员国意愿的反映。一体化停滞主要是成员国政府抵制向布鲁塞尔进一步转让国家主权"。[1] 该理论认为，国家利益、地缘政治、外部行为者影响等是决定一体化的主要力量；由于国家主权的敏感性，一体化会被限制在经济部门以及非政治领域；欧盟超国家机构因资源缺乏和"民主赤字"等处于弱势地位。

20 世纪 90 年代诞生的自由政府间主义，[2] 吸收了霍夫曼的政府间主义、米尔沃德（Alan Millward）的民族国家选择理论以及国际合作的议价论，通过对德、法、英三国在 20 世纪 50 年代到 90 年代的五次欧洲一体化关键博弈进行分析，[3] 从更加宏观的角度为剖析欧洲一体化的发展动力提出了具有影响力的分析框架：首先是一国国内各利益集团相互博弈，得出在某一个问题上该国的国家偏好；然后该国政府持此偏好，代表该国与其他国家政府进行政府间博弈，博弈结果是互相间不对称依赖程度的体现；最后，为了巩固谈判成果，确保各方履行承诺，各国政府理性的选择将部分主权委托转让给超国家机构，或者是约定日后共同投票决定未来的执行事项。这个被称为"中观、多因混合的三重组合框架"[4] 是对国际政治研究的重要理论贡献。莫拉夫奇克（Moravcsik）认为"欧洲一体化的根本原

---

[1] Stanley Hoffman, *Obstinate or obsolete? The fate of the nation-state and the case of the Western Europe*, Daedalus, Vol. 95, No. 3, 1966, pp. 862–915.

[2] Andrew Moravcsik, *The Choice for Europe: Social Purpose and State Power from Messina to Maastricht*, Ithaca, NY: Cornell University Press, 1998.

[3] 《罗马条约》（1955—1958 年）、共同市场的巩固（1958—1969 年）、通向货币一体化（1969—1983 年）、《单一欧洲法令》（1984—1988 年）、《马斯特里赫特条约》（1988—1991 年）。

[4] 赵晨："自由政府间主义的生命力——评莫劳夫奇克的《欧洲的选择》"，《欧洲研究》2008 年第 2 期，第 143 页。

因是过去半个世纪欧洲大陆面临的一系列共同的经济挑战"。[1]

政府间主义很好地解释了欧盟共同外交与安全政策发展相对缓慢的原因，也解释了该政策决策权为何会处于欧洲理事会与部长理事会这样的政府间机构中，并以一致通过为主要的决策模式。政府间主义认为国家在选择制度时，首先考虑的是"自主权和影响力"，[2] 这两方面的相互平衡和利益衡量决定着成员国对改革的意见。此外，主权让渡还可以转移国内的社会压力。

二、超国家主义

超国家主义的理论流派主要包括联邦主义（Federalism）、新功能主义（Neofunctionlism）和建构主义（Constuctivism）等。相比现实主义，超国家理论认为，欧洲国际体系处于无政府状态的基本假设应该被重新审视；欧洲一体化是自身独立发展的过程；成员国政府并不是一体化的唯一决定因素和推动力，跨国界的社会化行为体、国内利益集团、超国家机构、制度和认同等因素在欧洲一体化进程中扮演重要作用。

功能主义认为，"溢出"逻辑是解释一体化不断前进的主要方法：[3] 功能性溢出是一体化的早期阶段，是不同政策部门之间发生联系的结果；政治化溢出和文化溢出则说明超国家的组织和决策方式对于利益集团和政府的作用越来越大，使国家自己制定规则的成本开始变高。政治合作和制度扩大更有利于成员国获得跨国共同效益的提高。制度主义与建构主义的理论更加重视欧洲认同和"社会化"的作用，其理论的逻辑首先包含"欧洲化"[4]（Europeanisation）的概念，认为"欧盟或欧洲一体化的议程已经不

---

[1] [美]安德鲁·莫劳夫奇克著，赵晨译：《欧洲的抉择——社会目标和政府权力》，社会科学文献出版社2008年版，第4页。

[2] 余南平主编：《欧盟一体化：共同安全与外交政策》，华东师范大学出版社2009年版，第40页。

[3] Hass, *The uniting of Europe*, Stanford University Press, 1958.

[4] Featherstone and Radaeli, *The Politics of Europeanisation*, Oxford University Press, 2003.

再独立于国内政治，国内政治也不再孤立于欧洲之外"。① 国家利益和社会结构的变化是一体化制度合作的结果，而前者的社会化结构又反馈于联盟，形成"欧洲化"的双向互动。由于成员国公民不仅是国家公民，更是欧洲公民，这种身份认同大大影响着对单一国内法律、主权和利益的定位。成员国之间的合作与集体认同推动一体化进一步深化，"一体化范围的差异反映了对欧盟的认同、制度合理性以及社会共鸣感强度的不同"。② 因此，超国家主义认为 CFSP 发展缓慢，是因成员国对联盟的认同和集体身份处于较低的阶段所致。但也有学者认为，"CFSP 决策的一体化主义成份在逐渐提高，至少在某些方面决策趋于集中化，从而蕴涵着超国家主义的发展趋势"。③

三、传统分析范式的局限

在欧洲一体化的研究和分析中，由于受到"理性主义"理论的影响，长期以来形成了政府间和超国家的两种范式，即把欧洲一体化进程看做是政府间（主权国家）与超国家两种力量此消彼长的发展和变化过程。我们也会把欧盟的组织机构分为政府间的与超国家的制度安排，如欧洲理事会与部长理事会属于政府间机构，而欧盟委员会与欧洲议会属于超国家机构。同时，我们还会划分欧洲一体化进程在哪个阶段哪种力量会占据上风，如有人认为，在一体化初期，尤其是共同体成立之后，欧洲一体化走的是"超国家"的发展道路，而随着成员国数量的增加，其政府间的性质越来越明显。在一体化的每次改革中，超国家因素多了，我们就认为欧洲一体化取得了进展，反之似乎欧洲一体化就出现了倒退。④

---

① Hooghe L. and Marks, G., "A Postfunctionalist Thory of European Integration: From Permissive Consensus to Constraining Dissensus", *British Journal of Political Science* 39 (1), 2009, pp. 1 – 23.

② 余南平主编：《欧盟一体化：共同安全与外交政策》，华东师范大学出版社 2009 年版，第 51 页。

③ Paul Close and Emiko Ohki Close, *Supranationalism in the New World Order: Global Processes Reviewed*, Barnes & Noble, 1999, pp. 67 – 71, 81 – 82.

④ 陈玉刚："《里斯本条约》后的欧盟政治发展"，《国际观察》2011 年第 1 期。

从《里斯本条约》的内容来看，这一传统的二元论似乎受到了挑战。在制度设计上，《里斯本条约》使政府间主义和超国家主义的两种因素发生了明显的融合。从法律制度来看，CFSP 的政府间主义性质并没有改变，最高的政府间决策机构——欧洲理事会的地位甚至得到了增强。但同时，在 CFSP 的两大决策机构欧洲理事会与部长理事会中，加入了具有"欧洲面孔"的"常任主席"和"高级代表"，大大削弱了轮值主席国、欧盟委员会对欧盟对外关系事务的控制权。同时，在欧盟委员会中，安排了负责政府间机构——外长理事会的高级代表担任副主席并主管对外行动署，而对外行动署在资源配置上也体现了对成员国和超国家机构两种资源的结合。尤其是对"高级代表"这一既陌生又熟悉的职位来说，其本身属性是"政府间"还是"超国家"已难以明辨。

针对欧盟的最新改革，超国家主义理论认为政府间主义理论逐渐"面临描述力匮乏的窘境"，[①] 而欧盟制宪进程的出现似乎佐证了超国家主义理论对欧盟未来发展方向的预测，虽然该进程因失败而"暂时"停止。

针对这种趋势，我们在研究《里斯本条约》时应该需要新的视角，避开有关超国家与政府间的争论。如我国学者伍贻康就提出了欧盟为一种"多元一体的区域共治模式"，即"以和平、团结、繁荣、稳定、社会经济均衡发展为目标，在多元一体和主权共享的原则指导下，遵循共同法规和共同机制，通过协调、均衡、互利、渐进和不断妥协的方式，推动区域一体化，实行以国家和区域为主的多层次协调、双向互动的区域共同治理"。[②] 这种观点抓住了欧盟在发展模式中出现的"多元融合"的特点，但没有指明这种"多元一体"背后的力量是什么以及其是否具有持续性。

因此，在笔者看来，在对《里斯本条约》尤其是针对 CFSP 的改革进行深入分析时需要运用新的理论框架，这种理论最好能够结合政府间主义

[①] 陈志敏、[比] 古斯塔夫·盖拉茨：《欧洲联盟对外政策一体化——不可能的使命？》，时事出版社 2003 年版，第 337 页。

[②] 伍贻康等著：《多元一体——欧洲区域共治模式探析》，上海社会科学院出版社 2009 年版，第 58 页。

和超国家主义的有益因素。

第二节 "布鲁塞尔化"：概念与理论基础

一、"布鲁塞尔化"的概念

"布鲁塞尔化"（Brusselisation）最早由大卫·艾伦（David Allen）提出，他认为是"以布鲁塞尔为中心的决策机构的稳步强化"，或"在一致性的名义下对外交决策权威从各国首都逐步转移到布鲁塞尔"。[①] 中国学者陈志瑞发展了这一观点，认为"成员国的主导和控制作用已经弱化，决策机制逐渐从一种水平的、离散的结构趋向垂直和集中，开始以布鲁塞尔为中心形成并输出欧盟的外交和安全政策"。[②] 这一进程将使得联盟的外交与安全政策不断趋向集中、连续与统一。其内涵有如下三点：

首先，"布鲁塞尔化"描述了欧盟大量外交政策机构在地理上的一种集中倾向。"布鲁塞尔化"的进程起始于《马约》。当时欧洲政治合作（EPC）的外长会议被合并到欧盟总务理事会中，EPC的政治委员会和秘书处都成为部长理事会下属机构。《阿约》还设立了共同外交与安全政策高级代表协调成员国在外交上的行动并执行相关政策。此外，政策规划与早期预警小组以及涉及共同防务的政治与安全委员会（Political and Security Committee，PSC）、欧盟军事委员会（European Union Military Committee，EUMC）、欧盟军事参谋部（European Union Military Staff Organisation，

[①] David Allen, "Who Speaks for Europe? The Search for an Effectiv and Coherent Forein Policy", Peterson, J. and Sjursen, H, A, *Common Foreign Policy of the EU? Competing Visions of the CFSP*, London: Routledge, 1998, p. 54. 转引自陈志敏、[比] 古斯塔夫·盖拉茨：《欧洲联盟对外政策一体化——不可能的使命？》，时事出版社2003年版，第338页。

[②] 陈志瑞："试论欧盟共同外交与安全政策的'布鲁塞尔化'"，《欧洲》2001年第6期，第62页。

EUMS)等一系列组织都在布鲁塞尔集中建立。有学者认为，PSC是"欧洲安全与防务政策和共同外交与安全政策的中枢"，其成为第二支柱下的常设代表委员会"象征着欧盟外交和安全事务决策的中心永久性地移入布鲁塞尔"。①

其次，保留政府间主义的制度安排，同时加强欧盟形成共同政策与对外行动的能力。冷战结束后欧盟的政治实践表明，成员国希望在外交与安全领域进一步让渡国家主权的意愿是微弱的，发展出具有国家特性的欧洲共同的"外交政策"越来越不切实际，而成员国又寄希望于联盟来解决该领域中单个成员国难以解决的问题，如地区冲突、移民、跨国恐怖主义等，国家间合作的欲望又是强烈的。因此，需要构建一种超过传统政府间国际组织但又不能削弱成员国外交主权的新的合作模式。于是，形成了以欧盟部长理事会（总务理事会）也就是"布鲁塞尔"为核心的一系列决策机制。有学者称其为"跨政府主义"，② 也可以被认为是"强化的政府间主义"。与此相关的结果是，成员国意愿之间的矛盾导致了该领域长期存在"能力—期望"之间的差距。

再次，"布鲁塞尔化"体现了一体化"进程"的影响。"布鲁塞尔化"这一概念与"政府间主义"不同，它不仅描述现象，还体现着事物的运动性或者发展的进程性。这种进程通过不断将各成员国的外交部门和人员聚集在布鲁塞尔进行政策协商和交流互动的方式显现出来，展现了欧洲政治一体化机制与观念逐渐"汇聚"的过程。尽管该机制在CFSP布鲁塞尔的决策中体现着政府间主义的模式，成员国拥有一票否决权，但实践表明，成员国在使用否决时变得越来越谨慎，因为这并不是一种没有成本的"否决"。从制度主义的角度来说，成员国在习惯布鲁塞尔所制定的各种制度

---

① 陈志瑞："试论欧盟共同外交与安全政策的'布鲁塞尔化'"，《欧洲》2001年第6期，第60页。

② 陈志敏、[比]古斯塔夫·盖拉茨：《欧洲联盟对外政策一体化——不可能的使命？》，时事出版社2003年版，第342页。

时慢慢形成了"路径依赖"（Path Dependence），① 即常驻布鲁塞尔的外交官在维护和表达所属国家的利益时会顾及联盟与他国的"感受"，更倾向用多边主义的协商、沟通，包括与他国或联盟进行利益交换来达到"两全其美"的结果。

二、"布鲁塞尔化"的理论基础

"布鲁塞尔化"的理论背景是由表层的政府间主义与深层的建构主义共同构成。政府间主义体现其现实特征，反映了联盟对政府间制度安排的改良和创新。但建构主义却揭示了这一理论的进程性特征，或者说是"未来观"，即在CFSP下追求建立一种共同的联盟价值观，或者说是"欧洲认同"。

要承认社会化建构对欧盟的作用，首先必须承认如下四个前提：第一，欧盟是一个社会组织；第二，社会组织是一个变动的进程；第三，社会组织是一个将秩序和意义融入人类社会生活的进程；第四，社会组织是一个将社会主体融入秩序化的社会关系的进程，这一过程被嵌入到文化理念中。②

从社会化建构的理论来解释，共同外交与安全政策的"布鲁塞尔化"不仅改变着成员国的利益偏好，也塑造着其作为欧盟"集体身份"的自身角色定位。这种对集体身份的感知形成了亚历山大·温特（Alexander Wendt）所说的"构建有目的行为体的身份和利益的那种'共有观念'"。③ 建构主义将国际结构视为社会结构，而这种结构充满了观念的因素。在这一结构中，民族国家的理性选择受到了极大挑战。制度或者是社会化的国际体系结构"建构了行为体的身份（identity），身份决定利益，利益决定

---

① 制度主义概念之一：制度是行为体战略抉择的首要塑造者。当行为体面临选择的时候，往往会选择长时间积累而成的、传统的、习惯性的行为模式。参见王学东："新制度主义的欧洲一体化理论述评"，《欧洲研究》2003年第5期，第86页。

② M. E. Olsen, *The Process of Social Organization*, New York: Holy, Rinehart and Winston, 1968. pp. 2–3.

③ ［美］亚历山大·温特，秦亚青译：《国际政治的社会理论》，上海人民出版社2000年版，第1页。

第五章　共同外交与安全政策的"布鲁塞尔化"

行为"。① 所谓"身份",即界定了作为一个社会共同体成员的我们是"谁"的问题。对欧盟成员国来说,德国、比利时、法国等不再只是欧洲国家,它们还是欧盟国家。欧盟的成员身份意味着自愿接受某种政治秩序是合法的,并且需要承认一套规则和义务是有约束力的。当有这种角色认同之后,民族国家的行为、话语等都会发生"潜移默化"的改变。"行为体需要知道在欧盟范围内的适当行为的规则。"②

除了角色认知外,欧盟还彻底改变了成员国的行为方式。温特的建构主义提出三种国际体系文化,霍布斯文化、洛克文化和康德文化。温特认为,当今的国际社会是以洛克文化为主导的,但国际社会是进化的:从霍布斯文化向洛克文化进化,并最后走向康德文化。③ 康德文化的观念特征是友谊、合作与共存。欧洲是国际体系中最为接近"康德文化"的地区,欧盟也正是卡尔·多伊奇（Karl Deutsch）所提出的"多元安全共同体",④ 这也是罗伯特·库珀所谓的"后现代世界的安全"。⑤ 在这种体系中,有一种真切的保证,即"共同体成员之间不会兵戎相见,而是以其他方式解决成员国之间的争端"。⑥

在"多元安全共同体"中,交往与沟通具有重要意义。形成多元型安全共同体有三个必不可少的条件:"决策者的价值观相互包容;准备参与一体化的各单位的决策者们可以预知彼此的行为;相互响应,具备密切合

---

① 戴铁尘:"欧盟集体身份'布鲁塞尔化'建构模式探析",《世界经济与政治论坛》2008年第4期,第63页。
② ［英］安特耶·维纳、［德］托马斯·迪兹主编,朱立群等译:《欧洲一体化理论》,世界知识出版社2009年版,第204—205页。
③ ［美］亚历山大·温特,秦亚青译:"国际体系的三种无政府文化",《西方国际关系理论经典导读》,北京大学出版社2009年版,第219页。
④ 多伊奇提出两种安全共同体形态:合并型（amalgamated）与多元型（pluralistic）,前者由原来相互独立的政治单位组成一个有统一政府的单一安全共同体;后者由彼此分离并在法律上保持独立的政府组成的安全共同体。［美］詹姆斯·多尔蒂、小罗伯特普法尔茨格拉夫著,阎学通、陈寒溪等译:《争论中的国际关系理论》（第5版）,世界知识出版社2003年版,第559页。
⑤ ［英］罗伯特·库珀著,吴云等译:《和平箴言:21实际的秩序与混乱》,北京大学出版社2007年版,第74—75页。
⑥ ［美］亚历山大·温特,秦亚青译:"国际体系的三种无政府文化",《西方国际关系理论经典导读》,北京大学出版社2009年版,第234页。

作及时处理紧急问题的能力"。[①]

  成员国通过日常具体的外交互动行为重新塑造着其利益偏好，慢慢建构着一种联盟"集体身份"，成为"布鲁塞尔化"的内在表现形式。民族国家对"欧洲"的认同感这种观念不是与生俱来的，而是通过结盟、立法以及一系列长期的外交实践逐步形成的动态的过程。成员国在布鲁塞尔所进行的外交行为既包括正式的双边和多边会议，也包括非正式的磋商与沟通等。从事外交工作的欧盟的政治精英们在高度制度化的机制中进行频繁的交流、学习、沟通，逐渐形成新的观念结构，内化了合作的习惯。例如，常驻欧盟的成员国外交官们喜欢通过早餐的方式来进行理事会开会前的利益协调，比较突出的有波罗的海三国、斯堪的纳维亚半岛国家（丹麦、芬兰、瑞典）以及维谢格拉德集团（波兰、捷克、匈牙利和斯洛伐克）。久而久之，这些国家形成相对稳定的"小联盟立场"并会在集体会议时照顾彼此利益。同样，欧盟内部大国与小国之间长期的磋商协调也会在联盟内逐渐形成"意志趋同"。此外，包括政府首脑在内的各级别官员密集而定期的会晤、观念之间的交流以及频繁的就某项议题的磋商使得他们在价值观和行为方式上产生趋同，这并不意味着他们对本国的忠诚发生了转移，而是在追求本国利益时不会将欧盟整体利益看做是本国利益的对立面，因而形成了比如习惯用"多边主义"来追求对外政策的目标、用"预防外交"来参与国际危机管理以及"通过良治政策推广欧洲价值观和治理模式"[②]等。

第三节　《里斯本条约》下CFSP的"布鲁塞尔化"

  欧盟东扩以后，欧洲联合的内在矛盾性加剧，成员国数目的增加对

---

  ① ［美］詹姆斯·多尔蒂、小罗伯特普法尔茨格拉夫著，阎学通、陈寒溪等译：《争论中的国际关系理论》（第5版），世界知识出版社2003年版，第560页。
  ② 崔宏伟：《欧盟国际'集体身份'的建构及其政策影响》，《欧洲一体化的走向和中欧关系》，时事出版社2008年版，第191—195页。

CFSP 的建设带来了诸多负面影响，"横向扩大"所带来的挑战需要欧盟以"纵向深化"来予以应对，否则欧洲一体化就可能陷入停滞。《欧盟宪法条约》和《里斯本条约》正是欧盟对政治一体化发展模式所进行的一次深度整合与改良，希望借此能为 CFSP 提供新的发展动力。从《里斯本条约》的内容来看，这次改革是对 CFSP "布鲁塞尔化"趋势的延续和强化。作为《欧盟宪法条约》的替代品，《里斯本条约》虽删去了那些显性的宪法称谓，[①] 但在实质性内容上，却保留了"宪法条约"的大部分成果。对此，笔者认为不能简单地认为其作用只是强化政府间主义的制度安排或提高 CFSP 的有效性，而应该认识到作为"布鲁塞尔化"趋势的最新发展，《里斯本条约》的诸多内容是与"欧盟制宪"是一脉相承的，应该用社会化理论予以解读。

一、CFSP 法律基础的"布鲁塞尔化"

新条约对欧盟的法律基础进行了一次近乎颠覆性的改革，直接打破了自《马约》建立欧盟近 20 年来对其法律基础所进行的所谓"三大支柱"的经典描述，并赋予了欧盟法律人格。

首先，取消三大支柱反映了欧盟对传统发展模式与治理结构的反思。将欧盟分为"欧洲共同体"（涉及经济、社会、环境等政策）、"共同外交与安全政策"（涉及外交、军事等政策）和"刑事领域警务与司法合作"（涉及共同合作打击刑事犯罪）的三支柱结构逐渐不利于欧洲一体化的继续深化，因为区域一体化已经使政治、经济等各种问题紧紧相融。近两年发生在欧洲的主权债务危机恰恰说明，欧盟在经济一体化方面步伐过快，有很多结构性的问题被忽视，需要进行反思并对金融和市场领域长期执行的一些制度加以修缮。这种修缮不能仅凭法国、德国等大国策动就能够进行，而是需要欧盟在政治上的团结一致。取消三大支柱，还使人们在观察

---

① 如"宪法条约""联盟外交部长"的称谓和盟旗、盟歌等。

欧盟时不再对其进行"经济上是巨人，政治上是侏儒"的区别化和分层化解读，而是从根本上全面、平衡地推动欧洲一体化的发展。

其次，取消三大支柱有利于将欧盟塑造为强有力的国际行为体。在冷战后出台的条约和安全战略报告中，欧盟都将建设强有力的国际行为体作为 CFSP 的基本目标，而三大支柱的划分本身却限制了这一目标的达成。经济与政治外交的"分家"使得欧盟成员国只注重经济治理、市场融通，而不愿让渡更多的国家主权以提高欧盟的国际影响力和行为能力。这既不利于欧盟对外代表权的统一，也不利于经济、政治各类资源的综合运用。如在气候变化谈判和联合国大会中，强有力的联盟集体身份对欧洲的利益至关重要。取消三大支柱，使成员国不再把欧盟仅仅看做是"经济上的管家"，也使外部将欧盟看做一个统一的整体，这样欧盟及其成员国自身才能在国际体系中取得集体与个体的双赢。

第三，取消三大支柱是欧盟致力于制度文化建构的表现。作为欧盟政治活动的公民社会基础，一种超越民族国家的公共领域不应只体现在金融市场，还应进入政治、外交和安全等高级领域。哈贝马斯认为，"如果不能在共同的政治文化背景下形成一种欧洲范围的公共领域，……如果没有一种超越国家公共领域的交往关系，就不可能有民主意义上的欧洲联邦国家"，[①] 欧洲一体化半个多世纪的实践证明，没有政治领域的公民参与，长期困绕欧盟的"民主赤字"问题将无法得到根本解决。解决这一难题，需要一种规范上的视角，制度上的考虑。"欧洲层面上的公民政治行为需要一种民主政治文化作为其社会心理基础；同时这样一种政治文化的形成也需要欧洲范围的政治法律制度作为其制度框架背景。"[②] 取消三大支柱结构、赋予欧盟法律人格正是《欧盟宪法条约》的首要核心，通过对欧洲各领域的整合，推动欧盟制度文化建构，强化欧盟的公民社会基础。从政治

---

① [德] 尤尔根·哈贝马斯著，曹卫东译：《包容他者》，上海人民出版社 2002 年版，第 186 页。

② 赵光锐："欧盟制度文化的建构：以欧盟宪法为例"，《文化视角下的欧盟研究》，上海外语教育出版社 2009 年版，第 208 页。

心理、社会建构的角度提高欧洲公民和民族国家的"欧洲认同",使欧盟能够作为一种具有后现代标志的规范性力量在欧洲和国际舞台发挥领跑者作用。

二、CFSP组织运作的"布鲁塞尔化":两种力量的联合

正如《欧洲的未来》一书的作者戴维·卡莱欧(David P. Calleo)所言,东扩使欧盟传统上的平衡机制"不可能在存在多种多样新成员的环境里发挥作用",欧盟将"需要一种更为多样化的参与和智力结构"。① 《里斯本条约》从试图建立一种"宪政模式"出发,对欧盟的机制架构进行了一次具有深远影响且富有创新的整合。

首先,这一整合表现为增加诸如常任主席、高级代表以及对外行动署这样的新行为体,使共同外交与安全政策(CFSP)的机制架构更为灵活。"带有多顶帽子"的外交与安全事务高级代表、欧洲议会、成员国议会甚至欧洲公民本身都被允许参与到这一决策进程中来。与行为体变化同步的还有诸多决策方式的增加,如"紧急刹车""加强合作"以及特定多数表决制(QMV)在理事会中的扩大运用等等,这些都使得共同外交与安全政策(CFSP)的"菜单"更加丰富。成员国基于自身利益可以选择与不同的超国家行为体合作,也可以选择不同的参与方式。

其次,参与共同外交与安全政策(CFSP)机构的权力分配发生了明显变化。欧洲理事会与欧洲议会的权重在欧盟内部上升,两者获得了许多新的权力,而欧盟委员会在政治方面的地位相对下降。欧洲理事会正式成为欧盟的组织机构,并通过设立一位常任主席增强其决策的连续性与内部决策的一致性。从权力制衡角度来说,欧盟原有的"三权分立"结构受到一定的压力而变形,这种压力来自欧洲理事会(常任主席),甚至来自对外行动署。有外国学者认为这一机构可能会在实

---

① [美] 戴维·卡莱欧著,冯绍雷译:《欧洲的未来》,上海人民出版社2003年版,第318页。

践运作中发展出某种"自治的结构"。① 因此，欧盟需要利用很长一段时间来适应和内化这种压力，也就是包括欧盟理事会、欧盟委员会、欧洲议会等各机构需要与制度中的新的行为体磨合互动，明确分工并进行良好的合作。除了委员会以外，轮值主席国在 CFSP 中的权力份额受到欧洲理事会常任主席与高级代表的双重切割。成员国想要在原有的 6 个月内掌控 CFSP 的议程再也不是那么容易的事，其必须与常任主席与高级代表进行合作才能实现诉求，由于后两者具有"欧洲面孔"，势必会对民族国家的利益偏好产生限制。

再次，欧盟在治理上将政府间与超国家两种力量更加有机地融合在一起。在 CFSP 最主要的阶段议题形成过程中，为联盟大局而考虑的新行为体——常任主席和高级代表，分享了原轮值主席国的权力。在欧洲理事会的准备工作中，常任主席、高级代表、总务理事会主席即原来的轮值国主席（在具体行为中，可能会包括三个成员国，即包括前任、现任与后任的"三驾马车"）都可以站在各自立场来向 CFSP 施加影响力。CFSP 的政策动议权则由成员国、欧盟委员会与高级代表共享。可见，在会议准备、议题选择方面，原成员国的权力受到超国家行为体强有力的限制。高级代表在 CFSP 中具有不可估量的重要作用，其也担任欧盟委员会副主席并兼任外交事务理事会主席，受单独任命（即便委员会集体辞职，其也会保留外交事务理事会的职位）。高级代表还领导着对外行动署，该机构本身也兼具成员国与共同体两种力量（人员构成、资源配置）。因此，高级代表的工作明显集政府间与超国家两种性质于一身——身为政府间机构的组织者，其能够在某种程度上支配共同体的资源，包括与欧盟委员会进行密切合作。如在 2010 年 1 月 12 日阿什顿就任高级代表之初发生的海地大地震中，她迅速召集欧盟委员会对外关系、发展与环境等部门官员，以及欧洲理事会和欧盟情报信息中心的专家商讨对策，"决定提供 300 万欧元的紧急援助，由贸易委员德古特（Karel de Gucht）签署，并讨论是否从委员会 2800 万

---

① CEPS, EGMONT and EPC study, "The Treaty of Lisbon: A Second Look at the Institutional Innovations", *CEPS WEBSITE*, Sep. 2010, p. 189.

欧元的年度对外援助预算中再专门拨款救助海地，以及决定成立小组协调英、法、瑞典等一些成员国的援助承诺"。① 可以想象，如果没有《里斯本条约》，这一进程可能会由当时的轮值主席国西班牙和欧盟委员会主席一同来主导。正如在阿什顿上任之初，2010年2月6日的慕尼黑安全会议上她明确指出："这些（安全）问题很多相互关联。我们必须找出它们之间的联系，从而规划和执行全面的战略。我们必须使用手中不同的杠杆来施加影响——政治的、经济的以及民事和军事危机管理工具——并支持一个统一的政治战略。"②

此外，CFSP的决策方式引入了更多来自共同体下的模式，如特定多数表决制（QMV）的扩大运用，强化型合作等。欧盟的对外代表权也显示出某种"共同治理"的特征，理事会常任主席、高级代表、轮值主席国、欧盟委员会主席、欧洲议会议长、欧元区主席甚至处理具体问题的委员与专员（如气候变化谈判代表等）都可以在不同的场合对外代表联盟。正如欧洲政策中心认为，"（《里斯本条约》后 CFSP）新的框架真正结束了长期横亘在委员会与理事会之间的机制鸿沟（institutional gap），'模糊了'两者原有的'劳动分工'（division of labour），这一特点尤其体现在对外关系的资源分配上"。③

因此，将政府间与超国家两种力量汇聚、整合而形成新的组织架构和运作安排是《里斯本条约》相对之前欧盟各条约最为显著的特征，也是不少专家认为"《里斯本条约》引入了自20世纪50年代以来最具影响力的机制变化"④的重要原因。

---

① 陈玉刚：《里斯本条约》后的欧盟政治发展"，《国际观察》2011年第1期，第48页。
② C. Ashton, "Remarks by HR Catherine Ashton, at Munich Security Conference", 6 February, 2010.
③ Rosa Balfour, Janis A. Emmanouilidis, Fabian Zuleeg, "Political trends and priorities 2011 – 2012", *EPC*, *ISSN 1782 – 494X*, December 2010, p. 11.
④ CEPS, EGMONT and EPC study, "The Treaty of Lisbon: A Second Look at the Institutional Innovations", *CEPS WEBSITE*, September 2010, p. 190.

三、塑造"布鲁塞尔"的集体身份

欧盟东扩，既是长期以来欧盟重视文化认同与政治认同建构的一次胜利，也是对其发展成新的更大的"价值共同体"的巨大挑战。正如媒体所称，欧盟出现了"扩大后的消化不良"，这突出表现为成员国在政治文化、行为方式、战略诉求与利益偏好上的多元化导致欧盟内部分歧加剧，难以形成"合力"。联盟创始六国在一体化长期进程中所形成的那种默契与团结被诸多的新加入国稀释，以法德为核心的框架式的长期而稳定的合作也被打破。因此，强化欧盟的政治文化一致性，塑造对外集体身份就成为欧盟在近十年改革中要考虑的核心问题之一。

《欧洲联盟条约》序言中写道，"受欧洲文化、宗教及人文主义遗产的启迪……决心确立成员国国民共有的公民身份"，欧盟"决心实施包括逐步建立共同防务政策在内的、可能导致共同防务的共同外交与安全政策，从而加强欧洲身份及其独立性"。可见，在CFSP中形成联盟"集体身份"、加强欧洲独立性，是各国达成的相对统一的目标。《里斯本条约》对《欧洲联盟条约》的另外两大重要扩充就是，"承认2000年12月7日（2007年12月12日于斯特拉斯堡修订）签署的'欧洲联盟基本权利宪章'"与"联盟加入《欧洲保护人权和基本自由公约》"。[①] 欧洲的人权法律基础被纳入到欧盟中来，使得欧盟的"价值"更加具有"泛欧"甚至"普世"的涵义。

《里斯本条约》使得CFSP的政策目标更加外向，更强调"价值"和"规范"。在《里斯本条约》中，欧盟宣称"欧盟共同外交与安全政策（包括共同安全与防务政策）的目标应当是巩固和强化欧洲身份与独立性"，"维护联盟的价值观"，"推动基于更强有力的多边合作及全球良治的

---

① 《欧洲人权公约》又称《保护人权与基本自由公约》，1950年11月4日在欧洲理事会主持下于罗马签署，1953年9月3日生效。截至1997年1月1日，缔约国为34个。它是第一个区域性国际人权条约。它规定集体保障和施行《世界人权宣言》中所规定的某些权利及基本自由。

国际体系","促使……包括民主、法治、人权和基本自由的普遍性与完整性"。① 这些表述反映了成员国在欧盟角色认知与价值认同方面所达成的一致，也显示出共同外交与安全政策日渐成为欧盟向外推行其软权力的工具。这些带有价值取向的政策目标也一定会在日常实践中对成员国的外交理念产生一定程度的约束。

同时，《里斯本条约》更加强调各国在CFSP中的团结以及对联盟集体身份的维护。新条约特别规定，"成员国应发展政治上的团结，不应采取任何有悖于联盟利益或可能损害联盟作为国际关系中一个整体力量的有效性的行动"；②"在表决中投弃权票时……弃权国不适用此类决定，但承认该决定对联盟有约束力。本着相互团结的精神，相关成员国不应采取任何可能与根据该决定采取的联盟行动相冲突或阻碍该联盟行动的任何行动，而其他成员国应尊重该成员国立场"；③"成员国在国际上采取任何可能影响联盟利益的行动或做出任何可能影响联盟利益的承诺之前，应在欧洲理事会或理事会内与其他成员国协商。成员国应通过采取相近的行动，确保联盟能够在国际上维护其利益及价值观"。④ 类似的表述还有很多。这些表明东扩后的欧盟，通过在法律层面强化欧洲政治认同从而塑造欧盟集体身份的决心和努力。正如哈贝马斯所说，"要使欧洲公民认同超越国家意识和国家界限……需要建构一个全体公民都接受的政治文化"，⑤ 而《欧盟宪法条约》及其内涵"可以缓解成员国对民族国家利益的追求和弱化民族国家意识，使之具有共同的政治文化归属意识"。⑥

《里斯本条约》新设了退出条款，这被政府间主义者当做是对成员国

---

① 《欧洲联盟条约》序言第12段、第21条。程卫东、李靖堃译：《欧洲联盟基础条约——经〈里斯本条约〉修订》，社会科学文献出版社2010年版，第32、42—43页。
② 《欧洲联盟条约》，共同外交与安全政策特别条款，第24条第3款。
③ 《欧洲联盟条约》，共同外交与安全政策特别条款，第31条第1款。
④ 《欧洲联盟条约》，共同外交与安全政策特别条款，第32条。
⑤ 王志强："欧洲文化认同与欧盟政治文化认同建构"，《文化视角下的欧盟研究》2009年5月，第140页。
⑥ 王志强："欧洲文化认同与欧盟政治文化认同建构"，《文化视角下的欧盟研究》2009年5月，第141页。

的一种保护。但有学者认为，"与其说这是对成员国的主权保护，还不如说是一种威慑手段。《里斯本条约》写入这个条款，固然可认为是对成员国权利的维护，但反过来，是否又可理解为是对个别要求过度、动辄阻断一体化进程的成员国的一种威慑？"[1]

值得注意的是，《里斯本条约》仅仅生效一年多后，欧盟对外集体身份的构建就已经卓有成效，这突出体现在联合国大会对欧盟代表权的提升。2011年5月3日，联合国大会通过决议赋予欧盟作为观察员在联合国大会发言、答复、提出口头建议和修改意见等权利。[2] 联大"几近全体一致的表决结果标志了欧盟在国际舞台上获得成功"。[3] 同时，随着《里斯本条约》的生效，欧盟在联合国享有发言权的候选人也发生了变化，由欧洲理事会轮值主席更换为欧盟驻联合国代表团团长（现任为葡萄牙人 João Vale de Almeida，从2015年10月16日代职至今）、高级代表或者是欧洲理事会常任代表。三者将根据联大不同级别的会议分享这一代表权。这样欧盟对外政策的连贯性和代表性得到提升，联大的决议加强了欧盟作为特殊国际行为体的地位与行动力。

四、政治精英与CFSP"布鲁塞尔化"：以"常任主席"和"高级代表"为例

欧洲理事会常任主席与联盟外交事务与安全政策高级代表的设立是欧盟对外政策进行"布鲁塞尔化"改革的最突出表现。这两个重要职位都是由欧洲理事会以特定多数程序任命，其担任者是"欧洲面孔"的政治精英——不仅对外代表欧盟，而且对内"努力促进欧洲理事会内部的凝聚力与一致"。[4] 高级代表还负责外交事务理事会内部的团结。

---

[1] 戴炳然："解读《里斯本条约》"，《欧洲研究》2008年第2期，第57页。
[2] Resolution a/65/L. 64/Rev. 1 of UN.
[3] Megan Kenna, "The European External Action Service and the United Nations: a missed opportunity for self-promotion", *EPC Commentary*, May 16 2011.
[4] 《欧洲联盟条约》第15条第6款，欧洲理事会主席职责。

第五章 共同外交与安全政策的"布鲁塞尔化"

精英政治一直是欧洲一体化的政治特色之一。新功能主义学者早就认识到"欧洲一体化进程将会导致一个忠诚于超国家机构并持有泛欧原则与观念的精英集团",[①] 这些政治精英在联盟内的活动与贡献成为新功能主义核心概念"外溢"的重要组成。他们将试图说服成员国的政治精英改变其带有民族色彩的政治偏好而进行超国家性质的合作。哈斯(Haas)预测,"国家行为体之间交往的制度化以及不同成员国之间连续的协商谈判将使成员国固守其政治意见变得越来越困难"。[②] 如在欧洲发生主权债务危机期间,欧洲理事会常任主席范龙佩(Herman Van Rompuy)就"批评了金融危机中欧洲暴露的一些民族主义和自我中心主义"。[③]

欧洲理事会常任主席和高级代表正是在欧盟政治领域进行"精英社会化"的关键角色,他们的职责正是通过充当政府间谈判的"指挥家"、"粘合剂"与"润滑油",使成员国在角色定位、利益偏好形成和谈判协商的过程中强化欧洲认同,构建起联盟对外的集体身份。从博弈论的角度来说,共同外交与安全政策中政治精英的作用是把无政府状态下国家合作的"零和博弈"的竞争特征,转变为在欧盟内部的"变和博弈"。[④] 罗伯特·库珀认为,"欧洲联盟的一个优势恰恰在于,它把各种各样的议题集中在一起,使成员国集中讨论那些他们感兴趣的议题,与此同时,在其他议题上做出让步(外交交换和国际贸易交换一样,都会带来好处)"。[⑤] 首任欧洲理事会常任主席范龙佩在其就职演讲中说:"每个国家都应该从谈判中获益,以其中一方为失败的谈判永远不是成功的谈判。作为欧洲理事会主

[①] Michelle Cini, *European Union Politics*, OXFORD UNIVERSITY PRESS, 2010, p. 77.

[②] Haas, E. B, *The uniting of Europe: political, social and economic forces*, 1950–1957, Stanford: Stanford University Press, 1958, p. 291.

[③] "EU President issues stark warning against nationalism", *EU Observer*, 2010. 10. 11.

[④] 变和博弈也称非常和博弈,是指随着博弈参与者选择的策略不同,各方的得益总和也不同。变和博弈需要两个先决条件:一个是双方能够共谋;另一个是双方能建立彼此信任的机制。在囚徒困境模型中,如果两个囚徒彼此不能信任,虽然共谋,其结果还是零和博弈,即双方都选择招供。

[⑤] [英]罗伯特·库珀,吴云等译:《和平箴言:21世纪的秩序和混乱》,北京大学出版社2007年版,第135页。

席，我会认真地聆听每一个人，并确保商议能为所有人带来益处。"① 除了"聆听"，政治精英需要在联盟中引导参与者的观念和利益偏好，增加彼此之间的信任并最终培养一种集体观念，这样可以增加国际合作的总收益，达到"共赢"，尤其是针对欧盟扩大后新成员国对联盟团结所造成的负面影响。2010年9月，范龙佩发起召开了一次欧盟特别首脑会议，旨在讨论欧盟与外部世界主要大国的战略伙伴关系将如何发展的问题。欧洲政策中心研究认为，"这次会议为超国家机构与成员国在欧盟例行首脑峰会之前进行意见协调创造了必要的准则，范龙佩将在确定欧盟国际行动的利益优先和政策方针上发挥越来越重要的作用"。②

当高级代表或者常任主席成为成员国进行博弈时的协调人时，可能会解决交易双方"信息不对称"③ 的问题。新功能主义预测到，联盟内的国际谈判将越来越缺乏"政治化"而具有更多的"技术化"；联盟内的政治精英将会在"技术化"的政府间谈判中扮演重要作用。新功能主义将其定义为"精英社会化"（Elite Socialization）的过程。④ 博弈论认为，国际谈判是否能实现合作以及合作实现的细则，有赖于行为体相对的议价实力，而议价实力取决于信息和某一特定协议带来的收益（相对于其他结果或"外部选择"的收益而言）的不对称分布。信息掌握越少以及对某一特定协议需求最少的行为体，出于担心被"欺骗"或"吃亏"，最可能用不合作手段威胁其他行为体并迫使其做出让步。⑤ "常任主席"在欧洲理事会会

---

① Herman Van Rompuy first permanent President of the European Council, 19 November 2009, http://www.belgium.be/en/news/2009/news_herman_van_rompuy_president_europa.jsp. （上网时间：2012年2月11日）

② Rosa Balfour, Janis A. Emmanouilidis, Fabian Zuleeg, "Political trends and priorities 2011 - 2012", EPC, *ISSN* 1782 - 494X, December 2010, p. 11.

③ 信息不对称（asymmetric information）指交易中的每个人拥有的资料不同。一般而言，卖家比买家拥有更多关于交易物品的信息，从而使双方处于不平等的地位。

④ 新功能主义对精英的研究是以欧盟委员会为主要研究对象的，笔者认为将这一论点引入对"高级代表"与"常任主席"的分析中具有重要价值。参见 Michelle Cini, *European Union Politics*, Oxford University Press, 2010, pp. 73 - 79.

⑤ ［英］安特耶·维纳、［德］托马斯·迪兹主编，朱立群等译：《欧洲一体化理论》，世界知识出版社2009年版，第98—99页。

第五章　共同外交与安全政策的"布鲁塞尔化"

议中，"高级代表"在外交事务理事会中都可能利用其职位的特殊优势，与持有不同意见行为体分别展开交流沟通，掌握全盘信息，通过信息传递，行为体之间的信息不对称得到平衡，从而增加谈判的成功率。

自由政府间主义认为，"成员国政府选择何种制度取决于政府间达成实质性协议后一国政府对对方政府未来是否会遵从协议的担心"。① 因此，成员国选择制度的原因是希望超国家机构能够成为契约的"担保人"，预先做出可信的承诺。常任主席与高级代表在实践中可以代表欧盟对担心协议可信度的国家（往往是一些小国和弱国）做出承诺。那么，这两者是否具有作为"担保人"足够的公信力呢？作者认为，《里斯本条约》赋予了常任主席与高级代表在议题选择、控制与谈判上的一些权力，时间与信息是其主要优势。议程的安排不再局限于原先轮值国仅仅半年的时间，而是最少两年半② （如常任主席），因此对于不遵守协议的国家，常任主席和高级代表可以通过限制其动议，拖延议程等方式予以"惩罚"。相反，对于协议遵守得好的国家，常任主席与高级代表可以通过"选择性激励"③ 来保障积极参与行动者得到更多的回报，从而抵消集体行动时"免费搭车"的不良影响。

需要强调的是，对欧盟 CFSP"布鲁塞尔化"的观察和分析需要基于一个较长的时段，因为"社会化"的价值建构及趋同往往不会在朝夕内成型。正如欧洲对外关系委员会（ECFR）针对《里斯本条约》生效后两年内欧盟外交实践的全景表现所发表的颇具影响力的研究成果"欧盟对外政策计分卡2010"和"欧盟对外政策计分卡2012"④ 所显示的，欧盟 CFSP 在这两年的表现似乎并不如人们预期的那样更具有效性和一致性，政府间

---

① ［英］安特耶·维纳、［德］托马斯·迪兹主编，朱立群等译：《欧洲一体化理论》，世界知识出版社2009年版，第101页。
② 常任主席还可连任1届，高级代表任期5年。
③ 集体行动理论的概念，认为应将利益优先倾斜给有意愿、有贡献的人，作为对"免费搭车"者的惩罚。
④ "EUROPEAN FOREIGN POLICY SCORECARD 2010"，*ECFR*/29 *ISBN*978-1-906538-28-6，March 2011；"EUROPEAN FOREIGN POLICY SCORECARD 2012"，*ECFR*/47，*ISBN*978-1-906538-48-4，www.ECFR.com，Jan 2012. （上网时间：2012年4月2日）

主义性质的局限性依然明显——这在很大程度上源自于欧洲主权债务危机的负面影响。这场深重的危机大大降低了欧盟对外行动的能力，限制了外交政策的意愿与资源，因而抵消或者"掩盖"了《里斯本条约》改革的成效。此外，各机构对新制度存在一个适应过程也是原因之一。尽管如此，该研究仍然认为欧盟在应对中东北非的政治动荡、在各种多边和双边机制（如联合国、气候变化大会、G20和欧美峰会）中或直接间接、或主动被动地维护了欧洲自身的利益，而且危机处理的能力也有一定程度的提高。此外，高级代表和欧洲对外行动署（EEAS）的表现也在批评中日臻完善。

总之，通过《里斯本条约》，冷战后欧盟共同外交与安全政策"布鲁塞尔化"的趋势得到进一步推进。建构主义相关观点赋予了"布鲁塞尔化"更加宏观的视角，较好地诠释了欧盟如何向"政治共同体"的核心目标而迈进。通过制度改革、超国家与政府间两种资源融合以及增设"欧洲面孔"的CFSP行为体——常任主席、高级代表，甚至是对外行动署，欧盟希望在一种"社会化"的动态进程中，逐渐改变主权国家的偏好和行为方式，塑造其集体身份认同，最终达到"政治共同体"的目标。《欧盟宪法条约》和《里斯本条约》正是构建"价值共同体"过程中的产物。这种体现宪政文化的精神内涵与《里斯本条约》作为"欧盟制宪"这一重要历史事件"继承者"的身份绝不是一种巧合。

第六章

案例研究：CFSP在利比亚危机中的实践

> "北非和阿拉伯世界的革命给欧洲提出了巨大的挑战，但同时也是我们不能丧失的机遇。我们将基于以下两点原则行动：第一，我们欧洲人深知通向自由之路的漫长和痛苦；第二，民主固然与选举和选票有关，但却远不只这些。"[①]
>
> ——首位欧盟外交与安全政策高级代表阿什顿

2009年12月1日，《里斯本条约》正式生效。在这之前的11月19日，在比利时首都布鲁塞尔欧盟总部，比利时首相范龙佩和欧盟贸易委员阿什顿分别当选首位欧洲理事会常任主席和欧盟外交和安全政策高级代表。一年后的2010年12月1日，欧洲对外行动署正式开始运作，这标志着酝酿多时的CFSP新机制全面启动。但也正是从2009年年末起，欧盟CFSP开始面临一系列来自经济、政治和安全领域的现实挑战。本章采用案例研究等方法对《里斯本条约》之后的共同外交与安全政策的实践进行分析和评价。

---

① 阿什顿于2011年5月11日在欧洲议会就CFSP与CSDP主要问题与基本选择的讲话。"Speech of High Representative Catherine Ashton on main aspects and basic choices of the Common Foreign and Security Policy and the Common Security and Defence policy", *European Parliament Strasbourg Brussels A 179/11 11 May 2011*.

欧洲一体化进程：共同外交与安全政策的制度改革

第一节 政策目标

自 2010 年年末以来，作为欧洲南部"后院"的北非、西亚地区发生了一系列政治剧变，[①] 给欧盟的安全、经济等利益造成冲击，对共同外交与安全政策构成挑战。在一系列的政治变局中，利比亚危机最为举世瞩目，其贯穿于整个 2011 年度并最终在西方国家的直接军事干预下以一场内战的代价而结束。这场危机全面考验和检阅了《里斯本条约》生效以来的欧盟共同外交与安全政策，对欧盟特别是 CFSP 的研究具有十分重要的分析价值。原因如下：首先，欧盟及其成员国扮演了外部干预利比亚的主角，美国和北约的作用次之；其次，改革后的 CFSP 各职能部门和政策手段充分发挥了各自作用，是该政策一次全面且综合性的实践；第三，从欧盟前期的观察判断，再到政策的准备、实施和收尾，政策过程完整，资料较为丰富。

一、欧盟在中东、北非地区的传统政策目标

由北非、中东和南欧组成的地中海区域，位于三大洲交汇的要冲地带，战略地位重要，是欧盟的"后院"。在历史上，这一地区绝大部分国家是欧洲大国的殖民地并一直与原宗主国在经济、文化和政治上保持特殊联系。早在"欧洲政治合作"（EPC）阶段，欧共体就推出过"全球地中海政策"（GMP，1972 年 10 月欧共体巴黎峰会）。进入 20 世纪 90 年代以来，欧盟开始不断提高对北非中东地区的关注度。1995 年，以欧盟与该地区共三十七国签署的《巴塞罗那宣言》为主要标志，"巴塞罗那进程"

[①] 截至本书落笔之时，叙利亚依然政局动荡。

(Barcelona Process)启动。该进程旨在促进建立欧盟—地中海伙伴关系,[①]加强欧盟与该地区的经济、政治、安全与文化的全方位合作。作为支撑,欧盟还制订了"援助地中海发展计划"[②](MEDA)。2004年6月欧盟又出台了《欧盟与地中海及中东战略伙伴关系最终报告》,进一步加强地中海政策。2007年开始,欧盟"援助地中海发展计划"被《欧盟邻邦和伙伴文件》(ENPI)所取代。随着利比亚的加入,整个马格里布国家和马什里克国家都与欧盟建立邻邦政策下的双边关系。2008年7月在法国的主导下,以《巴塞罗那宣言》为基础,欧盟27国与地中海沿岸16个国家成立了"地中海联盟"(Mediterranean Union),正式表明东扩后的欧盟将"南进"作为新的外交主攻方向。

欧盟在中东北非的政策目标主要有如下几点:

首先,确保欧盟周边的和平与稳定。北非、中东地区政治构造异常复杂,"国家间领土和资源争端纷繁复杂"。[③]因为"巴以问题"长期得不到解决,这里成为西方文明与伊斯兰文明交锋的战场,并成为恐怖主义和宗教极端势力的滋生地。在政治社会发展模式上,"现代"和"前现代"两种力量在此交汇,形成许多"强人政治",或者"代议制"外衣下的"独裁",经济上也形成国家垄断的资本主义。由于国家间贫富、宗教、资源等矛盾突出,该地区长期处于不稳定状态中,欧盟将确保该地区的和平与稳定作为首要政策目标。《巴塞罗那宣言》提出:"通过(地中海)政治与安全的伙伴关系建立一个共同的和平与稳定的区域。"[④]长期以来,欧盟致力于该地区国家间关系的改善,通过经济援助、贸易合作、文化交流等

[①] 这一关系发展至今由43个"国家"组成:27个欧洲联盟成员国及16个"伙伴关系国"——阿尔巴尼亚、阿尔及利亚、波斯尼亚和黑塞哥维那、克罗地亚、埃及、以色列、约旦、黎巴嫩、利比亚、毛里塔尼亚、摩纳哥、黑山、摩洛哥、叙利亚、突尼斯及巴勒斯坦地区。

[②] 1997年1月开始推行,旨在促进区域经济一体化,该计划分为MEDA I和MEDA II 2个阶段,实施时间分别为1995年至1999年和2000年至2006年。

[③] Sven Biscop, *Euro-Mediterranean Security: A Search for Partnership*, Burlington Ashgate, 2003, pp.1–2.

[④] "Barcelona Declaration", http://trade.ec.europa.eu/doclib/docs/2005/july/tradoc_124236.pdf, 1995.(上网时间:2011年7月9日)

多种手段帮助这些国家改善经济与社会治理，但收效甚微，如巴以问题、西撒哈拉问题等和谈进程困难重重。此外，外部势力的介入也使得该地区冲突矛盾国际化，尤其是大国角力使问题更加复杂化。

其次，确保欧盟能源安全。欧盟能源对外依赖严重，是世界上最大的能源进口方。2006年数据显示，欧盟50%的能源需要进口。其中，石油进口率高达81%，天然气进口率为54%，固体燃料进口率为38%。① 俄罗斯、中东、北非、里海及中亚地区是欧盟能源的主要产地。俄罗斯是欧盟最大的能源供给国，欧盟天然气进口的42%和天然气消费的25%都由俄供应，② 而2006年和2009年两次俄乌天然气争端暴露出欧盟能源安全的脆弱性。因此，欧盟多年来谋求使其能源进口多元化，北非中东是一大重心。据统计，欧盟45%的石油进口来自中东。③ 欧盟1/3的天然气进口来自于马格里布国家，南欧对马格里布国家的天然气依赖程度更高，比如阿尔及利亚提供了西班牙70%的天然气。④ 2006年，欧盟与巴尔干诸国建立能源共同体"使欧盟得以与毗邻里海和中东的重要通道国家建立直接联系"以进口石油，同时"稳步推进欧盟——马格里布电力市场和欧盟——马什里克天然气市场的建设"。欧盟还"拟建一条连接北非与欧盟的天然气输气管道"⑤（从尼日利亚开始，途经尼日尔、阿尔及利亚，最后到达欧盟），以改善非洲向欧盟输送天然气的能力。

第三，推进"自由"与"民主"。对周边地区进行民主治理是欧盟的一项长期政策，其源于欧洲民主思想的传统积淀与欧洲自诩为"民主价值观共同体"的自豪感与责任感。无论是"巴塞罗那宣言"还是欧盟的"伙伴关系文件"中都包含对对象国提出以"民主"为目标的政治改革条件。

---

① "Annex to Green Paper, COM (2006) 105 final", *Commission Staff Working Document*, p. 9. http://ec.europa.eu/energy/green2paper2energy/doc/2006_03_08gp_working_document_en. Pdf. （上网时间：2011年5月）

② "An EU Energy Security and Solidarity Action Plan", *European Commission Staff Working Document*0744, 2008, www.europa.eu/rapid/pressreleasesAction.html. （上网时间：2012年4月5日）

③ 张健："欧盟对北非、中东政策的走势"，《现代国际关系》2011年第4期。

④ 郑启荣：《全球视野下的共同外交与安全政策》，世界知识出版社2008年版，第327页。

⑤ 崀大威："欧盟的能源安全与共同能源外交"，《国际论坛》2008年第2期，第3—5页。

欧盟对中东、北非地区推广所谓"民主""良治"等有理想主义的成分，更包含实用主义的态度。一方面，西方学者认为，"民主最基本价值在于人权和个人自由"，[①] 因此欧盟反对独裁和集权；但另一方面，欧洲国家出于经济和安全利益等考虑长期与该地区的一些独裁政权，如卡扎菲政权，保持合作关系。这反映出欧洲的"双重标准"。此外，欧洲开展民主治理，主张采取以经贸、援助手段进行慢性推广，而不似美国用武力进行政权更迭。这种思想显然受到了"李普赛特假说"[②] 与反战思想的影响。欧盟塑造周边政治环境还体现了其追求"多边主义"的目标。"多边主义"既是战略也是理念，拥有制度性、效应性和功能性三重内涵[③]。这一战略与欧盟的睦邻政策相结合，形成了一种独特的区域层面的伙伴关系和合作模式。欧盟意图使北非、中东地区在内的周边国家通过接受欧盟的价值观念从而形成一种有利于欧盟的地区政治秩序。欧盟东扩就是这一战略的具体应用，但在北非、中东地区，欧盟的"塑造"成果十分有限。

二、北非中东政治大乱局的爆发

自 2010 年 12 月起，北非、中东、西亚等地区的阿拉伯国家相继爆发了一系列民众反对政府的抗议活动，并引发了多国的政治危机。截至 2011 年 12 月，突尼斯、埃及、利比亚和也门 4 个国家的领导人被推翻；阿尔及利亚、巴林、约旦、叙利亚等多国发生了大规模反政府的示威游行；黎巴嫩、摩洛哥、沙特阿拉伯、阿曼、尼日利亚等国出现了小规模的示威事件，[④] 而受到波及的国家更是不胜枚举。这场范围广、烈度高的政治动荡

[①] Omer Caha, "The Deficiency of Democracy in the Islamic World", in Michael J. Thompson, eds, *Islam and the West*: *Critical Perspectives on Modernity*, Rowman&Littlefield Publisher, 2003, p. 39.

[②] 自由主义思想之一。由美籍犹太人李普塞特（Seymour Martin Lipset）提出，认为一个国家越富裕，它将拥戴民主的概率就越大，发展经贸可以促进民主。其成名著作为《民主的一些社会必要条件：经济发展与政治合法性》与《政治人》，前者于1959发表在《美国政治科学评论》杂志上。

[③] 申义怀："浅析欧盟对外'多边主义'战略",《现代国际关系》2008 年第 5 期。

[④] 还包括苏丹、吉布提、索马里、科威特、毛里塔尼亚、西撒哈拉、卡塔尔。

肇始于小国突尼斯——导火索是一位青年小贩受警察粗暴对待后自焚，从而引发民众上街游行。[1] 之后，因政府处理不当，抗议不断升级而引发了大规模示威和流血冲突。最终，突尼斯领导人本·阿里放弃政权逃亡沙特。在利比亚，反对派建立了临时政权——全国过渡委员会，要求时任总统卡扎菲立即下台并声称将推进利比亚的"民主化进程"，并与政府军爆发了激烈内战。欧盟、联合国和北约以人道主义为名干预利内战，"帮助"反对派取得胜利，而卡扎菲则在战乱中被杀。这场大乱局又被冠以"茉莉花革命"[2] 或者"阿拉伯之春"之名，其结束了北非中东多个国家长时期的"强人统治"，持续时间长、影响范围广、涉及国家之多实属罕见，对国际政治产生了深远的影响。

北非、中东一系列政治乱局的成因主要有三点：

首先，该地区经济发展缺乏持续性和公平性的结果。与曾经发生在中亚东欧地区的"颜色革命"不同，北非、中东的政治动乱具有明显的内生性。该地区大部分都是所谓的"南方国家"，在世界经济格局中处于依附地带或是边缘地带。这些国家普遍缺乏能够支撑其经济长期发展的综合性产业，而是依靠如出口石油等较为简单的经济结构谋求发展，从而导致其发展成本过大。落后的产业结构不仅导致其国内普遍的高贫困率和高失业率（整个阿拉伯世界的青年失业率达到30%至50%[3]），而且出现了巨大的贫富差距。统治集团实施高压政治，贪污腐化严重，行政效率低下。如埃及和利比亚，其总统在位已经超过30年，社会、经济长期不思图变致使民怨不断积累。从宏观来看，受到宗教和文化的特殊影响，阿拉伯世界在近年来的全球化发展中，"强烈地感受到现代化之中的西方化，某种被包围、被异化、被西方强迫的感觉在社会中广泛

---

[1] 2010年12月17日，突尼斯26岁年轻人穆罕默德·布瓦吉吉因经济不景气无法找到工作，在家庭经济负担的重压下，无奈做起小贩，其间遭受城市警察的粗暴对待，抗议自焚后不治身亡。

[2] 茉莉花是突尼斯的国花，因而得名。

[3] 李绍先："当前中东剧变的内生性和阿拉伯性"，《现代国际关系》2011年第3期，第5页。

存在"。① 一种对政府由失望到愤懑的情绪在从普通民众到社会精英的全社会蔓延。

其次,高失业率的青年人与信息技术的综合作用。从事件的引爆者和参与者来看,青年人是这场运动的主力。近十几年来,中东国家人口迅猛增长,35 岁以下的青年人比例非常高,且快速的城市化进程将人口都聚集在包括首都在内的大城市,如埃及约有 8000 万人口,首都开罗就有 1800 万。② 再加上阿拉伯国家受中等以上教育程度的比例在发展中国家中是较高的,因而大量受教育的失业青年人聚集在城市,成为社会不稳定因素。近年来,互联网与移动通信等技术在全球的普及大大提高了信息传播的速度和广度,也是大规模政治动员和社会组织能够在短时间内完成的重要原因。

第三,全球金融危机的背景。2008 年爆发的金融危机,对全球产业链底端与薄弱环节造成打击。从冰岛破产、迪拜危机再到众多实体经济受到影响,全球失业率上升,人们工作时间延长。具体到突尼斯,金融危机使欧洲人假期减少,从而严重影响了该国的旅游产业,引起高失业率、通货膨胀等,最终产生连锁反应。

总之,北非中东的政治乱局源于该地区民众要求改善民生与民主的强烈诉求,其矛头直指一些家族、政党和个人对政权的长期垄断,是一次地区性的复兴运动与政治意识的觉醒。

三、欧盟政策目标的调整

北非、中东乱局的突然爆发迫使欧盟对其既定政策进行调整。危机爆发之初,欧盟持观望态度,以防范为主,表态较为谨慎,就在 2011 年 2 月

---

① 东方晓:"北非中东政治变局原因初探",《现代国际关系》2011 年第 3 期,第 2 页。
② 东方晓:"北非中东政治变局原因初探",《现代国际关系》2011 年第 3 期,第 2 页。

上旬，欧盟官员还在布鲁塞尔讨论与卡扎菲政府就边界和移民事宜进行合作。① 在利比亚局势恶化之后，欧盟开始抓紧转变立场。其政策调整主要表现为：

首先，欧盟 CFSP 与周边政策的重心迅速转移至北非中东地区。如前面章节所提及的，在欧盟内部，就一体化的地域扩展与睦邻政策问题有"东进"和"南下"两派。以法国为代表的一派始终将地中海地区视为首要的战略目标。这派学者认为"欧洲对外扩展的方向不应该是东部地区，而应是邻近欧洲的地中海地区，这一地区不仅文化和历史上与欧洲有相当紧密的关联性，而且有着更为广大的地域和资源空间可供战略发展需要"。而欧盟东扩反映了以德国为主的"东进"派在此前的角逐中获得胜利，客观上使法国在地缘上更边缘化，南欧国家较东部国家也随之失去了联盟的政策倾斜，使"南进"战略处于周边政策的次要位置。可以说，这场危机的爆发给了"南下派"一个推广战略的契机，正如法国总统萨科齐所说，"地中海不是我们的过去，而是我们的未来"，② 而北非中东乱局使地中海成为"现在"。

其次，针对北非中东政治动荡，欧盟调整了该地区的优先政策目标：将顺应民意推动该地区政治民主改革作为首要目标，将安全利益和经济利益置于其后。欧盟在短暂犹豫后，迅速将这一乱局视为当地民主思想的觉醒与民主力量的爆发，同时也是欧盟改造周边的机遇。"欧洲的主要媒体和思想库都认为，欧洲应全力以赴支持该地区人民，促使独裁者下台，借此推动'巴塞罗那进程'……向'民主化'进程中的关键国家提供欧盟的政治、经济和技术支持"。③ 而政治动荡中，一些政府如利比亚、叙利亚等对抗议民众进行镇压而导致的流血事件恰好为欧盟实行人道主义干预的"保护责任"提供机会，成为其政治、军事干预利比亚危机的"动力"或

---

① "EUROPEAN FOREIGN POLICY SCORECARD 2012", *ECFR/47*, *ISBN*978 - 1 - 906538 - 48 - 4, www. ECFR. com, p. 95.
② 冯绍雷："地中海计划与利比亚危机"，《欧洲研究》2011 第 3 期，第 8—9 页。
③ 朱立群："利比亚危机考验欧盟塑造国际秩序的能力"，《欧洲研究》2011 年第 3 期。

"理由"。2011年2月,欧盟外交与安全政策高级代表阿什顿发表声明称,"欧盟将与突尼斯、埃及等国人民一起争取民主……并向这些国家提供大力支持"。①

再次,对政策手段进行调整。由于长期以来欧洲对该地区的政策以实用主义为主要标准,出于安全与经济利益,欧盟与该地区的强权势力和人物如埃及的穆巴拉克、利比亚的卡扎菲等保持合作和联系。这种态度使"当地人民在争取民主时对欧盟缺乏信任",② 因此当欧盟决心支持该地区的革命时,必须用较为强硬和果断的姿态和行动来重塑威信。张健认为,随着强权人物在北非中东变局中纷纷下台,欧洲领导人意识到,"欧盟未来要想维护在这一地区的传统地位和影响力,必须找到新的路径和新的合作对象,特别是要考虑建立与当地国家各主要政治力量和政治人物的广泛联系,打造新型合作关系"。③

第四,制定政策应对难民问题。自2010年突尼斯发生动荡以来,大量突尼斯人通过意大利的兰佩杜萨岛涌入欧洲。利比亚内战更是加剧了难民潮。据统计,仅2011年1月至3月,共有1.8万多名北非非法移民乘船至兰佩杜萨岛,绝大部分人来自突尼斯、利比亚、埃及、埃塞俄比亚和厄立特里亚等国。④ 到5月难民数量增长至2.5万名,致使法国临时关闭了与意大利的边界入口。北非政治动荡最终导致欧盟出台《申根协定》修改草案,⑤ 进一步收紧移民政策并加剧了欧盟业已存在的移民与主流社会的矛

---

① Catherine Ashton, "3069th Council meeting Foreign Affairs", *PRESS RELEASE* 6763/11 *PRESSE* 32 *PR CO* 9, Brussels, February 21, 2011, pp. 5 – 10.
② "EUROPEAN FOREIGN POLICY SCORECARD 2012", *ECFR*/47, *ISBN*978 – 1 – 906538 – 48 – 4, www. ECFR. com, p. 95.
③ 张健:"欧盟对北非、中东政策的走势",《现代国际关系》2011年第4期。
④ "意大利兰佩杜萨岛因大批北非移民涌入陷人道危机",新华网, http://news.163.com/11/0329/11/70AFUQ9I00014JB5.html。(上网时间:2011年12月)
⑤ 第一,引入欧盟决策机制,实行有效多数表决制。即一国如需对可预料事件实行边检,可提前提出申请。申请须先经由欧盟委员会同意,并经来自成员国的专家团有效多数表决通过。但突发事件可例外。第二,由欧盟委员会和成员国专家团对成员国执行《申根协定》情况进行例行或突击检查,取代成员国之间的互评互测。根据检查结果,欧盟委员会每半年公布"申根健康检查"报告,供欧洲议会及欧盟理事会讨论。"申根协定修改草案出台",《人民日报》2011年9月18日,第2版。

盾，给欧洲一体化带来负面影响。①

此外，北非、中东政治乱局还对欧盟的能源安全产生了威胁。利比亚是欧盟第三大石油供应国，其80%的石油出口至经济合作与发展组织国家（OECD）。南部欧洲国家普遍依赖利比亚石油供应。法国对利比亚石油的依赖度达15%至20%（美国从利比亚的石油进口不到其总量的1%），意大利、奥地利、希腊的依赖度也从15%至20%不等。② 因此，利比亚战争对于欧盟能否保住该国石油份额是一次考验。

由于北非中东乱局的突发性，欧盟对政策优先的紧急调整与危机反应本身就是CFSP实践的一部分。随着欧盟决心介入当地革命，欧盟CFSP面临着如何保持内部团结一致，如何使政策能够迅速有效地制定并实施，如何使《里斯本条约》改革后新的职能部门与成员国团结协作、发挥合力等种种考验。

第二节　政策实践

一、制裁阶段

继突尼斯和埃及的领导人被成功推翻③之后，2011年2月中旬，利比亚出现反政府示威活动。随后，利反对派控制了第二大城市班加西，并与政府军爆发激战。2月20日，总统卡扎菲发表了措辞强硬的讲话。针对利

---

① "北非难民潮威胁欧洲一体化"，凤凰网，http://news.ifeng.com/gundong/detail_2011_05/06/6209690_0.shtml.（上网时间：2011年12月）

② 转引自张健："欧盟对北非、中东政策的走势"，《现代国际关系》2011年第4期；周行健："当前国际国内经济金融形势分析和展望"，http://blog.sina.com.cn/s/blog_56d705970100r3zn.html?tj=1.（上网时间：2011年12月20日）

③ 突尼斯：2010年12月18日开始爆发抗议活动，2011年1月14日总统本·阿里逃亡沙特，结束了其长达23年的统治；埃及：民众抗议18天后，2011年2月11日总统穆巴拉克宣告辞职，结束了长达30年的执政。

比亚国内局势的变化。同一日，高级代表阿什顿率先代表欧盟发表讲话，谴责政府军镇压和平示威并造成人员伤亡，呼吁利比亚当局保持克制，并希望利比亚政府与欧盟合作保护在利欧盟公民安全。① 从欧盟开始发表首次声明到安理会于3月17日通过1973号决议，这一阶段欧盟CFSP主要采取了共同立场、联合声明和以制裁为主的联合行动等政策手段。具体如下：

首先，欧盟通过共同声明在政治上支持利比亚反对派，向卡扎菲政权施压。2月21日，阿什顿组织并主持召开了针对欧盟南部邻国局势的外长理事会会议，表明欧盟"就南部邻国不稳定局势进行了深入讨论"，"已经准备好与南地中海国家建立新的伙伴关系以支持当地人民对民主和进步的追求"，同时谴责利比亚当局的镇压行为，并就巴林、也门、突尼斯和埃及的局势发表了意见。② 23日，欧盟高级代表再次代表欧盟发表声明，强烈谴责利比亚当局的违反人权行径，表示将立即终止"欧盟—利比亚框架协定"，提出愿意向利比亚人民提供人道援助。③ 欧盟委员会主席巴罗佐也于同日发表了讲话。

欧盟的态度客观上拓展了利比亚反对派的外交生存空间，也影响了国际舆论。在法国首先承认反对派设在班加西的临时政府之后，欧盟随即在3月11日利比亚问题特别首脑会议的声明中将利比亚全国过渡委员会称为"政治对话者"。

其次，不断加大对卡扎菲政权的制裁力度。2月28日，阿什顿在联合国人权理事会发表讲话，欢迎联合国关于制裁利比亚的第1970号决议。2月28日至3月2日，欧盟理事会出台决议采取联合行动，执行对利比亚的

---

① Catherine Ashton, "Declaration by the High Representative on behalf of the European Union on events in Libya", *Brussels*, 20 February 2011 6795/1/11 PRESSE 33.
② Catherine Ashton, "3069th Council meeting Foreign Affairs Brussels", *PRESS RELEASE* 6763/11, February 21, 2011.
③ "Declaration by the High Representative Catherine Ashton on behalf of the European Union on Libya Brussels" *PRESSE* 36, 6966/1/11 REV 1, February 23 2011.

武器禁运、资产冻结等制裁措施。① 3月10日，欧盟将制裁扩大到利比亚的主要金融机构。21日制裁措施进一步扩展到旅行和个人财产冻结，并声称将对践踏人权的利比亚官员进行追责，"此举导致大量利比亚军官叛逃"。②

第三，首次向利比亚派遣观察小组。3月6日，一支隶属于欧洲对外行动署"危机应对与协调部门"的事实调查小组在高级代表阿什顿的派遣下前往利比亚，以评估利比亚的人道主义状况并为欧盟下一步行动提供信息。③ 这也是国际上向利比亚派遣的第一个观察小组。

第四，着手制定针对北非中东地区的共同战略。3月8日，阿什顿使用了高级代表的动议权，她联合欧盟委员会向欧盟理事会提交了针对南地中海国家的政策建议文件。3月9日，她在欧洲议会就该政策文件发表讲话，呼吁"欧盟应该用带有创造力的决心去全力支持（利比亚的民主抗争），这是历史性的变化"，她认为"北非中东地区向民主的过渡是这些国家内生的（home-grown），这种诉求来自欧盟的核心价值和利益，这种民主社会的突然出现将帮助欧盟建立更加稳定、安全和繁荣的周边"。④ 3月11日，欧盟理事会批准欧盟委员会对地中海国家的新政策文件，重申了对该地区的民主治理与冲突介入。⑤ 同日，欧洲理事会常任主席范龙佩会见了利比亚临时全国过渡委员会代表团。

---

① "CFSP of concerning restrictive measures in view of the situation in Libya", *COUNCIL DECISION* 2011/137/28, February 2011; "Concerning restrictive measures in view of the situation in Libya", *COUNCIL REGULATION (EU) No 204/2011*, March 2 2011.
② 吴弦："利比亚危机与欧盟行动刍议"，《欧洲研究》2011年第3期，第17页。
③ "EU High Representative Catherine Ashton sends fact-finding team to Libya ahead of European Council", *EUROPEAN UNION Brussels*, 6 March 2011 A 092/11.
④ "Remarks by Catherine Ashton, on the situation in the Southern Neighbourhood and Libya, before the European Parliament", *EUROPEAN UNION Brussels*, 9 March 2011 A 096/11.
⑤ EUROPEAN COUNCIL DECLARATION EXTRAORDINARY EUROPEAN COUNCIL ON 11 March 2011. Brussels, 20 April 2011, EUCO 7/1/11 REV 1, http：//www.consilium.europa.eu/uedocs/cms_data/docs/pressdata/en/ec/119780.pdf. （上网时间：2011年12月2日）

二、军事阶段

2011年3月17日,在法国、英国和黎巴嫩的提案下,联合国通过了安理会"第1973号决议",[1] 授权国际社会在利比亚设立禁飞区,"采取一切必要措施"保护平民。[2] 范龙佩和阿什顿随即发表联合声明对决议表示支持,称国际社会对利比亚平民的保护有了"明确的法律基础",欧盟"准备在其授权和权限内实施该决议"。[3] 当天,法国就出动8架"阵风"和12架"幻影2000"战斗机进入了利比亚领空,并对利比亚政府军的地面目标进行了首次空中打击,这标志着外部力量开始对利比亚局势进行武装干预。值得注意的是,德国对"第1973号决议"投了弃权票,这引起欧盟内部的震动,外界认为欧盟的共同外交又一次经历失败,但德国表示"弃权票仅表明德国不参加在利比亚的军事行动,并不意味着德国立场是中立的"。[4] 欧盟高级代表接受采访时说,"我不认为'分裂'是个恰当的形容词,不同的成员国对军事行动有不同的看法,但在其他方面意见是一致的"。[5] 安理会决议通过后,法、英、美等国于3月19日对利比亚实施了军事打击,迅速建立禁飞区,有力地支持了当时在军事上正处于下风的利比亚反对派。3月31日,北约从美国手中接管了利

---

[1] "Resolution 1973 (2011)", Adopted by the Security Council at Its 6498th Meeting, UN, 17 March 2011.

[2] 投票时,10个理事国对决议投赞成票(包括波黑、哥伦比亚、加蓬、黎巴嫩、尼日利亚、葡萄牙、南非及常任理事国法国、英国、美国),5个理事国投弃权票(包括巴西、德国、印度,及常任理事国中国、俄罗斯)。

[3] "Joint statement by President of the European Council Herman Van Rompuy and EU High Representative Catherine Ashton on UN Security Council resolution on Libya", *Brussels PCE* 072/11 A 110/11, 17 March 2011.

[4] 德国总理默克尔在2011年3月18日发表的关于利比亚局势的新闻公告,参见德国联邦政府网站,http://www.bundesregierung.de/Content/DE/Mitschrift/Pressekonferenzen/2011/03/2011_03_18 statem-entmerkel_libyen.htm。(上网时间:2011年10月)

[5] 新华社:"美将移交利比亚行动领导权,欧盟高官力挺北约",中新网,2011年2月23日,http://news.xinhuanet.com/world/2011-03/23/c_121221813.htm。(上网时间:2011年12月10日)

比亚军事指挥权，开始实施代号为"联合保护者"（Unified Protector）的军事行动。

在军事干预阶段，欧盟 CFSP 主要出台了如下政策：

首先，欧盟支持联合国禁飞区决议，在国际社会积极斡旋以使军事行动获得国际社会认可。在欧盟内部，法、英两国直接推动了联盟对禁飞行动的支持，两国领导人于 3 月 11 日致信欧洲理事会常任主席范龙佩，明确提出建立"禁飞区"设想。范龙佩与阿什顿随即在理事会就军事行动问题征求意见，希望欧盟内部能达成一致立场。军事打击开始后的 3 月 19 日，阿什顿代表欧盟分别会见了联合国秘书长潘基文和阿盟秘书长穆萨，与其交换意见，并进一步敦促卡扎菲停止对平民的暴力，"希望卡扎菲能够听到利比亚人民和欧盟的声音"。① 同一天，范龙佩也发表讲话，② 表示欧盟愿意为新利比亚提供帮助。在阿什顿的推动下，欧盟理事会于 23 日正式发表共同外交与安全政策 2011/178 号决议，③ 以推动对联合国 1973 号决议的落实。阿什顿表示，北约应该承担起领导对利比亚行动的责任。在欧盟斡旋下，"利比亚联络小组"④ 首次会议于 4 月 13 日在卡塔尔举行。小组成员包括联合国、阿盟、欧盟等国际组织以及美国等多个国家，是国际力量就利比亚问题进行政治协调的平台，并负责与利比亚反对派保持联络。该小组对于推动利比亚战局发展及战后重建发挥了重要作用。

其次，成立欧盟——利比亚军事特派团。4 月 1 日，欧盟理事会通过"关于应对利比亚危机支持人道主义援助的欧盟军事行动决定"，在欧盟共同安全与防务政策框架下成立了欧盟——利比亚军事特派团（EUFOR Lib-

---

① "Statement by the High Representative Catherine Ashton on Libya", *Brussels A* 116/11, 19 March 2011.

② "Address by Herman VAN ROMPUY President of the European Council to the Paris Summit on support for the Libyan people", *Paris PCE* 075/11, 19 March 2011.

③ "COUNCIL DECISION 2011/178/CFSP of 23 March 2011 amending Decision 2011/137/CFSP concerning restrictive measures in view of the situation in Libya", *Official Journal of the European Union*, March 2011.

④ 3 月 29 日伦敦国际会议决定成立"利比亚联络小组"。

ya)。该特派团由高级代表阿什顿负责,欧盟政治与安全委员会(PSC)对其提供政治支持与战略指导。根据决定,如果接到联合国人道主义事务协调办公室(OCHA)请求,特派团将立即前往利比亚开展人道主义救援行动,负责平民的安全转移并协助其他人权机构的活动。EUFOR的行动总部位于罗马,其预算支出估计为790万欧元。特派团的指挥官必须定期向欧盟军事委员会报告工作,而后者则需向政治与安全委员会进行汇报。决议规定,第三国尤其是阿盟国家可以受邀参与到这一行动中来;高级代表授权向非盟、阿盟、联合国以及有关第三国提供特派团相关行动信息。[1]

第三,继续对卡扎菲实施制裁。欧盟理事会决定不断扩大对利比亚的制裁范围,共冻结了6个利比亚港口,49个实体和39位个人在欧盟境内的资产和金融资源,39人被禁止进入欧盟境内。[2]

第四,继续声援与支持反对派,帮助其取得胜利。欧盟理事会不断根据利比亚最新战况召集会议,发表支持反对派的共同声明。包括阿什顿、范龙佩等欧盟对外代表积极参加各级别国际会议,发表了大量讲话,[3] 并多次重申卡扎菲应"立即下台""必须下台"的立场。欧盟理事会还多次发表声明,呼吁与国际刑事法庭的合作,支持开展对利比亚的司法调查,对卡扎菲等发布逮捕令。[4] 5月23日,欧盟设立了驻利比亚班加西办事处,阿什顿亲自出席了办事处设立仪式。[5] 声援的同时,欧盟还积极开展人道

---

[1] "DECISIONS on a European Union military operation in support of humanitarian assistance operations in response to the crisis situation in Libya (EUFOR Libya)", *COUNCIL DECISION* 2011/210/CFSP, 1 April 2011.

[2] "COUNCIL IMPLEMENTING DECISION 2011/500/CFSPof 10 August 2011implementing Decision 2011/137/CFSP concerning restrictive measures in view of the situation in Libya", *Official Journal of the European Union*, 2011.8.11.

[3] 刘衡:"欧盟在利比亚中的行动大事记",中国社科院欧洲研究所网站,http://ies.cass.cn/Article/dsj/dsj/dsj2011/201111/4328.asp。(上网时间:2011年11月3日)

[4] "Declaration by the High Representative on behalf of the European Union following the ICC decision concerning the arrest warrants for Muammar Abu Minya Gaddafi, Saif Al Islam Gaddafi and Abdullah Al Sanousi", *Brussels* 12166/2/11 REV 2 *PRESSE* 206, 27 June 2011.

[5] EUROPEAN UNION, "Remarks by EU High Representative Catherine Ashton at the opening of the EU Office in Benghazi", Benghazi, *A* 198/11, 22 May 2011.

主义援助。截至 7 月 6 日，欧盟共向利比亚提供了价值 1.4 亿欧元的援助。

三、重建阶段

2011 年 8 月下旬，利比亚反对派攻入首都的黎波里并于 23 日攻占了卡扎菲的大本营阿齐齐亚兵营。22 日，欧盟高级代表阿什顿、欧洲理事会常任主席范龙佩以及欧盟委员会主席巴罗佐同一时间发表声明，认为利比亚危机已经进入新的阶段。阿什顿说，"是时候启动走向新利比亚的过渡进程了，民主、正义和人权将会受到尊重……在这个阶段，欧盟将坚定地与利比亚人民站在一起，继续提供援助"。① 10 月 20 日，利比亚过渡委员会宣称，卡扎菲在苏尔特的军事行动中丧生。10 月 31 日，北约秘书长拉斯穆森造访的黎波里，宣布北约针对利比亚的军事行动正式结束。从 8 月下旬至今，利比亚进入了政治过渡和重建阶段。

在这一阶段，欧盟政策主要围绕筹备利比亚战后重建为主。

首先，继续向利比亚提供人道主义救援。9 月 1 日，利比亚国际问题会议在巴黎召开。欧洲理事会主席范龙佩与欧盟委员会主席巴罗佐分别发表讲话，强调"欧洲，包括欧盟及其成员国（在利比亚重返国际社会的过程中）扮演了关键性的政治角色，包括军事方面"。② 巴罗佐说，"在利比亚危机中，欧盟一直处于人道危机反应的前线，提供了最多的援助（总额达 1.5 亿欧元）并将继续提供援助"；③ 8 月 27 日，欧盟委员会在利比亚首

---

① "Statement by High Representative Catherine Ashton on developments in Libya", *Brussels A* 323/11, 22 August 2011.

② "We were, we are and we will be on your side in facing these tremendous challenges", *message by President Herman Van Rompuy to the Paris Conference on Libya Paris EUCO* 63/11 *PRESSE* 291 *PR PCE* 36, 1 September 2011.

③ President Barroso, "José Manuel Durão Barroso President of the European Commission Statement following the International Conference on Libya Press point", Paris, 1st September 2011. http：//europa.eu/rapid/pressReleasesAction.do? reference = SPEECH/11/546. （上网时间：2011 年 12 月 6 日）

第六章 案例研究：CFSP在利比亚危机中的实践

都的黎波里设立人道主义救援办公室，派遣专家在当地开展食品、医疗供应方面的救助。①

其次，逐步解除对利比亚的制裁。欧盟自9月起逐步解除对利比亚的制裁，以帮助其恢复经济。9月1日，欧盟理事会宣布解除对28家利比亚实体的资产冻结，9月15日解除对一个实体的制裁。9月22日，欧盟理事会通过《关于帮助战后利比亚经济恢复和支持联合国在利比亚工作的决定》以执行联合国安理会9月16日通过的第2009号决议，措施包括解除资产冻结、重启石油和金融部门以及建设民主政府等。② 欧盟还协调非盟、阿盟等国际组织逐步对利比亚实行解禁。

第三，政治上支持利比亚"全国过渡委员会"，防止利反对派出现分裂而导致内乱。10月10日，欧盟外长理事会发表声明称，利比亚"全国过渡委员会"是利比亚国家和人民的唯一合法代表与合法的临时政府，并支持"过渡委"代表利比亚重返联合国。欧盟希望"过渡委"依据宪法宣言组建包容性政府并表达了对利比亚常规武器失散情况的关注。③ 10月20日，阿什顿和范龙佩就卡扎菲之死发表声明，呼吁利比亚实现民族和解和政治民主。23日，阿什顿就利比亚"全国过渡委员会"主席贾利勒宣布利比亚全国解放发表声明，称这一事件具有历史意义。此间，常任主席、欧盟委员会主席和欧洲议会议长都与贾利勒有过不同形式的交流。11月12日，欧盟外交使团正式入驻利比亚首都的黎波里。这是42年来欧盟首个驻利比亚使团。阿什顿主持了挂牌仪式。

---

① European Commission, "The Commission establishes humanitarian presence in Tripoli and boosts funding for emergency operations in Libya's capital", *European Commission Press release*. http://europa.eu/rapid/pressReleasesAction.do?reference=IP/11/993&format=HTML&aged=0&language=EN&guiLanguage=fr. （上网时间：2011年12月6日）

② 刘衡："欧盟在利比亚中的行动大事记"，中国社科院欧洲研究所网站，http://ies.cass.cn/Article/dsj/dsj/dsj2011/201111/4328.asp.（上网时间：2011年11月3日）

③ "Council conclusions on Libya 3117th Foreign Affairs Council meeting Luxembourg", *Brussels*, 10 October 2011.

第三节 政策评价

作为北非中东连锁性政治动荡的组成部分，利比亚危机对欧盟"巴塞罗那进程"和"地中海联盟"的传统政策构成挑战，也对《里斯本条约》生效以来的 CFSP 构成重大考验。由于美国已经身陷阿富汗和伊拉克两场战争，其对利比亚危机态度微妙，有意将欧盟及其成员国"推向前台"。欧盟及其成员国"不负所托"，除了在具体军事行动上仍依托北约之外，在引导国际舆论、人道主义干预、援助支持和战后重建等方面都发挥了独一无二的作用。虽然欧盟 CFSP 也暴露了一些问题，经历了一些困难，但总体来看，欧盟对此次危机的处理是成功的，达成了其最初确定的政策目标，维护了欧盟的利益，在国际政治舞台上展示了欧盟的行动力和影响力。本节将从五个方面分析和评估欧盟 CFSP 在北非中东乱局中的表现。

一、政策目标

从前面几章的论述中，笔者得出结论，《里斯本条约》下的 CFSP 更加具有"外向特质"，改革进一步强化了成员国以"欧洲认同"为基础的欧盟"价值"和联盟集体身份。所谓欧盟的"价值"，其主要表现为欧洲的人权、民主、自由和法治等观念，这些观念在欧洲一体化进程中通过一步步制度化，体现为欧盟精神层面的重要内容，也融入到欧盟的政治外交和周边治理等对外事务中。

在本次危机中，"人权"和"民主"成为欧盟报告中最频繁出现的词汇。针对中东北非地区的政治动荡，无论是被称为"欧盟总统"的范龙佩还是有"欧盟外长"之称的阿什顿，在危机伊始，就将这一变局定义为一场阿拉伯世界的"民主革命"，认为是欧盟塑造周边民主环境的机遇，并表示"欧盟将与突尼斯、埃及等国人民一起争取民主……并提供大力支持"。① 同时，对卡扎菲等政权"蔑视人权"的"镇压行径"表现出最大程度的反感与谴责。这些行动都突出了欧盟作为一个"价值共同体"的独特性——一个地区乃至国际社会中"规范性强权"的出现。

2011年5月11日，阿什顿在欧洲议会就CFSP和CSDP的政策目标发表讲话时对"民主"做了这样的概括：民主分为"浅层和深层"（surface and deep），欧盟要帮助阿拉伯世界建立的民主不仅仅是人民投票选举总统和政府这样的"浅层民主"，而是一种"尊重法制、自由言论、尊重人权、独立司法和公平治理"的"深层民主"，并为此塑造一种"正确的机制和态度"（building right institutions and the right attitudes）。② 2011年3月和5月，欧盟针对南地中海形势连续出台两份"新伙伴关系"文件，都以"促进民主"为基本导向。可见，欧盟通过其对外政策想要达成的"价值"目标是宏大且充满"雄心"的。

这次地区性的政治动荡也向欧盟传达了这样一个重要信息，即"内生性革命"的出现说明长期的政策投入已经见效。在欧盟对该地区传统的政策目标中，和平与稳定甚至能源利益始终处于优先安排，而本次危机使得该顺序得以调整，民主治理成为首要目标。我们对待这一政策转向不应仅局限于北非中东政局动荡这一特殊事件及其性质本身，而要注意到，这与《里斯本条约》在制度规定上表现出的"更加强调价值认同"的特点是一致的。

二、政策手段

在利比亚危机中，欧盟CFSP政策的投入力度较大。欧盟制度所规定

---

① Catherine Ashton, "3069th Council meeting Foreign Affairs Brussels", *PRESS RELEASE* 6763/11 *PRESSE* 32 *PR CO* 9, pp. 5–10, 21 February 2011.

② "Speech of High Representative Catherine Ashton on main aspects and basic choices of the Common Foreign and Security Policy and the Common Security and Defence policy", *European Parliament StrasbourgBrussels* A 179/11, 11 May 2011.

的政策手段——确定总体指导方针；共同立场；联合行动；成员国在执行政策时的系统合作都得到执行。

在确定指导方针方面，欧盟于2011年2月就在高级代表与欧盟委员会的联合动议权下根据形势变化更新了"欧盟—地中海伙伴关系"，对欧盟的短期和长期政策做出调整和规划。欧洲理事会于同年3月和6月两次召开有关利比亚形势的首脑峰会以确定联盟的总体指导方针；在共同立场和安排方面，在"联合国安理会1973号决议"决定对利比亚实施禁飞、反对派攻入的黎波里和阿齐齐亚兵营等重要节点上，欧盟理事会都在第一时间通过声明表明"共同立场"。常任主席范龙佩、高级代表阿什顿等也都多次在联合国、伦敦会议、国际联络小组会议等国际多边舞台上发表演讲，行使欧盟的对外代表权。据不完全统计，2011年2月下旬至3月底，仅高级代表阿什顿发表正式讲话至少达到11次，平均3天一次，4月至5月有至少12次声明和讲话，平均5天一次。[①]

在联合行动手段的实施上，一方面，CFSP有效地与欧盟委员会通力合作，向利比亚实施了对经济实体、港口和个人的资金冻结以及禁运等制裁措施，有力地打击了利比亚政府的财源，成效显著。另一方面，开展多项民事与军事任务。3月6日，阿什顿指派了首个隶属于欧洲对外行动署的事实调查小组前往利比亚；4月1日成立欧盟利比亚军事特派团（EUFOR Libya）赴利比亚从事人道主义救援工作；5月成立欧盟驻班加西办事处；8月欧盟驻的黎波里人道救援办公室设立；11月12日欧盟驻利比亚使团挂牌运作。这些行动都取得了显著的成绩，发挥了欧盟在人道主义救援和政治外交事务中的长项，也对战局发展施加了影响。

在利比亚危机中，CFSP的反应较为迅速。如果观察国际舆论，会发现此次危机中媒体对CFSP的批评声较少。值得肯定的是，阿什顿、范龙佩包括欧洲对外行动署这三大条约改革后的新职位（部门）都发挥了应有的作用，阿什顿不停地穿梭于欧洲、北非和中东之间，范龙佩和阿什顿也代

[①] 参考欧盟官方网站与刘衡："欧盟在利比亚中的行动大事记"，中国社科院欧洲研究所网站，http://ies.cass.cn/Article/dsj/dsj/dsj2011/201111/4328.asp。（上网时间：2011年11月3日）

表欧盟与联合国、北约、阿盟、非盟和国际刑事法院等密切联络,展开积极合作。

三、政策资源

因乱局爆发,欧盟对北非中东地区的总体政策即睦邻政策与发展合作政策进行了调整。欧盟委员会与高级代表阿什顿提出要向该地区投入"越来越多"的资源,并以"3M"为重点,即资金、流动性和市场准入(Money, Mobility, Market access)。这对正在经历主权债务危机的欧盟是有一定挑战的。"大量应用于北非中东地区的资金来自于联盟针对亚洲和拉美地区的预算",多余的部分来自借贷。"欧洲投资银行(对该地区)的借款上限提高至10亿欧元,欧洲复兴开发银行也针对该地区扩大了授权。"欧盟的"多年度财政框架"(MFF)也将过去两年的可支配预算(总计7亿欧元)提高了25个百分点,对周边地区事务的预算更是提高了50%。此外,一些新的财政工具也被引入,如3.5亿欧元的"春天项目"(Spring Programme)专门用于确保对改革国家的灵活性投入,主要包括当地公民社会建设和青年人就业等。[①]

除了欧盟的资源投入外,成员国如英国、德国、法国、瑞典等也有大量双边资金予以支持。但成员国在使用欧洲投资银行基金与转移东部伙伴关系预算方面意见并不一致,前者遭德国反对,后者遭波兰和斯洛伐克反对。

总体来看,《里斯本条约》后欧盟对CFSP的资源投入力度有所加大,高级代表直接提出3M政策也源于其同时担任欧盟委员会副主席从而对联盟财政预算预算有一定支配权。

[①] "EUROPEAN FOREIGN POLICY SCORECARD 2012", *ECFR*/47, *ISBN*978-1-906538-48-4, www.ECFR.com, p.99.

四、政策一致性

欧盟内部的一致性决定了 CFSP 政策的运作效率。正因为欧盟各成员国对利比亚问题具有相对一致的态度，才使得常任主席和阿什顿的工作较为顺利。相比 2003 年美国发动伊拉克战争与美国在欧洲部署反导系统等事件中 CFSP 一致性的表现，这次危机中欧盟成员国的一致性有所改善，但也不是没有分歧。

首先，在这次危机中欧盟内部成员国立场基本保持一致。第一，在卡扎菲政权是否还具有合法性问题上，各国意见统一，认为"卡扎菲必须下台"。对此，欧盟主要机构如欧盟理事会、委员会与欧洲议会的决议和声明立场统一且一贯，范龙佩、巴罗佐和阿什顿等政治精英口径一致；第二，内部成员国对于欧盟积极介入利比亚问题、对利比亚实施冲突预警与人道主义援助等态度一致。这从欧盟政策出台的频度与速度可以做出判断；第三，在欧盟明确将利比亚"全国过渡委员会"称为"政治对话伙伴"后，丹麦、希腊、英国、西班牙、意大利、马耳他和德国等成员国先后在班加西设立办事处，2011 年 5 月下旬，欧盟办事处也正式设立，这一定程度上体现了欧盟内部的团结。

其次，成员国在危机中注重对联盟整体力量的运用。例如，2011 年 2 月初，法国、西班牙及另外四个南欧小国在给欧盟共同外交与安全政策代表阿什顿的信中呼吁，欧盟应将更多的资金投向地中海南部地区，强化地中海联盟。2 月 27 日，法国总统萨科奇发表电视讲话，呼吁欧洲理事会召开会议以应对利比亚的剧变，德国外长韦斯特韦勒也于翌日发表讲话呼吁欧盟应与北非国家建立新型北南关系。[①] 为使军事行动合法化，3 月 10 日，法国和英国联名致信欧洲理事会主席范龙佩，明确提出在利比亚建立禁飞

---

① Leigh Phillipsm, "Europe 'should have backed democrats not dictators', commissioner says", *Euobserver*, March1, 2011, 转引自张健："欧盟对北非中东政策的走势"，《现代国际关系》2011 年第 4 期。

区的设想,① 强调对利比亚实施人道主义干预的迫切性和必要性,要求欧盟统一立场以敦促安理会通过该决议。

然而与此同时,法国与德国的举动表明欧盟要想在重大国际性和历史性事件中保持完全一致还需要进一步深化 CFSP。

在整个利比亚危机中,法国绕过欧盟率先承认利比亚反对派,德国在安理会对利比亚武决议案投出弃权票;这两起事件使 CFSP 的一致性受到一定程度损害。当然,相比 2003 年欧盟在美伊战争的"分裂",这两起事件影响力有限。

1. 法国利益挑战"集体身份"

2011 年 3 月 10 日,法国政府在未与盟国以及欧洲理事会商议的情况下,率先宣布承认利比亚反对派"全国过渡委员会",成为首个承认利比亚反对派的国家。分析法国此举的原因,不能排除法国总统萨科齐希望借此提高威望,为 2012 年法国总统大选进行准备的考虑。更重要的是,法国向来重视北非地区的战略价值,并在此具有传统利益和影响。法国更实际的目标是希望凭借高调反对卡扎菲,获得利比亚政权更迭后的巨大利益和反对派可能给予法国的"投资优先权"。但是,法国的举动却损害了欧盟作为统一的国际行为体的集体形象。这其中既折射了欧盟内部因发展战略不一(东进还是南下)形成的德、法两阵营的矛盾,又反映了国内政党政治对欧盟政治整合的不利影响,更说明在一些关键问题上成员国将"国家利益"置于联盟集体利益之上,从而不惜采取损害联盟集体身份的行为。

2. 德国弃权凸显"集体身份"困境

在是否对利比亚实施以禁飞为名的军事打击问题上,欧盟大国之间再次出现分歧。法国、英国联合美国组成"自愿者联盟"主张立即对卡扎菲政权进行军事打击,并在联合国安理会正式提案,而德国却在投票中与俄罗斯、中国、印度、巴西一起投了弃权票。有关欧洲"分裂"的舆论一时再度兴起。德国总理默克尔认为,德国完全支持联合国决议的目标,仅仅

---

① 吴弦:"利比亚危机与欧盟行动刍议",《欧洲研究》2011 年第 3 期,第 16 页。

是因为不参加在利比亚的军事行动而投弃权票,弃权态度并不意味着德国立场是中立的,而只是表达了对军事手段解决利比亚问题的顾虑。德国外长韦斯特韦勒表示,德国将坚定地站在反对卡扎菲、追求自由民主的人民一边。① 站在德国角度来看,其行为与欧盟一贯主张的反对单边动武的"多边主义理念"相符合。但德国的弃权票仍反映出,一旦一个成员国基于"实用主义"或者"个体利益"而采取单边行动,欧盟"集体身份"的基础就会丧失。一种强烈的批评观点认为,在利比亚危机中欧盟外交政策被英、法主导,"并没有采取有建设性的统一行动"。②

此外,欧盟支持对利比亚动武也反映出欧盟的"多边主义"与反战思想具有一定条件性,包含实用主义的成分。对中国来说,应该加强对欧盟在其法律框架下的外交方式的研究,将有助于增强对欧盟的理性认识。

五、任务设定

冷战以后欧盟的对外行动充分表明,欧盟是一支"强大的民事力量",而非"军事联盟"。2003 年出台的欧盟《安全战略报告》,将民主、法制化和"善治"作为世界秩序的核心内容,似乎欧盟在自身定位上也是一种"民事力量"的角色设计。③ 但是,欧盟之所以还需加强军事能力建设,是因为 CFSP 经历过 20 世纪 90 年代在卢旺达、索马里和科索沃的失败。为此,欧盟于 2003 年发表《走向共同军备政策文件》《北约与欧盟:协商、计划与行动文件》,2004 年出台《2010 年总体目标》,2005 年提出建设"快速反应战斗群"等,目的是提高欧盟的军事能力,作为欧盟执行民事任务的力量补充。《里斯本条约》扩充了欧盟 CFSP 对外行动的任务设定,

---

① 闫瑾:"德国利比亚危机政策分析",《欧洲研究》2011 年第 3 期,第 11 页。
② 参见新华网:"多重危机令欧盟'共同外交受阻'"中引述布鲁塞尔智库欧洲政策研究中心高级研究员雷·阿娅迪的话,2011 年 12 月 21 日,http://www.cs.com.cn/xwzx/03/201112/t20111221_3179473.html。(上网时间:2012 年 4 月 9 日)
③ Hanns W. Maull, "Europe and the new balance of global order", *International Affairs* Vol. 81, No. 4, 2005, p. 792.

即"彼得斯贝格任务"(Petersberg Tasks),强调联盟"利用民事和军事资产实施行动","可运用民事和军事手段的任务包括:联合裁军行动、人道主义救援任务、军事建议与援助任务、冲突预防与维和任务、作战力量在危机处理中肩负的任务,以及在维和与冲突后稳定局势的任务"。①

在应对利比亚危机的实践中,欧盟分别于2011年3月和4月成立了事实调查小组和欧盟利比亚军事特派团(EUFOR Libya)进驻利比亚。前者隶属于欧洲对外行动署,后者受欧盟军事委员会监督。欧盟将这两次任务主要设定为冲突预警、情报搜集和人道主义援助工作。5月11日,阿什顿在欧洲议会汇报工作时指出,"(对欧盟共同安全与防务政策来说),过去的一个月内取得了一定的成果但还有很长的路要走。我们安排了为民事需要所提供的军事支持……我知道人道主义救援是非政治性的,但人道主义救援的工作者不应被置于危险中,那些保护生命的基本目标,有些时候只有拥有装备和武装人员的军事力量能够完成"。② 从任务制定的速度到投入运作的效率来看,《里斯本条约》以后的欧盟对外行动能力的确得到一定程度的加强,这归功于高级代表一职以及欧洲对外行动署的设立。

但是,通过利比亚危机我们也看到,欧盟与北约的分工逐渐明晰——欧盟CFSP任务的民事特征越来越明显,而北约则当仁不让地承担军事打击的任务。在2011年2月下旬联合国安理会1970号决议(对利比亚实施制裁)产生后,欧盟成为利比亚问题外部力量的主要行为体,迅速执行制裁决定,而当3月17日安理会第1973号(对利比亚实施军事打击)出台后,法英美组成的临时意愿联盟对利比亚实施了空袭,而阿什顿则于23日主动呼吁北约应出面承担军事责任。在军事干预阶段,欧盟将危机处理的主导地位让与北约,起辅助作用。这一事实充分暴露了欧洲国家因军事能力缺陷而不得不将军事行动主导权交给美国。这些缺陷主要包括武器性能

---

① 《欧洲联盟条约》第43条第1款。
② "Speech of High Representative Catherine Ashton on main aspects and basic choices of the Common Foreign and Security Policy and the Common Security and Defence policy", *European Parliament Strasbourg Brussels A* 179/11, 11 May 2011.

相对落后、军事手段有限、难以定位攻击目标、无法空中加油以及弹药储备严重不足等。当 10 月 31 日北约宣布结束军事行动之后，欧盟又开始领导利比亚政治过渡和重建的援助工作。

可见，综合因素作用下，欧盟与北约在针对欧洲以外的行动中，逐渐形成民事任务与军事任务的分工。欧盟现阶段必须承认作为一种"民事力量"在必要时辅助北约及其成员国军事行动的定位。其有限的军力建设是为了更好地辅助民事任务的执行。这种定位与《里斯本条约》规定的CFSP 与 CSDP 的政策目标有一定落差。

第七章
欧盟共同外交与安全政策的现实挑战

> "在欧盟与英国就其'脱欧'的谈判中将没有赢家,谈判的实质是为了减少对各自的损害。……英国'脱欧'积极的一面是,欧盟27国将更加坚定和团结。在今后艰难的脱欧谈判中,欧盟27国将会坚定不移,团结一致。"
>
> ——第二任欧洲理事会常任主席唐纳德·图斯克(Donald Franciszek Tusk)[①]

欧盟因其独特的架构被认为是一支独特的全球性力量,是人类迄今为止一体化程度最高的区域性组织。但欧盟内部各政策的一体化程度是不同的。"经济上的巨人、政治上的矮子、军事上的侏儒"是人们一贯对其内部政策差异的形象比喻。有学者认为,欧盟"既非主权国家,又拥有类似国家的主权性权力,是一种过渡性政治结构,处于一般意义上的国际组织和联邦国家的中间状态"。[②] 既然欧盟在外交、安全与军事领域处于一体化层次相对较低的阶段,那么势必存在相应的政策脆弱性问题,其表现就是政策资源容易受到牵制,政策实践容易在外部压力之下被成员国纯政府间

[①] 新华社:"图斯克说英国'脱欧'谈判没有'赢家'",2017年3月20日,http://world.huanqiu.com/hot/2017-03/10400036.html。(上网时间:2017年5月20日)

[②] 张健:"欧盟衰落问题辨析",《现代国际关系》2016年第2期,第54页。

的合作所取代，容易产生政策结果与原本期望的落差。自2008年全球金融危机引发欧洲主权债务危机以来，欧盟面临历史上"内忧外患"最为严峻的挑战。在内部，主权债务危机的噩梦迟迟不肯退却，成员国围绕债务、救助、福利等问题矛盾重重。在外部，俄罗斯和欧盟、美国因乌克兰问题发生了冷战结束以来最为直接的一次较量，欧俄关系受到挑战。同时，叙利亚内战引发的难民潮和恐怖主义让欧洲苦不堪言。英国"脱欧"破天荒地逆转了欧洲一体化进程，对欧盟的软实力构成巨大打击。一系列危机的发生，导致欧盟内外唱衰一体化的声音不绝于耳。那么，欧盟是否就此真的衰落了呢？抑或是"危"即是"机"，意味着欧盟再一次的"浴火重生"呢？本章试就欧盟共同外交与安全政策现实挑战相关问题进行分析。

第一节 欧洲主权债务危机影响CFSP的资源投入

2009年12月，随着全球三大信用评级机构[①]下调希腊主权债务评级，希腊债务危机爆发。之后，危机蔓延至西班牙、葡萄牙、爱尔兰、意大利等国，连德国等欧元区的龙头国都开始感受到危机影响。从整个欧盟来看，2007—2010年，欧盟27国的赤字率均高于欧元区17国的赤字率，表明欧元区以外欧盟成员国的财政赤字问题要比欧元区国家更为严重。债务方面，2010年欧元区与欧盟的政府债务分别高达78224亿欧元与98164亿欧元。[②] 欧元大幅下跌，欧洲股市暴挫，整个欧元区面临成立以来最严峻的考验。[③] 自2010年以后，欧洲理事会围绕解决欧洲主权债务危机，从建

[①] 标准普尔公司、穆迪投资者服务公司和惠誉国际信用评级公司并称为世界三大评级机构。
[②] 蔡云："欧洲主权债务危机发展态势及其影响"，《现代国际关系》2011年第11期，第38页。
[③] 有关欧洲债务危机爆发的原因，普遍认为源于欧元区治理结构的缺陷。欧元区实行的是统一的货币政策、分散的财政政策，货币主权让渡给欧洲中央银行，但财政主权仍在欧元区成员国政府手中。虽然《稳定与增长公约》针对可能的风险规定了相关指标，并制定了处罚措施。但由于不具备可操作性，制度流于形式。

立救助机制,到改革救助机制,再到不断扩大救助资金金额,做了大量的工作维持欧元区稳定,但问题始终未能有效解决,如 2011 年 10 月欧盟领导人峰会就解决欧洲债务危机的一揽子方案达成了 1 万亿欧元的救助基金协议。2011 年 12 月,欧盟首脑会议讨论修改欧盟基础条约,目的是加强财政纪律,增强各国经济政策的治理和协调,引入自动制裁机制和进行更加严格的监管。欧洲主权债务危机对欧洲一体化产生了深远的影响,是整个欧洲对欧盟治理模式的一次深刻反思与调整。同时,主权债务危机对共同外交与安全政策也产生了诸多负面效应。

首先,欧盟的国际影响力受到严重质疑。债务危机爆发后,唱衰欧洲的声音很普遍,有代表性的就是美国外交学会会长理查德·哈斯(Richard Haass)的文章《欧洲不再是世界主要力量》。① 外界质疑,如果欧盟"第一支柱"因危机而受损甚至坍塌,那么作为"第二支柱"的 CFSP 将完全失灵,欧盟在国际舞台上也将不具有行动力和影响力。同时,由于债务危机源于欧盟治理结构的缺陷,损害了欧盟作为一个"良治实体"(a well-governed entity)和"一体化标本"的软权力。欧盟对其周边地区的辐射能力削弱,欧元的吸引力大减。此外,欧盟应对危机的能力也受到广泛质疑。

其次,CFSP 的资源投入受到影响。正在世界各国对《里斯本条约》改革成效报以较高期待之际,欧洲主权债务危机使欧盟和成员国无法将资源重心和意志力放在共同外交和共同防务的建设事业中。修补联盟"第一支柱"成为当务之急;一是,大量密集的欧盟政府间会议都将议程重点放在解决债务危机问题上,使 CFSP 的议程失去优先性。欧洲理事会常任主席范龙佩和欧盟外交与安全政策高级代表阿什顿就任后,鉴于《里斯本条约》赋予这两个新职位的职能和期许,原本意图在加强欧盟与世界主要力量关系并在打造欧盟新全球战略框架和重点方面有创新性的举措,但债务危机的持续发酵使欧盟在 2011 年与之相关的讨论大幅减少;二是,投入

---

① 引自:"欧元保卫战,更是欧盟保卫战",《人民日报》2010 年 5 月 24 日。

CFSP 的预算受到影响。虽然在中东北非乱局中欧盟不断扩大用于 CFSP 的财政预算，但如果没有主权债务危机的话，欧盟应该有更加充沛的投入。如 2010 年 5 月，欧盟为应对危机制订了一项高达 7500 亿欧元的救助计划，其中由欧元区国家提供 4400 亿欧元，限期 3 年。① 对此，欧洲学者认为，欧盟用于对外事务的预算本来规模就小，未来进一步的削减将会严重损害欧盟作为国际行为体的影响力；② 三是，欧盟资源投入更加重视周边。尽管主权债务危机肆虐，但欧盟不仅没有减弱反而相对加强了对周边地区的经营。2011 年 7 月 4 日，欧盟委员会通过了提高对第三国财政援助效率的法律框架，欧盟委员会经济及货币事务委员雷恩（Olli Rehn）说，欧盟的宏观财政援助对保证欧盟候选国、潜在候选国以及周边国家的稳定做出了巨大贡献，对欧盟经济也有良好的"溢出效应"。根据 2011 年 10 月的欧盟委员会对外援助政策改革议案，欧盟今后将削减对中国、印度、南非等新兴大国的援助，以便将更多资金用于世界最贫穷国家。在减少对上述地区的发展援助资金的同时，欧盟还加大了对邻国的投入，计划在 2014 年至 2020 年期间，将用于支持邻国改革的资金较上一预算期增加 120 亿欧元。③

第三，由危机引发的贸易保护主义影响 CFSP 的政策效果。有学者认为，在债务危机的刺激下，"地缘经济"重新回归欧盟外交，经济安全重于其他安全。具体而言，欧盟更加注重相对经济收益和对资源的控制，国家和私有部门相互结合，寻求通过谈判获取资源与合同。④ 2010 年 11 月，欧盟委员会出台了一份名为《贸易、增长和世界事务》的新贸易战略文件，文件主张欧盟在未来 5 年的贸易中应采取更加强硬的策略为欧盟企业

---

① "欧盟出台总额 7500 亿的救助希腊计划"，新华网，2010 年 5 月 10 日，http://news.163.com/10/0510/09/66AICNUE000146BC.html。（上网时间：2011 年 12 月 28 日）
② Fraser Cameron, Ulrich Speck etc, "Open letter: EU foreign policy must not become a casualty of the euro crisis", 2011.12.16, http://euobserver.com/7/114664。（上网时间：2011 年 12 月 30 日）
③ 现代国际关系研究院欧洲所课题组："主权债务危机对欧盟外交的影响"，《现代国际关系》2012 年第 5 期，第 20 页。
④ 徐龙第、孙友晋："主权债务危机下的欧盟外交"，《国际问题研究》2013 年第 1 期，第 42 页。

打开外部市场。① 债务危机使欧盟整体对外交往变得更加功利化，强调利益交换，减少"让利"合作心态。特别是对新兴经济体贸易更为严苛。以中欧贸易为例，自 2010 年 5 月起，欧盟先后对中国发起了针对铜版纸、自行车及自行车零件、玻璃纤维织物、墙砖和地砖等企业的反倾销或者反补贴调查。欧洲贸易保护主义的抬头无疑将损害欧盟与贸易伙伴国家，尤其是与战略伙伴关系国的关系，从而损害欧盟 CFSP 的政策效力。

第四，欧元危机破坏了成员国之间的政治互信。欧元区最大的矛盾在于欧盟有统一的货币政策却没有统一的财政政策，超国家机构在协调和干预欧元国家财政政策上没有法律依据。无怪乎有学者将危机原因归结为欧盟的治理抛弃了现代国家的两个首要元素：正当性和权威性。② 在救助过程中，由于国内利益因素，各国不断产生分歧，损害了内部的团结和"欧洲认同"。如英国在 2011 年 12 月欧盟首脑峰会上拒绝同意欧盟修改条约，致使其他国家不得不在欧盟条约框架之外以政府间协定的形式签署财政协定。欧盟成员国围绕防务开支、发展援助预算方面的政策协商次数明显减少，效果明显减低，难以达成共识或自行其是，严重损害了共同外交与安全政策的效力，影响了欧盟的国际地位。

第五，欧盟战略回缩明显。有学者统计，"在 2003—2008 年期间，欧盟在阿富汗、巴尔干、民主刚果等冲突地区发起了 20 项危机管理行动。然而，债务危机发生后，2009 年欧盟没有启动新的行动或任务；2010 年唯一的新任务是为索马里安全部队提供小规模的训练；2011 年，为了支持联合国对利比亚的人道主义援助，欧盟公开了军事行动计划，但由于成员国的抵制和分歧，欧盟驻利比亚部队（EUFOR Libya）未能部署。虽然英、法两国领导了对利比亚的军事行动，却和欧盟共同安全与防务政策无关。此外，成员国甚至不准备继续支持仍在进行中的行动，波斯尼亚维和行

---

① European Commission, "Trade, Growth and World Affairs: trade policy as a core component of the EU's 2020 strategy", *COM*, 2010. 6. 12.
② 弗雷德里克·埃里克松（Fredrik Erixon，欧洲国际政治经济研究中心主任）："主权的危机：欧元区治理之局限性", http://www.ecipe.org/people/fredrik-erixon/other-publications/A Crisis of the Sovereign.pdf.（上网时间：2011 年 12 月 29 日）

动、反海盗巡逻尤其吃紧。荷兰从阿富汗的乌鲁兹甘省撤出后,仅有少量的警察训练人员仍留在阿富汗"。①

第二节 乌克兰危机对 CFSP 敲响警钟

乌克兰危机是冷战后欧洲直接面对的最重大地缘安全挑战和地缘政治事件,缘起于欧盟执行的东部伙伴关系计划。事件结果对欧俄关系、东欧国家与欧盟主导国、欧洲共同外交与防务政策乃至欧洲一体化未来发展造成较为深远的影响。

乌克兰东连俄罗斯,南接黑海,西与波兰、斯洛伐克、匈牙利等欧盟成员国相连,地缘支柱特征十分突出,欧盟"东部伙伴关系"计划是 2009 年 5 月出台的,旨在使欧盟与乌克兰、摩尔多瓦、白俄罗斯、亚美尼亚、阿塞拜疆和格鲁吉亚 6 个东部邻国在原先的"欧洲睦邻政策"基础上加强联系,深化合作。目的是推动欧盟东部边界外国家和地区更加稳定和繁荣,促进其与欧盟的经济一体化。政治上是欧盟对东部国家输出"民主",扩张势力范围,进一步压缩俄罗斯的地缘空间,确保欧盟核心带更为安全的政策举措。但是,作为欧盟该计划重要的对象之一,乌克兰国内长期以来存在亲欧与亲俄两派政治势力,在族群和地域上反映为乌克兰族和俄罗斯族、中西部和东南部不同政治派别基于经济利益矛盾和文化差异性等因素或明或暗的政治交锋。

2013 年底,乌克兰亲俄派总统亚努科维奇中止和欧洲联盟签署政治和自由贸易协议,并表示要强化和俄罗斯的关系。2013 年 11 月 22 日,乌克兰亲欧洲派在基辅展开反政府示威,要求政府和欧盟签署协议、亚努科维奇下台、提前举行选举。2014 年 2 月 22 日,亚努科维奇被议会罢免总统

---

① 徐龙第、孙友晋:"主权债务危机下的欧盟外交",《国际问题研究》2013 年第 1 期,第 43 页。

职务。3月，原乌克兰克里米亚自治共和国就其自身地位举行全民公投，结果是克里米亚宣布独立成为主权国家，并正式申请加入俄罗斯联邦，俄罗斯直接派部队进驻克里米亚。① 4月，乌克兰东部顿涅茨克和卢甘斯克州亲俄者通过公投宣布成立独立"主权国家"。乌克兰宣布国家进入全面战备状态。之后乌克兰政府军和反政府武装在东部地区爆发持续8个月的冲突。俄罗斯向乌克兰政府施加经济和军事压力，西方则对俄罗斯进行制裁。2014年6月27日，新任乌克兰总统波罗申科签署欧盟联系国协定，标志着乌克兰正式启动准备加入欧盟程序，不久之后乌克兰又宣布加入北约。直到2015年2月，俄罗斯、乌克兰、法国、德国四国领导人在白俄罗斯首都明斯克举行"诺曼底四方"会谈。乌克兰危机各方同意从2月15日开始停火，局势开始进入稳定态势。

乌克兰危机虽起于乌国内不同政治派别和族群的利益斗争，但背后是美欧西方势力与俄罗斯在东欧的一场激烈的地缘政治博弈。对欧盟来说，其地缘环境因与俄罗斯关系的再度紧张而更加恶化。原本深陷主权债务危机的欧盟须再度重视共同外交与安全政策的效力并对相关政策关键进行调整。

首先，欧俄关系降至冷战后最低点，欧盟需要更为有效的外交和安全政策来应对安全问题。欧洲一体化进程对于欧洲国家最为重要的价值就是在于安全。二战后，欧洲通过联合解决了历史上德国常作为战争引擎的问题。冷战期间，在苏联的安全威胁下，欧洲依托的是美国的军事保护。冷战结束后，面对新身份老面孔的俄罗斯，欧洲通过欧盟与北约双东扩政策来试图解决中东欧与俄罗斯的安全问题。美国作为域外国家，为遏制俄罗斯，积极推动北约东扩。欧盟国家其实存有一定的顾忌，因而欧盟分两批将中东欧10个国家纳入麾下，一方面考虑对东欧的经济社会改造，另一方面为了缓和欧俄关系，避免与俄陷入直接的地缘对抗，加强与俄在经贸、能源领域的合作，对乌克兰入盟的问题，欧盟始终保持一种模糊性的态

---

① 2016年7月28日，俄罗斯总统普京签署命令，将南部联邦区和克里米亚联邦区合并改组为新的南部联邦区。

度。欧盟成员国内部也因俄罗斯与乌克兰对欧能源供应方面的考量而存在分歧。但是乌克兰危机后，乌克兰与俄罗斯决裂，彻底倒向欧盟。欧盟也对俄采取了军事防范和经济制裁的政策，俄欧冷战以来形成的一种合作平衡战略被打破。有学者认为，"观察欧盟及其成员国自乌克兰危机以来的政策可以看出，其对俄罗斯的政策体现了明显的反应式特点，缺乏长远战略规划"。① 欧俄关系的恶化无疑增加了欧盟东部的安全压力。一种反应式的外交明显无法满足欧盟的现实需要，客观上要求欧盟内部形成更为一致和有效的共同外交与更为强大的防务力量来应对。

其次，欧盟将更加重视发展独立于北约的军事力量。从乌克兰危机的细节中可以看出，美国及其情报系统的一些做法并不符合欧盟的利益。欧盟需要跳出冷战思维，或者说摆脱美国战略利益的思维来对待俄罗斯。单从经济上看，2013年欧俄贸易总额为4174.5亿美元，同年美对俄出口仅有165亿美元，而且俄罗斯长期保持在欧盟能源市场的主导地位。乌克兰事件使得欧盟看到俄罗斯对于传统势力范围的强硬维护，不惜与欧盟互相制裁，两败俱伤。乌克兰危机的爆发是欧盟长期追随美国对俄实行战略挤压的政策后果。俄罗斯总统普京在收回克里米亚后在俄杜马曾说道，"以美国为首的西方国家在国际政治中更愿意认同强权，他们坚信自己可以例外，只有他们自己才是正确的。他们可以在这里或那里对独立国家动用武力，从国际组织捣腾出需要的决议，或完全无视它们。对南斯拉夫就是这样，还有阿富汗、伊朗，它们公然违反联合国安理会的利比亚问题决议，操纵了一连串的颜色革命"。② 可见，俄罗斯把美国的"罪恶"连带"迁怒"在欧盟身上，这是一部分欧盟精英不愿意接受的。比利时学者比斯库普说，"不少欧洲人表示要感谢俄罗斯，因为俄罗斯使欧盟认识到，必须确保防务开支有一定的增长幅度，以应对欧盟在安全领域面临的种种威

---

① 冯仲平："乌克兰危机对欧洲的影响"，《欧洲研究》2014年第6期，第29页。
② 转引自冯仲平："乌克兰危机对欧洲的影响"，《欧洲研究》2014年第6期，第29页。

胁"。[①] 欧盟需要对欧俄关系未来发展进行反思,最符合欧盟利益的做法就是对俄实行务实外交,缓和与俄罗斯在政治、经贸、能源等方面的关系,将俄纳入欧洲安全框架,放缓乌克兰入欧步伐。贯彻这一新的战略思维依托于欧盟需要认识到大西洋两岸的利益并不完全一致,欧洲需要进一步加强共同外交与安全政策,进一步推动共同安全与防务建设,逐步摆脱对北约的军事依赖。

第三,政府间制度安排的短板再一次暴露,成员国利益难以聚合。在乌克兰危机中,欧盟内部成员国的分歧又一次暴露在全世界面前。针对俄罗斯"强势介入"乌克兰危机并"收回"克里米亚,欧盟委员会的态度十分强硬,宣称要和美国联手制裁俄罗斯,但并不是所有成员国都保持和超国家机构一致的口径。对俄罗斯有密切能源依赖的德国、斯洛伐克和捷克主张有限制裁,认为欧盟应克制介入美俄的地缘博弈,保护自身利益。英国基本保持"隔海相望""静观其变"的态度。波兰和波罗的海三国由于历史原因加之地理上直接受俄安全威慑,主张对其实行强硬政策。波兰等国甚至公开批评"老欧洲"国家罔顾东欧国家的安全利益。可见,尽管《里斯本条约》对欧盟共同外交与安全政策做了新的大量带有超国家性质的制度安排,但本质上没有改变这一制度为政府间合作的性质。新的欧洲理事会常任主席等政治精英在整合欧盟成员国利益方面的作用也十分有限。

此外,乌克兰危机使欧盟将全球战略的着眼点进一步调整到周边。其更多的外交资源将首先投入周边安全与发展议题,进一步回缩力量,减少对域外的发展援助。乌克兰危机是欧盟对自身共同外交与安全政策进一步检视,对欧俄关系、美欧关系重新定位和调整的一次重要契机。

[①] 江时学:"比利时学者比斯库普谈欧盟的新安全战略",http://ies.cass.cn/wz/xshd/gjx-sjl/201510/t20151009_2488026.shtml。(上网时间:2017年3月27日)

第三节　难民与恐怖主义危机对 CFSP 的影响

作为中东的近邻，欧盟历来积极介入中东事务。2011 年叙利亚政府和反对派爆发冲突，叙利亚危机由此产生。欧盟以"民主""人权"为名向叙利亚当局施压，最终导致危机加剧，叙利亚爆发内战，"伊斯兰国"势力崛起，俄罗斯、土耳其等国加强干涉。叙利亚危机在某种程度上是美国在中东力量退缩的产物，欧盟限于其力量投入与政策手段，难以掌控中东趋势的发展。时隔 5 年，叙利亚危机不断升级和复杂化。其产生的难民潮和宗教极端恐怖势力对欧盟政治、经济、社会产生深刻影响。可以说，叙利亚、难民和恐怖主义既是欧盟通过共同外交与安全等政策工具要解决的主要问题，又是欧盟介入叙利亚危机、使用这一工具所产生的不良结果，并对欧洲一体化进程构成挑战。

一、欧盟介入叙利亚危机

对中东地区进行"民主治理"，是欧盟长期以来的战略目标之一。欧盟自诩为一种规范力量和民事力量的双重角色，其动机和目标是弘扬所谓欧洲民主观念与制度、维护欧洲及中东安全。2011 年叙利亚危机的爆发被欧盟视为其实施中东民主治理计划的重要机遇。2011 年 3—4 月，叙利亚国内反政府示威活动演变成武装冲突，当局对反政府示威的镇压造成近 500 名平民丧生。2011 年 5 月，欧盟开始对巴沙尔政府进行制裁，包括武器禁运及对"实施镇压官员"的资产冻结。欧盟外长会议于 2012 年 5 月 14 日通过决议，决定对叙利亚扩大制裁范围。截至 2013 年 2 月，欧盟已对叙利亚实施了 18 轮制裁，制裁范围涉及个人和企业的财产、能源、金融、设备、武器，以及日常生活用品等多个领域。欧盟制裁的目的主要是帮助反对派，削弱巴沙尔政权的实力。欧盟成员国在叙利亚的制裁问题上意见存在分歧，法国和英国主张修改对叙武器禁运的条款，对反对派进行更多的军事援助，而德国、奥地利等国以"武器将落入恐怖分子手中"等理由予以反对。

2012年2月叙利亚危机之初，欧盟联合阿盟、美国参加了在突尼斯召开的"叙利亚人民之友国际会议"，会上表达了支持叙利亚民主化的态度。11月13日，法国率先正式承认"叙利亚反对派为叙利亚人民的唯一合法代表"。1天后，欧盟外交和安全政策高级代表阿什顿也承认叙利亚反对派的合法地位，并声明欧盟"追切期待叙反对派全国力量联盟能够充分全面地发挥其职能作用，尊重人权和遵守民主原则"。可见，对叙利亚政府实行经济制裁和对反对派进行政治支持是欧盟共同外交与安全政策所使用的主要手段，相对在乌克兰问题中的表现，欧盟成员国内部意见显得较为一致。

二、难民问题

由于美欧对中东、西亚、北非实施"干预性"政策，欧盟经历了二战以来最为严重的难民危机。仅2015年，就有110万难民涌入欧洲，"80%来自叙利亚"。[①] 2016年有24.2万人进入欧洲。进入欧洲国家的难民"主要来自西亚，特别是来自叙利亚和阿富汗，进入欧洲的路线主要是从突尼斯和利比亚进入意大利的地中海中线，从土耳其进入希腊的地中海东线以及从希腊到欧洲国家的匈牙利的巴尔干西线"。[②] 国际移民组织数据显示，2014年有3500名难民在地中海丧生，[③] 而2015年3岁难民艾兰死在土耳其海滩上的照片，使欧洲社会舆论普遍反思和讨论难民政策，增加了迫使

---

① 方华："难民保护与欧洲治理难民潮的困境"，《西亚非洲》2015年第6期，第7页。
② 宋全成："欧洲难民危机：结构、成因及影响分析"，《德国研究》2015年第3期，第42页。
③ 方华："难民保护与欧洲治理难民潮的困境"，《西亚非洲》2015年第6期，第7页。

欧盟及其成员国放宽接纳难民标准、扩大接纳规模的社会压力。

欧盟长期以来是接纳世界难民较多的国际行为体，其法律依据包括有以《都柏林协定》（1995年）等为核心内容的移民和难民庇护政策。欧盟作为"后现代文明"地区，人口生育率长期维持低水平，导致社会劳动力不足，所以欧盟接纳难民有充实社会劳动力的利益考量。但本次难民潮相对历史上的难民潮有诸多新的特点：一是难民来势汹涌、人数太多；二是难民主体不是欧洲人，而是亚非民族，以穆斯林为主体，这与历史上欧洲所经历的难民潮有本质的不同；三是难民的目标和路线集中，目标就是欧洲，而且重点是德国、北欧等国家；四是难民成分鱼龙混杂，除了主体是寻求安全的战争流民，还混有非法移民，甚至伊斯兰宗教极端势力的恐怖分子。

从事态的发展看，欧盟成员国在对待难民问题上态度不一导致对欧盟层面制定的摊派政策不予积极落实。德法等核心国家因恐怖袭击与刑事案件等突发事件影响而移民政策发生转向，动摇了欧盟解决难民危机的政治基础。欧洲一体化重要标志的申根协议面临挑战。同时，难民危机与恐怖主义案件相关联导致问题的复杂性和矛盾的升级。难民中混杂着恐怖分子使欧盟及其成员国面临监管的难题。难民与欧洲当地社会在刑事治安案件的催化下，原本不睦的族群关系更加紧张，文化冲突升级，致使欧洲民粹主义沉渣泛起，右翼政党力量增强，对欧洲政党政治和选举产生实质影响。以上因素使得这次难民潮成为名副其实的"危机"，对欧洲内外安全、欧洲社会政治思潮、欧洲一体化产生现实冲击与持续深远的影响。

三、加剧的恐怖主义问题

相比《里斯本条约》生效前，欧盟所面临的恐怖主义问题更为突出，自2015年1月以来欧洲接连发生的恐怖袭击中影响较大的有：2015年1月7日，法国巴黎《查理周刊》杂志社总部遭遇恐怖袭击，造成包括主编在内的12人丧生；2015年11月13日，法国巴黎辖区内发生多起袭击，造成至少130人死亡、350多人受伤。极端组织"伊斯兰国"声称实施了袭击；2016年3月22日，比利时首都布鲁塞尔扎芬特姆机场和市内欧盟总部附近地铁站先后发生爆炸，造成至少31人遇难；2016年7月14日，法国国庆日当晚，袭击者驾驶卡车在法国南部海滨城市尼斯冲撞观看国庆节烟花表演的人群，造成至少80人死亡；2016年12月19日晚，在德国首都柏林，一辆重型卡车冲入圣诞市场人群，导致12人死亡，48人受伤；2017年3月22日，在英国伦敦，袭击者驾车在威斯敏斯特大桥行人道冲撞辗压，共导致5人死亡。

与发生在美国的恐怖袭击相比，欧洲恐怖袭击具有鲜明的内生性特点。如巴黎恐袭事件，5名袭击者是法国人，1名是叙利亚难民，袭击从组织到实施都是在欧洲境内完成的。有学者认为，在欧洲遭受的恐怖袭击中，"自中东战区返回欧洲的外国恐怖主义战斗人员起到了主要作用，这在巴黎和布鲁塞尔的恐怖袭击中表现得尤为突出"。[1] 自从2014年"伊斯兰国"在中东崛起以后，不少欧洲人进入叙利亚、伊拉克加入"伊斯兰国"阵营。"中东冲突中约3922—4294名外国恐怖主义战斗人员来自欧盟成员国，其中比利时的比率最高……约有30%的外国恐怖主义战斗人员已经返回了他们的原籍国或是居住地国。"[2] 恐怖主义的内生性和欧盟长期以来的移民政策以及叙利亚危机以来的难民潮相关，一方面穆斯林群体在欧洲社会不断壮大，另一方面其群体难以融入欧洲主流社会。一些穆斯林男青年辍学率高，就业不理想，感到被边缘化。由于现实利益和文化观念等冲突，欧洲本土社会日益上升的右翼势力对这一群体进行舆论排挤，一些穆斯林移民接受了来自中东的宗教极端主义思想，一些人直接赴中东参加其观念中所谓的"圣战"。内外勾连下，一些外国恐怖分子伪装成难民进

---

[1] 魏怡然："后巴黎—布鲁塞尔时期欧盟反恐法的新发展"，《欧洲研究》2015年第5期，第52页。
[2] 魏怡然："后巴黎—布鲁塞尔时期欧盟反恐法的新发展"，《欧洲研究》2015年第5期，第52页。

入欧洲，与回潮的本土恐怖分子联手策划发动恐怖袭击。

四、难民与恐怖主义危机对欧盟 CFSP 的影响

肇始于"阿拉伯之春"的叙利亚问题及其引发的难民与恐怖主义问题是欧盟发展史上罕见的连锁性危机。对欧洲政治、经济、社会均产生了深刻影响。对欧洲一体化与欧盟的软实力造成严重打击。欧盟 CFSP 作为介于政府间机制与超国家机制的过渡性一体化安排，势必受到较大影响。

首先，欧洲民粹主义与极右翼政党的兴起，给欧洲一体化带来逆转危险，根本上动摇了 CFSP 的政治基础。

大量穆斯林难民与欧洲本地社会及文化的矛盾导致欧洲国家内部恐怖主义滋生。而恐怖主义引发的民众恐慌和对难民的仇视推动民粹主义和极右翼政党力量的增强，进一步恶化难民的处境，加强了恐怖主义产生的主客观因素，使欧洲社会安全治理陷入恶性循环。特别是当法国恐怖袭击发现有穆斯林难民参与以及德国科隆发生性侵案等影响后，法德两国国内政策发生了转向，欧洲右翼反移民主义者开始不断获得民众的政治支持。法国国民阵线、瑞典民主党、德国"选择党"等极右政党主张恢复本国边境控制权，拒绝接收难民，其支持率大幅上升。以法国国民阵线为例，其"在 2014 年 3 月的市镇选举中，拿下 11 个市镇，获得历史性的突破；在 5 月的欧洲议会选举中，以高得票率战胜社会党和人民运动联盟两大主流政党，震惊了法国和欧洲政坛；在 9 月的参议院选举中，获得两个议席，首次进入参议院。……在 2015 年 12 月大区选举的首轮投票中，国民阵线再次取得历史性突破，在 13 个选区当中的 6 个选区取得领先"。[①] 同时，欧洲议会内部极右翼政党和"疑欧"势力也均大幅增长。由于欧洲一体化本质上是精英运作的产物，其结果带有强烈的"民主赤字"特征，欧盟成员国民粹主义情绪的上涨以及右翼政党的政治上位将不仅对欧洲的移民、难

---

① 宋全成："难民危机：撕裂欧洲的一道伤口"，《世界态势》2016 年第 17 期，第 43 页。

民政策，更对欧洲一体化政治进程造成不可估量的负面作用，反精英、反建制、反全球化的社会政治思潮使欧洲一体化面临发生逆转的现实威胁。作为欧洲政治一体化的制度安排，共同外交与安全政策的政治基础被严重动摇。

第二，欧盟成员国分歧和矛盾不断加剧，削弱在共同外交与安全政策中的合作意愿。

欧盟内部针对接纳难民态度不一。德国最早高举人道主义大旗，积极主张接纳难民，并单方面打破《都柏林协议》，向叙难民无条件开放边界。德国的态度客观上刺激了大量难民取道欧盟，但是伴随着成千上万难民的涌入，特别是由难民实施犯罪的"科隆性侵案"等刑事案件接连发生后，德国社会舆论发生转向。据相关调查，"2015年9月，有45%的德国人认为接收难民利大于弊；2016年1月，该数据下降至38%。科隆事件后，60%的民众赞同限制入境难民人数，57%支持重新引入欧盟国家间的边境管控，比2015年9月高出12个百分点，过半德国人反对接纳无护照的难民入境"。[1] 这又导致德国单方违反《申根协定》而在奥地利边境实施边境审查。德国前后不一的举动客观上打击了欧盟接纳难民的信心。同时，意大利、希腊作为接纳难民的前线国家指责其他国家不提供足够的支持，而欧洲北部国家则指责意大利、希腊等地中海国家没有做好难民登记和指纹采集工作，放任甚至鼓励难民离开本国前往其他国家。[2] 英国采取"作壁上观"姿态，提出愿意花钱解决难民问题，并退出难民摊派机制。中东欧国家如波兰、匈牙利等，对欧盟的摊派机制表达不满，相互推诿，态度强硬。欧洲改革中心移民问题专家嘎米诺·马丁内兹指出："英国指责法国没有负起监管非法移民的责任，致使大量非法移民通过连接两国的海底隧道偷渡至英国，法国则批评意大利和希腊放任难民在欧洲流窜，意大利和希腊又把矛头对准西欧和北欧富裕国家，不满它们袖手旁观。"[3] 欧盟成员国

---

[1] 宋全成："难民危机：撕裂欧洲的一道伤口"，《世界态势》2016年第17期，第43页。
[2] 张健："欧洲衰落问题辨析"，《现代国际关系》2016年第2期，第55页。
[3] 任彦："欧盟何以难解移民危机"，《人民日报》2015年8月24日。

在难民问题上的矛盾和分歧将进一步削弱各自在共同外交与安全政策中的合作意愿。

第三，难民危机削弱了欧盟的软实力，影响 CFSP 的政策效力。

一是导致欧盟对共同外交与安全政策进行反思。难民问题和恐怖主义问题肇始于"阿拉伯之春"，本身就是因欧盟中东民主治理政策的短视而造成的不良结果。欧盟最初追随美国的大中东政策而制裁叙利亚，美国却没有承担相应的接纳难民义务。美国推翻萨达姆政权而引发的中东乱局和"伊斯兰国"崛起，欧盟却要承受伊斯兰极端分子的复仇，这导致欧盟民众的普遍不满，欧盟精英将对 CFSP 进行一定程度的反思与调整；二是随着难民压力的增大，欧盟对接纳难民不断收紧的政策趋势也损害了欧盟作为"人道主义力量"的国际形象。难民问题之所以发展成为危机，也是由于欧盟没有及时做出有效可行的决策而致。如作为欧洲一体化重要标志的《申根协定》因难民入境而废止，成员国重新进行边境审查。德国等甚至考虑打造"排除希腊、中东欧国家的迷你版申根区"；[①] 三是成员国内部在难民配额问题上的矛盾凸显了欧盟政治联盟根基的脆弱性。欧盟委员会从 2016 年 4 月 6 日开始着手修订以《都柏林协定》为核心内容的难民庇护政策，以减轻希腊、意大利等"前线国家"的难民潮压力，但修约之路受到各国矛盾和政府间决策的影响，进展并不顺利。有学者认为，"欧盟共同面对问题寻求全体一致的内部决策机制已经陷入困境"。2015 年 9 月，在布鲁塞尔举行的欧盟内政部长特别会议关于欧盟难民配额议案中，由于捷克、斯洛伐克、匈牙利和罗马尼亚等国家的反对，"迫使欧盟放弃了协商民主、全体一致的内部决策机制，而改用投票表决、多数票决策的程序，对欧盟境内的难民分配进行投票，通过了欧盟提出的分配 12 万抵欧难民的分配方案……凸显了欧盟内部全体一致的民主决策制的局限性"。[②] 捷克、斯洛伐克、罗马尼亚、匈牙利四个投反对票的国家对西欧国家，尤其是德国的"欺凌"表示不满。斯洛伐克总理菲佐表示，绝不执行摊派计

[①] 转引自张健："欧洲衰落问题辨析"，《现代国际关系》2016 年第 2 期，第 56 页。
[②] 宋全成："欧洲难民危机政治影响的双重分析"，《欧洲研究》2016 年第 1 期，第 136 页。

划，将诉至欧洲法院。匈牙利总理欧尔班则说，拒绝接受德国在难民危机上的"道德帝国主义"。波兰明确表示，在"巴黎暴恐案"发生以后，波兰不能再根据欧盟的配额计划接收难民。匈牙利国会2015年11月3日通过一项决议案，认为欧盟委员设立移民配额制没有适当的法律依据。12月3日，匈牙利向位于卢森堡的欧洲法院递交诉讼状，反对欧盟按照配额强制分摊移民。① 一方面，短期来看，难民及其相关问题将占据欧洲理事会与欧盟委员会的大部分议程，"攘外必先安内"的思路将导致关于共同外交与安全政策领域的动议减少。另一方面，作为国际治理的重要主体之一，欧盟将因难民危机减少对外治理、援助的投入，导致全球治理赤字加剧，影响欧盟的软实力，从而根本上影响CFSP的政策效力。

总之，肇始于"阿拉伯之春"的叙利亚问题及其引发的难民与恐怖主义问题是欧洲一体化历史上罕见的连锁危机。在美国收缩力量的大背景下，欧洲主导解决的叙利亚问题却对欧盟自身产生了一系列"反噬"，突出表现为对欧洲社会、政治、文化产生的深刻影响。危机动摇了作为欧洲一体化基石的"欧洲观念"，即"联合、包容、人权、民主"作为核心价值的欧洲特有的后现代主义精神。欧洲民粹主义与极右翼政党的兴起，不仅破坏了欧洲一体化的深化动力，而且给欧洲一体化带来逆转危险，从而根本上动摇了共同外交与安全政策的政治基础。

第四节　英国"脱欧"成为欧洲一体化中最大的"黑天鹅"事件

2015年5月，英国政府向下议院提交并公布了有关"脱欧公投"的议案，并承诺将在2017年底之前举行投票。2016年2月20日，英国首相卡

---

① 宋全成："难民危机：撕裂欧洲的一道伤口"，《世界态势》2016年第17期，第43、44页。

梅伦宣布将于当年6月23日举行"脱欧"公投。2016年6月24日，英国"脱欧"公投结果显示，过半数英国民众选择"脱欧"，终结英国与欧盟长达43年的成员国关系。2017年3月16日，英国女王伊丽莎白二世批准"脱欧"法案，授权英国首相特雷莎·梅正式启动"脱欧"程序。英国"脱欧"是国际关系史，更是欧洲一体化历史上的重要事件。其结果出乎当时全世界的意料。

一、英国"脱欧"的原因

英国之所以通过公投来选择是否"脱欧"，表面上是英国政党政治的原因，如卡梅伦为赢得2015年大选的胜利而做出公投承诺以获得保守党内"疑欧"势力的支持。内在的原因则是英国长期以来对欧洲一体化的认同问题。

一是地缘政治的原因。英国孤悬海外，其立国之本的地缘战略就是"防止欧洲大陆出现统一的国家"，所以英国长期奉行丘吉尔制定的三环外交战略，把大西洋对岸的美国和其他英联邦国家作为联盟的首要选择，第三环才是欧洲大陆国家。英国对欧洲一体化心存戒备，其加入欧洲一体化进程只是为了建立一个"邦联式欧洲"，弱化欧盟的超国家性质。

二是欧洲移民问题和难民危机的作用。自欧盟东扩以来，"英国移民人口增长迅速，在过去的20年里，外国出生的居民人数翻了一番，2015年达到历史最高点33.6万，占英国人口总数的13%，其中欧盟公民为18万，对土生土长的英国人就业造成巨大的冲击。他们把这归咎于欧盟的人口自由流动政策和英国政府失去对移民政策的控制权"。① 2015年起欧洲一系列的恐怖主义袭击案件也增长了英国民众的恐慌情绪，他们将之归咎于欧盟的难民接收、移民流动和《申根协定》等政策，为维护自身利益英国民众选择"退欧"。

---

① 张业亮："英国脱欧：欧洲一体化进程的一次重挫"，《环球经纬》2016年第10期，第86页。

三是欧债危机的影响。有学者认为,"在欧债危机刺激下欧元区酝酿通过深化一体化来摆脱危机的前景,令英国的疑欧派高度警惕"。英国极右政党独立党顺势崛起,他们利用英国社会,尤其是蓝领阶层以及部分中产阶层对精英的不满情绪,在"脱欧"公投造势中,"大打移民牌、安全牌、就业牌、福利牌,通过广泛动员,成功地使'脱欧'由小概率事件转变为不可逆转的事实"。[①] 2017年3月,欧盟委员会主席容克在接受采访时指出,"英国政客长期散播'怪罪'欧盟的理论,将欧盟比喻为诸多英国社会问题的'替罪羊',最终导致英国全民公投选择'脱欧'……布鲁塞尔不能为它做不了的事情负责任。例如,英国选举中热门的话题:健康保险、教育、社会福利,欧盟在这些问题上的作用非常有限"。[②]

二、英国"脱欧"对欧洲一体化的影响

英国"脱欧"是欧洲一体化历史上首次真正意义上的"逆流"。纵观历史,欧盟以前发生的危机如"空椅子危机"、欧洲制宪危机等都是围绕欧盟深化和扩大问题而产生的,发展方向是积极的,而英国"脱欧"是第一次有成员国退出欧洲一体化,开启了负面的先例。

首先,打开了欧洲一体化进程的"潘多拉之盒"。在欧洲民粹主义势力、极右政党势力、反全球化势力和"疑欧"势力日益上升的关键节点,英国"退欧"开启了欧洲一体化逆转的先例,削弱了欧盟的政治凝聚力。是否会引发成员国退欧或者退出欧元区的"多米诺骨牌效应"是当下欧洲精英最为关切的问题。在英国"脱欧"问题上,欧洲民粹主义者和右翼政党都纷纷表示支持英国。法国、荷兰、丹麦、瑞典的极右翼领导人也鼓噪本国举行"脱欧"公投,如法国国民阵线领导人明确表示,其一旦在总统

---

① 冯仲平:"英国脱欧及其对中国的影响",《现代国际关系》2016年第7期,第2页。
② "欧盟委员会主席:英国'脱欧'不能怪欧盟",http://news.sina.com.cn/o/2017-03-25/doc-ifycspxn9761921.shtml? cre = newspagepc&mod = f&loc = 5&r = 9&doct = 0&rfunc = 4。(上网时间:2017年3月26日)

选举中获胜就将举行"脱欧"公投。

第二，欧盟层面将暂时停止可能的深化和扩大而进入"反思期"。笔者认为，欧盟近年来所遭遇的一系列危机以"英国'脱欧'"做了一个"石破天惊"的总结。欧盟超国家机构，推动欧洲一体化的精英将暂停所有深化和扩大的议题，通过反思，着手解决实际问题。德国总理默克尔认为，解决当前问题关键在于"能否建立一个让民众参与、认同，并受益的成功的欧洲"。欧洲领导人认识到，只有让欧洲变得更为安全，促进成员国经济增长和就业，减少青年人失业，重振欧洲竞争力，才能从根本上打消对欧洲一体化的怀疑。正如欧洲理事会主席、前波兰总理图斯克认为的，"建立联邦的构想并不是应对解体幽灵的最好对策"。[①]此外，鉴于英国"脱欧"的复杂性，未来欧盟的相当一部分议程将被英国问题所占据。英国不再享受欧盟签署的多边和双边贸易协定，它需要在退出后与欧洲国家和世界其他国家重新签订相关协议。在可见的未来，欧盟共同外交与安全政策将继续保持现有层次的制度安排，不会有使合作深化的制度调整举措。欧盟共同外交与安全政策的目标也将从"民主价值扩展"转向更为关注欧盟自身安全、治理、发展及周边事务，欧洲域外的外交资源投入将明显减少。

第三，欧盟的国际地位降低。一是欧盟的国际政治地位下降。英国是欧洲政治三驾马车之一，其作为安理会常任理事国的身份增加了欧盟国际地位的权重。英国与美国同源同种，历史上英美特殊关系的纽带也是欧盟长期以来影响美国对外战略和行动的重要渠道。欧盟的这些政治砝码在英国"脱欧"后将失去；二是欧盟的世界经济地位下降。英国在欧盟28个成员国中的经济实力仅次于德国并且是世界金融中心。"2015年英国的GDP占欧盟GDP总量的17.2%，进出口贸易占欧盟贸易总量的约8%。英国每年对欧盟的预算贡献仅次于德法两国。"[②] 由此可见，英国"脱欧"后欧盟经济总量将缩水近20%。此外，英国的科技实力欧洲最强，其"脱

[①] 转引自冯仲平："英国脱欧及其对中国的影响"，《现代国际关系》2016年第7期，第4页。

[②] 赵俊杰："抽丝剥茧：英国脱欧的后果及影响"，《世界态势》2016年第14期，第43页。

欧"后对欧盟的智力贡献将明显减弱;三是欧洲独立的防务力量被削弱。从欧盟共同安全与防务政策角度看,英国是传统军事强国,是世界军费开支第三大国,平均保持每年500亿美元以上的军事开支,又是核大国,其在欧洲防务体系中的作用不可替代。德国由于历史的原因虽有强大的经济实力但至今仍无法替代英国在欧洲的军事地位,英国"脱欧"欧洲共同防务的力量将严重削弱。

但是笔者认为,对于英国"脱欧"对欧盟的打击程度也不应该过度放大。欧盟历史上经历多次政治危机均得以继续发展,"危"化为"机"并非空穴来风。其原动力就在于欧洲一体化在根本上符合欧洲国家的利益需要,符合欧洲绝大部分人民的福祉。换个角度看,英国"脱欧"或许是欧盟的一次"自我净化"。英国离开后,欧盟内部最大的离心势力和一体化障碍被"清除"。欧盟一旦度过本阶段的连锁性危机,就有可能"轻装上阵",获得更强的联合动力。

第八章
欧盟共同外交与安全政策展望：新战略的出台

> "我们需要有方向感。我们需要有能够做出选择、划定优先事项的能力。我们需要知道如何才能最好地去运用我们的政策工具，以及可以与谁一道，来实现我们的目标……我们需要一个新战略。"

——欧盟外交与安全政策高级代表莫盖里尼

第一节 欧盟新安全战略的出台

2015年第51届慕尼黑安全会议上，新任欧盟外交与安全政策高级代表莫盖里尼（Federica Mogherini）在其主旨演讲中提出，欧盟有必要立刻制定一个全新的对外战略，以便在变化了的内外环境下谋求从战略层面为欧盟共同安全与防务政策注入新的活力。2016年6月，欧盟发布了"共同愿景、共同行动：一个更强大的欧洲——欧盟外交与安全政策的全球战略"。① 该战略不仅是欧盟新的安全战略也是欧盟共同外交与安全政策未来执行和发展的指导方针。

如果把2003年题为《更加美好世界中安全的欧洲》的"欧洲安全战略"报告看做是欧盟拥有共同战略的起点，可以看出欧盟形成共同战略已有13年。2003年"欧盟安全战略报告"卷首语乐观地写道："欧洲从未如此繁荣、安全及自由"。到2008年，欧盟出台了对首份安全战略报告的"评估报告"，题为《欧洲安全战略的执行报告——在变化世界中提供安全》。此报告认为"欧盟所面临的挑战更为严重，一切更为复杂……我们周围的世界在新的威胁和权力转移中迅速变化"。② 进入21世纪第二个十年以后，欧盟开始面临一系列危机的挑战——欧洲主权债务危机、乌克兰危机、叙利亚危机、难民危机、恐怖主义危机和英国"脱欧"，这些危机持续时间长、影响深远、解决难度大，涉及欧洲政治、经济、社会诸多方面，是欧盟自其成立以来最为严峻的挑战，对欧盟共同外交与安全政策构成严重打击。内外形势的深刻变化是欧盟对其战略进行更新的根本原因。2012年7月，意大利、波兰、西班牙和瑞典的外交部长联合发起了"欧洲全球战略"倡议，欧洲理事会、欧盟委员会开始广泛讨论制定关于外交与安全政策新的战略框架。2014年8月，原意大利外长费代丽卡·莫盖里尼被任命为第二任欧盟外交事务和安全政策高级代表，作为带有集体身份的超国家机构政治精英，盖莫里尼正式启动更新欧洲安全战略的官方议程。2015年6月31日，莫盖里尼推出了关于欧盟外部环境的综合评估报告，并在欧盟安全研究所的两次年会上发表演说，深入阐述了自己对未来欧盟外交与安全政策基本原则的设想。最终在莫盖里奇的推动下，2016年6月

---

① Shared Vision, Common Action: A Stronger Europe—A Global Strategy for the European Union's Foreign And Security Policy. http://eeas.europa.eu/top_stories/pdf/eugs_review_web.pdf. （上网时间：2016年9月2日），以下引自欧盟该安全战略的内容，均出自本注，不再注明。

② 欧盟理事会："执行情况报告：欧洲安全战略——在不断变化的世界提供安全"，2008年，http://www.consilium.europa.eu/uedocs/cmsUpload/081205_ZHESSReport%20final.pdf.（上网时间：2011年12月4日）

28日欧盟正式公布新的战略报告。有学者认为"由于英国出乎意料地在2016年6月23日公投中选择脱离欧盟，欧盟决定在紧随其后的6月28日正式公布全球战略以此显示继续前行的政治决心。换个角度来看，这也是欧盟对英国退欧公投的一种危机管理，尽可能消除英国退欧对一体化造成的负面影响"。①

"共同愿景、共同行动：一个更强大的欧洲——欧盟外交与安全政策的全球战略"由4个部分组成，分别从欧盟外交与安全政策的利益、原则、优先领域和实际行动诸方面探讨了未来欧盟全球战略的转型与发展。本章将结合新战略内容，对欧盟共同外交与安全政策的未来进行展望。

第二节 欧盟共同外交与安全政策将更强化共同性和战略性

新战略报告以"共同愿景、共同行动"为名，反映了欧盟试图强化成员国与超国家机构在外交与安全事务中利益"共同性"与政策"战略性"的决心。缺乏共同战略是导致欧盟共同外交与安全政策出现"期望和现实的差距"（expectations-feasibility gap）②的主要原因，表明欧盟缺乏使用已有CFSP制度下政策执行工具的政治意愿。从13年前的伊拉克战争到5年前的利比亚危机再到近年的乌克兰危机、难民危机，欧盟成员国或多或少地体现出缺乏共同性和战略性的问题。欧盟东扩进程完成后，欧盟内部利益多元化与"碎片化"的特点加剧了成员国在欧盟对外战略上的分歧，也导致了超国家机构与成员国步调上的不一致，从而使得欧盟对外战略在"地区化"和"全球化"进程前徘徊不定。如法国、德国等希望欧盟成为

---

① 杨海峰："有原则的务实主义——欧盟外交与安全政策的全球战略评析"，《欧洲研究》2016年第5期，第27页。
② Fraser Cameron, "The Role of the EU and WEU in the European Security", Wolfried von Bredow, Thoma Jager and Gerhard Kummel, *European Studies Vol. 31*, 1993, pp. 305–328.

一支全球性力量，而其他小国则重视一般性利益，希望欧盟将处理好地区事务作为优先。英国则反对欧盟政治一体化进程。在欧盟的对外战略中，与外部国家建立战略伙伴关系是重要的手段，而这种关系却饱受政界、学界，包括欧洲内部人士的批评。截至2011年5月，欧盟总共与10个国家间建立了战略伙伴关系。① 一些欧洲学者认为，"欧盟从一开始就缺乏战略的视角，这些所谓'战略伙伴关系'中的大部分实际上并不是真正的'伙伴关系'，也不具备'战略性'"。② 在2003年的安全战略报告中，欧盟对这种关系进行了模糊的定义，认为战略伙伴对象国应该"与欧盟分享共同的价值观和标准"，并致力于构建有效的"多边主义体系"。但在实际上，就连欧洲最为重要的传统盟友——美国，都无法达到这种要求。使这种战略伙伴关系更显苍白的是，无论美国在发动"反恐战争"时，还是"金砖五国"（都是欧盟的战略伙伴关系国）在G20和"气候变化大会"中与欧盟谈判时，似乎都没能把欧盟看做是对等的战略性伙伴关系国，而是更愿意以不同的形式寻求与欧盟内部个别成员国的合作。在外交关系中，这些"伙伴国"也始终将其与法、德、意等双边关系凌驾于其与欧盟委员会（欧盟）关系之上。这种现象都与欧盟对"战略"始终缺乏清晰定位相关。其根源则是成员国对于联盟的发展方向存有分歧，在共同外交的构建中有所保留，这突出反映了联盟集体身份在现阶段的脆弱性。

新战略的首要目的就是加强欧盟对外目标和愿景的一致性，增进共同战略的建构。新战略提出，"为实现目标，欧盟必须团结一致，成为一个真正可信的、积极响应的、整合的联盟"。新战略首先分析了欧盟价值与共同利益的关系，认为"我们的利益和价值紧密相关。我们拥有向世界推行我们价值的利益，而基本价值也嵌入在共同的利益中"，"和平与安全、繁荣、民主以及规则导向的全球秩序是支撑欧盟外部行动的关键利益"。

---

① 截至2011年12月，与欧盟建立战略伙伴关系的10国是美国、加拿大、日本、中国、巴西、俄罗斯、印度、南非、墨西哥、韩国。

② Rosa Balfour, "EU Strategic Partnerships: are they worth the name?", *EPC Commentary*, 2010.9.15.

共同的安全利益是欧盟新战略的首要基础,"内外安全更加交织在一起:我们本土安全需要我们周边地区的和平,也意味着预防冲突、促进人的安全、解决不稳定的根源、致力于维护一个更安全世界的更广泛利益"。继而是"公平开放的市场,塑造全球经济与环境规则,可持续进入国际公域"的共同经济利益。相比之前的报告,欧盟淡化了成员国共同的基于向周边传播"民主和价值观"的利益,提出"恢复力"概念(resilience)以取代长期使用的"民主化"概念,体现了欧盟对改造周边战略的修正。新战略提出,"欧盟需要促进民主的恢复力,以实现那些激发创造与发展的价值观:正义、团结、平等、非歧视多元化和尊重差异性等"。有学者认为,"一方面,欧盟在周边政策中淡化民主化概念。与欧盟新睦邻政策相一致,全球战略认为,民主化不再是欧盟周边政策中必不可少的部分。欧盟在其周边地区不应追求一种虚假的稳定,也不应寻求一种'普世的民主化',欧盟在其地区战略中明确表示,不会极力输出欧盟模式,而是重视从不同地区经验中相互启发"。[①] 针对欧盟的改造周边战略,民主的恢复力不局限于民主模式的推广和复刻,而首要在于被改造国政治秩序的存在和基本安全。发生在乌克兰、利比亚和叙利亚危机缘起于欧盟强行推进"民主化"战略,但结果造成特别是后两个国家的政治秩序瓦解,大量难民与恐怖分子对欧盟本身构成威胁。因此,欧盟针对西巴尔干、土耳其这些正在申请加入欧盟的国家,对格鲁吉亚、突尼斯等欧盟邻国以及其他周边国家都制定了由高到低新的不同的民主标准。欧盟更强调使用政治和军事以外的手段来加强对周边的影响和联系,如自贸区协定、建立泛欧网络与能源共同体、援助建设、促进人员和文化交流等。从被改造国角度来看,"恢复力"也强调其政府应对危机、开展社会治理、进行改革的可持续发展能力。

为增进共同战略,欧盟提出外部行动的四个指导原则。一是团结原则。认为团结是欧盟向其公民传递安全、繁荣、民主信念,并对世界做出

[①] 杨海峰:"有原则的实用主义——欧盟外交与安全政策的全球战略评析",《欧洲研究》2016年第5期,第38页。

改变的前提。二是接触原则。欧盟要加强与世界主要力量和国际组织的接触，坚持多边主义外交，为欧盟参与全球问题治理获得良好的机遇和环境。三是责任原则。唯有负责任的行动才能产生积极的改变。成员国和超国家机构都需要对各自的决策负责，需要对欧洲的共同利益与未来发展负责。四是伙伴关系原则。欧盟要成为负责任的国际行为体，同时也要和其他的重要的全球和地区的行为体分担责任，深化多层次的伙伴关系，通过对话、合作和具有创新力的模式加强接触。

第三节　欧盟共同外交与安全政策的政策优先点调整

欧盟共同外交与安全政策优先点的设置与欧盟对环境的判断和对自身的定位是一个相互联系的线性过程。冷战结束后，由于客观上俄罗斯的战略威胁大大降低，欧洲安全形势发生了根本变化，北约和欧盟都进行了战略与架构的调整转型。在欧盟共同外交与安全政策尤其是共同安全与防务政策中，以北约为主导的欧洲安全结构限定了欧盟将自身作为一种"民事力量"角色的定位。这种"民事力量"在实践中表现为北约军事力量的"附庸"。可以说，多年来欧盟共同外交与安全政策的困境是这种"民事力量"与"北约附庸"的角色定位的直接恶果。这种关系在近年来美国在中东实行一种战略性退却时带给欧盟以严重不适，欧盟在利比亚、乌克兰和叙利亚问题上表现出政策的软弱无力，期望与能力的矛盾凸显。

冷战后的北约转型主要针对欧洲安全格局中美欧责任分工的问题，即美国主导下的北约需要以欧盟为代表的欧洲在欧洲的安全架构中承担更多责任，发挥更多作用，即打造一个"欧洲支柱"——这是冷战后美欧共同利益的需要。但无论是欧美还是欧盟内部的分歧都在于，"欧洲支柱"是否应独立于北约而不受北约的控制。对此，部分成员国，如法国，对欧盟独立防务建设有更大的抱负。为此，从1993年欧盟正式将当时的"西欧联盟"作为欧盟防务力量建设的基础时,北约与欧盟在这一领域一直进行着谈判和协调。1994年,北约正式接受"西欧联盟"作为北约和欧盟双框架下的防务力量支柱。① 1996年,北约批准西欧联盟可以在危机管理行动中使用北约的军事资源。② 1999年,欧盟共同安全与防务政策正式启动后,经过3年谈判出台的《欧盟——北约关于欧洲安全与防务政策的宣言》标志着欧盟与北约正式确立了所谓"战略性伙伴关系",③ 确定了北约与欧盟在关系定位、互信与合作、信息沟通、资源共享等方面的重要内容。迄今为止,欧盟是唯一与北约保持正式关系的国际组织。

北约和欧盟在能力上都有各自的"先天不足"。北约缺乏有关地区治理和人道主义救援方面的经验与手段,而欧盟缺乏的则是强大而有效的军事能力。这种分野导致欧盟与北约在全球和地区事务中形成了一种显而易见的任务分工,即北约从事那些需要以较强军事能力为支撑的军事或民事任务,而欧盟执行一些低烈度、小规模的民事任务。以双方迄今为止各自规模最大的军事行动部队规模为例,截至2009年2月,北约驻阿富汗国际安全援助部队达56420人,而欧盟在乍得的部队规模不过3700人;冷战后欧盟3/4的行动只部署警察和法律专家而非部队,一半的行动不超过100人,而且有四项军事行动(马其顿、刚果有两次以及波斯尼亚)还是跟在联合国或北约维和人员之后进入的。④ 在利比亚危机中,对利比亚执行联合国禁飞令是由英法两国联合起来在北约框架下运作的,而欧盟则主要负责对利比亚实行相关制裁和人道主义援助,包括派驻事实调查小组、军事特派团和设立人道主义办公室。

"一个更强大的欧洲"势必需要对"民事力量"和"附庸性"的自我定位进行改革,特别是在美国新总统特朗普"孤立主义"政策考虑之下。

---

① "Declaration of the Heads of State and Government Participating in the Meeting of the North Atlantic Council Held at NATO Headquarters", *Brussels*, 10-11 January 1994.

② "Final Communique", *Issued by Ministerial Meeting of the North Atlantic Council*, Berlin, 3 June 1996.

③ 这一伙伴关系的核心是所谓"柏林附加"的一揽子协定,包括6项原则与15项协定。

④ 张茗:"'战略性伙伴关系'往何处去?——欧盟—北约关系剖析",《欧洲研究》2009年第3期。

第八章 欧盟共同外交与安全政策展望：新战略的出台

新战略对这一问题做了一些回应，也强调了欧盟硬实力与共同安全与防务政策建设的必要性和紧迫性。欧盟这一份新战略发布几天后，北约秘书长延斯·斯托尔滕贝格和欧洲理事会主席图斯克及欧盟委员会主席容克发布了一份联合声明，指出当前欧盟—北约共同体正面临来自南部和东部前所未有的挑战，双方需要提升彼此的合作以相互取长补短：提升应对混合威胁的能力；拓展和适应协同性合作；扩展网络安全与防务协调；加强欧盟成员国和北约成员国之间的凝聚力、互补性和协同性；促进欧盟和北约在国防工业、国防研究及工业领域的合作；提升双方演习中的协调性；建立适应东部和南部伙伴弹性塑造的防务和安全能力。可见，北约希望通过这份新战略深化与欧盟在外交及安全防务领域的合作，推进北约—欧盟跨大西洋伙伴关系更上一个台阶。①

欧盟外交与安全政策高级代表莫盖里尼女士在全球战略的序言中说道，"我们联盟的目的，甚至是联盟的存在，正在受到质疑。然而，我们的公民和世界正前所未有地需要一个强大的欧盟。欧盟更广泛的近邻地区变得更加不稳定、更加不安全。我们边界内外的危机正直接影响着我们公民的生活。在充满挑战的时代，一个强大的联盟是一个进行战略思考、拥有共同愿景并且采取集体行动的联盟。在英国全民公投之后，尤为如此"。莫盖里尼认为，"从2003年索拉纳的欧洲安全战略发布至今，世界发生了急剧变化，欧盟也发生了很大变化"。② 欧盟的衰落之辩是当今欧洲一体化学界的热门议题之一，其产生和欧盟自2010年欧债危机以来遭受的一系列现实挑战密切相关。欧盟内部深陷债务危机、难民危机、恐怖主义危机不能自拔，社会矛盾激化。在外部，欧盟对乌克兰、叙利亚的干涉"得不偿失"，其结果是欧俄关系跌至历史冰点，欧盟东部国家因俄罗斯的安全威慑试图抛弃欧洲共同防务而加强与美国和北约的关系，对欧洲一体化造成

---

① 孙灿："《欧盟外交与安全政策的全球战略》解读"，《国际研究参考》2016年第8期，第40页。

② Federica Mogherini, "Preface", in Antonio Missiroli ed., An EU Global Strategy: Background, Process, References, European Union Institute for Security Studies, EUISS, October 2015, p. 5.

掣肘。欧盟南部的安全局势依旧风雨飘摇。英国"脱欧"给予欧洲一体化沉重一击,使得欧洲一体化进程发生了出人意料的逆转。对欧盟来说,事态恶化至此与其对于外部环境判断过于乐观,长期缺失共同战略,特别是与共同外交和安全政策在战略准备、应对决心和资源投入方面对外部环境的激烈变化反应严重滞后脱节有不可分割的联系。在这种情况下,欧洲内部"疑欧"主义、"脱欧"主义、反精英的民粹主义势力不断增强,外部唱衰欧洲的声音不绝。这几种势力的发展存在瓦解欧洲一体化的潜在力量。因此,作为以欧洲一体化为己任的超国家精英,必须给欧洲描绘新的希望、新的蓝图,新的战略报告提出"一个更加强大的欧洲",就是要给欧洲一体化打一针强心剂,维持甚至强化欧洲作为世界一极的全球性力量。

比利时学者比斯库普认为,欧盟希望新的战略要考虑到世界面临的3个"C",即越来越联通(connected)、竞争性越来越强(contested)以及越来越复杂(complex)。[①] 从国际体系看,以中国为代表的新兴市场国家的崛起和欧盟的"深陷泥潭"形成鲜明对比。从中国近年来的表现看,其在2010年成为世界第二大经济体并长期保持高增长率,是当今国际政治最重要的"稳定器"、"安全阀",也是世界经济的"助推器"。大西洋彼岸的美国经过在阿富汗和伊拉克的两场战争后,实力相对衰落,美国全球战略的收缩导致世界秩序自2014年起变得更为混乱,乌克兰危机、叙利亚危机、"伊斯兰国"的崛起以及肆虐中东和欧洲的难民潮因此而起。正如欧盟的判断一样,世界的对抗性、竞争性(contested)越来越强。2016年一系列国际政治的"黑天鹅"事件就是世界秩序某种程度失序的表现。

同时,全球化和互联网的进一步发展使得世界更加联通(connected),也使得全球性问题更为复杂,比如金融危机传播速度更快、波及面更广,"伊斯兰国"利用互联网向欧洲投放恐怖袭击指南,恐怖袭击的血腥画面因网络媒体的传播而具有更强的"政治恐吓力"等。此外,在西方世界,

---

[①] 江时学:"比利时学者比斯库普谈欧盟的新安全战略",http://ies.cass.cn/wz/xshd/gjx-sjl/201510/t20151009_2488026.shtml。(上网时间2017年3月27日)

民粹主义思潮、极右翼政党的崛起改变了长期以来精英政治主导的基本模式，社会和政党两极分化现象鲜明，反全球化呼声不断，强人政治层出不穷，这使得欧盟的外部世界和内部社会都更加复杂（complex）。

为了"一个更加强大的欧洲"，新战略提出欧盟对外行动的五大优先。

一是联盟的安全。首先是防务安全。欧盟着眼于提高应对突发性危机的能力，既加强与北约的合作，又深化"共同安全与防务政策"（CSDP）；其次是反恐。提高成员国和欧盟机构间的信息分享和情报合作水平；再次是网络安全。通过培育创新型信息和通信技术（ICT），加强成员国及其与欧盟机构之间的数据安全。通过加强与美国及北约在网络空间上的合作提升CSDP的执行力；四是能源安全。强化能源供应多元化结构，稳定能源来源；最后是战略沟通。通过拓展多领域公共外交，提高欧盟外交政策与公民及外部伙伴之间的更优质联系。

二是欧盟东部和南部国家与社会的恢复力。通过扩大政策、睦邻政策、周边政策和有效的移民政策，在维持周边地区政治秩序的前提下，扩展欧盟的"民主价值"，促进周边发展与治理，加强欧盟对周边的掌控力。在移民问题上，加强相关移民法律的制定完善和落实，阻止非法流动并保障有效遣返更为有效。

三是冲突和危机的综合管理。欧盟致力于采用多层次多维度的危机管理手段，通过事前预防、提供安全和稳定的保障、有效的冲突解决方式和政治性经济手段提高安全与外交政策的效能。欧盟指出，在应对危机，特别是打击恐怖主义时，欧盟必须反应更为迅速有效，彰显责任与决心。

四是建立合作型地区秩序。欧盟认为，推进和支持合作型地区秩序及其扩展符合本世纪欧盟自身和平和发展的需要，主要包括：（1）维护欧洲安全秩序。欧盟特别提出改善俄欧关系对于合作型地区秩序构建至关重要。（2）保障地中海、中东和非洲的和平与繁荣。欧盟提出建立解决如利比亚和叙利亚等地区冲突的对话和协调机制。通过参与四方会谈，深化与阿盟合作等手段缓和巴以关系。支持在马格里布和中东的功能性多边合作，深化与土耳其的部门合作，在波斯湾地区实施平衡性接触政策，加强与伊朗和海合会的对话。帮助北非和撒哈拉以南非洲的经济社会发展，促进对非洲的贸易投资。（3）推动跨大西洋关系发展。加深与美国、北约、加拿大、拉美等国及组织的伙伴关系，推动《跨大西洋贸易与投资伙伴关系协议》（TTIP）进程。（4）深化亚欧关系。欧盟提出要在互相尊重的基础上与中国发展关系，促进中欧贸易。通过经济外交加强与日本、印度和东盟成员国的联系。（5）加强与北极区国家的合作。通过提升气候行动和环境研究等扩大与北极圈国家和机构的联系合作。

五是21世纪的全球治理。欧盟强调将致力于以国际法为基础的全球秩序建设，承诺推动全球秩序的转型。重点包括：支持对联合国（包括安理会）以及其他国际金融机构的改革；继续积极参与联合国的人道主义救援、维和及斡旋等工作；在落实可持续发展和气候变化相关决议中发挥标杆作用；推进全球贸易和投资，推动欧盟与其他地区的双边和多边贸易协定的签署；拓宽国际法的通用空间，进一步推动国际裁军、防止核扩散和武器管制；推进构筑更加自由和安全的互联网空间，推动建设更高效的全球流行病预防、监测和应对机制。最后，欧盟提出要做全球治理的领导者，协调好与其他国家、国际组织的关系。

第四节　欧盟共同外交与安全政策将奉行"有原则的实用主义"

"欧盟外交与安全政策的全球战略"体现出在后《里斯本条约》时代，尽管面对重重危机，欧盟也要依托共同外交与安全政策的制度架构制定对外战略并实施共同行动的基本主张，反对成员国与超国家机构背道而驰、各行其是的脱节行为，也反对成员国在外交与安全政策上相互拆台、针锋相对、不讲团结、不顾大局的做法。欧盟认识到，必须坚持将共同外交与安全政策作为欧洲一体化最重要的支柱之一，这也是欧洲作为国际政治舞

第八章　欧盟共同外交与安全政策展望：新战略的出台

台重要一极确保自身安全、地位并对外施加影响所必须依赖的重要手段。《里斯本条约》对欧盟共同外交与安全政策做出诸多有建设性的改良，而该政策之所以在近年来表现不佳主要是受政策外因素的影响，如欧债危机、难民危机，并不能说明这一改革是失败的、无效的。欧盟通过提出"外交与安全政策的全球新战略"，试图通过确认欧盟当前处境、凝聚成员国与超国家机构共识、重新明确外交政策工具等，为陷入困境的欧洲一体化提供新的动力。有学者指出，"不同于2003年旧战略的制定完全落在时任欧盟共同外交与安全政策代表的索拉纳及其团队手中，新战略的制定会更具代表性：欧盟机构、各成员国政府、议会、学术界、智库、媒体与市民社会都被邀请为新战略的制定提供意见"。[①]

欧盟新安全战略的最大特点就是将一种"有原则的务实主义"（principled pragmatism）作为欧盟全球战略的指导思想。新战略指出："为了实现目标，我们需要清晰的原则作为指导。这些原则来自对当前战略环境的现实评估，同时也来自对推进一个更加美好世界的理想愿望。为了走出孤立主义和鲁莽干涉主义的困境，欧盟将加强与外部世界的接触，并展现出对他者的责任感以及对突发事件的敏感性。'有原则的务实主义'将在未来岁月里指导我们的对外行动。"以前的欧盟标榜自己是"规范"的力量，对外战略更体现"理想主义"的对外价值输出。西方学者认为，基于欧盟对近年来环境变化、内外压力和经验的反思，"欧盟认识到仅凭欧盟模式的吸引力无法解决内外问题，所以要降低期望值，缩小愿望与现实之间的鸿沟，制定更为谦逊、现实的全球战略"。[②]通过"有原则的务实主义"，欧盟试图在理想主义与实用主义之间找到平衡点，或者说在理念上保持理想主义，但在具体目标的制定和政策手段上重视实用主义，避免政策的好高骛远。有学者认为，新战略的务实性体现在三个层次，即欧盟层次：强

[①] "欧洲安全将现全球新战略"，http://pit.ifeng.com/a/20160211/47410927_0.shtml.（上网时间：2017年3月26日）

[②] Justine Doody, "EU Global Strategy under Threat from Division at Home", ECFR, 8 August 2016.

调利益导向，提升战略自主性与硬权力；周边层次：重视欧盟周边地区，构建周边国家与社会的复原力；全球层次：改革全球治理体系，发展灵活多样的伙伴关系。① 例如，欧盟的新战略中认识到自身硬实力的不足及其相关战略自主性较低，提出提升硬实力是加强欧盟战略自主性的基础，有助于增加欧盟政策与行动的可信度。作为传统优势的软实力，并不能在危机来临时给予欧盟及时和足够的帮助，反而成为欧盟的思想负担，甚至是欧盟危机的缘由。因此，新战略提出欧盟成员国必须将足够的经费投入到防务上，最有效地利用资源，将防务预算的20%用于装备采购及技术研究上，发展通用性能力，以具备支持欧盟、北约、联合国及其他跨国行动的能力。又例如，新战略提出构建周边国家地区的"恢复力"，不再强调欧盟的民主化改造和标准输出，强调地区秩序为民主的前提与地区国家和社会可持续发展的重要性，就带有较强的务实主义特征。此外全球战略提出的扩展灵活多样的伙伴关系，改革联合国等全球治理体系，加强与传统盟友、新兴国家、地区组织甚至私人行为体的合作都体现了务实的特征。

总而言之，欧盟共同外交与安全政策的新战略减少了以往欧盟惯有的理想主义色彩，淡化了对普世价值的强调，而强化了现实主义的目标，如欧盟自身安全。政策关注点由以往局限于非传统安全问题扩展至大国外交关系，自身定位试图摆脱"民事力量"与"北约附庸"而强调欧盟独立性与自主性，体现出明显的多元主义视角与实用主义原则。当然，欧盟共同外交与安全政策在未来执行中是否能够达成如上目标仍有待于历史和实践的检验，但新战略明显在向世界宣告，欧盟虽然身处重重危机，却依然是一支不容忽视的全球性力量。

---

① 杨海峰："有原则的实用主义——欧盟外交与安全政策的全球战略评析"，《欧洲研究》2016年第5期，第32页。

第九章

欧盟共同外交与安全政策与中国"一带一路"倡议

"对于欧盟来说,降低中欧关系优先级将是个巨大的错误:中国经济的短期波动并未改变长期趋势,欧洲战略家们应该牢记一点,即到2050年,中国经济规模将是美国的两倍。中欧关系要获取新动力,贸易便利、新丝绸之路经济带建设和探索数字丝绸之路都是不可或缺的要素。"[①]

——原欧盟委员会主席、意大利前总理罗马诺·普罗迪

欧盟是中国重要的外交伙伴,中欧关系是国际上最具影响力和中国最重要的双边关系之一。随着中国"一带一路"倡议的不断明晰以及外交实践的推进,欧盟作为一个整体逐渐确立了与"一带一路"倡议的对接关系。"一带一路"倡议以经济贸易投资为先导,全面拉动中欧在政治、安全、外交、文化等领域的全方位合作,既是中国的全球性地缘政治战略,也是欧盟在实现其共同外交与安全政策新战略中可资合作的战略抓手。本章将结合中欧外交战略合作的发展史,分析"一带一路"背景下的中欧彼

[①] 普罗迪:"整个欧洲都欢迎中国,中欧合作服务全球",2015年11月9日,http://mil.news.sina.com.cn/2015-10-20/1218841646.html。(上网时间:2017年4月5日)

此的定位以及中欧战略对接的内容与挑战。

第一节　中欧外交战略合作的发展脉络

1995 年，欧盟第一份对华政策文件《中国—欧盟关系长期政策》的出台标志着中欧良性外交的正式开启。1995—2004 年的十年被喻为中欧关系的蜜月时期，中欧关系获得长足发展。这一阶段，欧盟相继发布了一系列关于中国的重要政策文件。在 1996 年的亚欧会议和 1998 年中国—欧盟领导人会晤等外交推动下，1998 年的欧盟对华政策文件将中欧关系提升到"全面伙伴关系"，其中一项标志就是中欧领导年度会晤的机制得以建立。随着 2001 年中国正式加入世界贸易组织，中欧双方在各个领域的合作不断加深。2002 年，欧盟发表了《国家战略报告：中国》文件。2003 年 9 月，欧委会又推出新的对华关系战略文件：《走向成熟的伙伴关系——欧中关系中的共同利益与挑战》。2003 年 10 月，中国首次发表《中国对欧盟政策文件》。以欧盟委员会和中国政府各自发表的政策文件为契机，双方提出要发展中欧"全面战略伙伴关系"，中欧全球战略合作正式提上日程。到 2004 年，欧盟超越美国和日本成为中国第一大贸易伙伴。中欧在各个领域发展了 20 多个对话机制。2003 年美国入侵伊拉克后，中欧加强了在各种国际机制中对美国单边主义外交的联合牵制。法德等主要欧盟国家提出了解除对华武器销售禁令的倡议。欧盟邀请中国投资并参与欧盟伽利略全球卫星导航系统的建设。[①] 这一阶段，中欧双方对彼此关系赋予"战略性"意义并建立诸多实质性外交机制，开启了中欧关系的新纪元。

在 2005 年至 2013 年的 8 年间，中欧关系发展的总体态势是向前的，但发展速度相对放缓，个别领域产生曲折，这是双边关系进入一种相互调

---

① 陈志敏："新多极世界伙伴关系中的中欧关系"，《欧洲研究》2010 年第 1 期，第 2 页。

适期的正常反映。在外交机制上，中欧继续努力，于 2005 年建立了副部长级的战略对话机制。2007 年启动了中欧伙伴合作协定的谈判。2008 年建立了副总理级的高层经济对话机制。经济方面，双边合作不断扩大。2002 年中欧贸易额为 867 亿美元，到 2008 年，中欧贸易额增加到 4255 亿美元。[①] 2013 年，中欧双方的贸易额为 5591 亿美元，双方互为第一大进口市场。[②] 自 2003 年以来，欧盟连续 11 年成为中国第一大贸易伙伴；而中国则自 2002 年以来连续 12 年是欧盟第二大贸易伙伴。社会方面，2012 年 2 月，第十四次中欧领导人会晤宣布建立中欧高级别人文交流对话机制，人文交流成为中欧关系的三大支柱之一。2014 年，中欧往来人员总数约 594 万，中欧互派留学生超过 32 万人。[③]

随着合作的深化，双方的分歧和矛盾也逐渐显露。突出表现在：一是经贸方面，随着欧盟对华贸易逆差不断扩大，欧盟开始指责中国"不公平竞争"。来自中国的劳动密集型产品的大量增加，引发欧盟内部特别是南欧和中东欧等竞争力较弱国家的贸易保护主义抬头。欧盟作为整体，长期不承认中国市场经济地位，反复敦促人民币升值、进一步开放市场，并在多个经贸项目中对华频频开展"双反调查"。二是在政治领域，欧洲议会和个别媒体长期批评中国的人权与制度。2007 年至 2008 年，德、法等国领导人多次接见达赖喇嘛，放任国内反华团体干扰北京奥运会火炬传递，并以是否出席奥运会开幕式为条件在西藏问题和达尔富尔问题上对中国施压。值得注意的是，中欧逐渐在原本并不冲突的地缘政治方面产生摩擦，如欧盟不满中国在非洲政治经济影响力的扩展，认为是对其传统势力范围的争夺。同样，欧盟依靠其共同外交与安全政策也试图在中国周边地区扩展影响。其中一些行动遭到中国的反对，如欧盟在国际社会中推动对缅甸

[①] 陈志敏："新多极世界伙伴关系中的中欧关系"，《欧洲研究》2010 年第 1 期，第 6 页。
[②] 肖琳："中国与欧盟外交关系的再思考——以中欧全面战略伙伴为例"，《太平洋学报》2014 年第 6 期，第 51 页。
[③] "中国同欧盟的关系"，外交部网站，2015 年 7 月，http：//www.fmprc.gov.cn/web/gjhdq_676201/gj_676203/oz_678770/1206_679930/sbgx_679934。（上网时间：2016 年 1 月）

制裁的努力。①

进入21世纪,作为国际政治舞台的两大重要行为体,中国和欧盟所具有的发展独特性不断显现。欧盟是全世界最为领先和最为成熟的区域一体化样板,半个多世纪的一体化进程有效推动了欧洲政治经济社会的全面发展,而中国特色社会主义道路打破"西方文明一元论"与"历史终结论"的神话,改革开放近四十年的巨大成就使中国切实走出一条不同于前人的发展道路,"中国经验""中国模式"成为全世界研究的热点。中欧在发展模式上的独特性体现了两种文明的深厚底蕴,这是判断中欧关系未来发展具有无限潜力的文明性因素。从中欧关系的历史与现状来看,双方的合作大于分歧,经济和政治领域的对称性和互补性大于竞争性。一是地缘政治因素是中欧发展合作的重要政治基础。中欧分别处在亚欧大陆东西两端,双方没有直接的地缘政治利益冲突。相反可以开展"远交近攻"式的地缘合作;二是双方在经济全球化进程中均采取了"贸易促进发展、经济主导改革"的相似之路,中欧在经贸和技术领域存在较强互补性。经贸关系是中欧关系的主要纽带;三是中欧均有推动国际体系多极化方向发展的政治诉求。欧洲一体化进程的原动力是欧洲国家为避免沦为"国际政治弱势群体"而发展起来的联盟合作,而中国的近现代史正是不断反抗"国际政治霸权"的革命史、奋斗史。无论是中国还是欧盟,一直都是国际政治舞台上强调多边主义和国际制度的主要力量。彼此都期待对方成为可牵制霸权的国际行为体和负责任的地区力量,都希望推动国际政治经济体系的多极化。正如有学者认为,"合作共赢一直是贯穿中欧关系的一个核心理念与实践特征"。② 2013年,习近平主席访问欧盟时将中欧关系概括为"和平、增长、改革和文明"四大伙伴关系,点明了新的国际形势下中欧致力于发展新型国际关系的内涵。

2014年4月,中国政府制订的第二份对欧盟政策文件《深化互利共赢

---

① 陈志敏:"新多极世界伙伴关系中的中欧关系",《欧洲研究》2010年第1期,第7页。
② 程卫东:"中欧建立新型国际关系:认知与实践",《世界经济与政治》2016年第9期,第19页。

的中欧全面战略伙伴关系——中国对欧盟政策文件》出台,旨在总结过去十年中欧关系发展成就的基础上,结合国内外形势发展,昭示新时期对欧盟政策目标,规划今后五年到十年的合作蓝图,推动中欧关系实现更大发展。

第二节　中欧外交与安全战略中对"一带一路"的定位

2013年9月7日,中国国家主席习近平在哈萨克斯坦纳扎尔巴耶夫大学做演讲时首次提出了建设"丝绸之路经济带"的构想。2015年3月28日,国家发改委、外交部和商务部三部委联合出台了《推动共建丝绸之路经济带和21世纪海上丝绸之路的愿景与行动》,"一带一路"成为一项系统而明确的对外战略倡议,也是中国推进周边外交和重塑国际经济治理机制的重要举措,引起世界关注。欧洲既是"一带一路"的端点也是陆海丝绸之路的交汇之处,对"一带一路"建设具有重要价值,而欧盟作为整合欧洲经济、政治和社会的超国家组织,主导着欧洲各国在对外贸易、金融与投资等领域的决策方向,是中国推进"一带一路"建设不可或缺的合作伙伴。中国的"一带一路"倡议契合中欧"合作共赢"的外交基础,符合欧盟推进自身外交与安全战略的实际需要,为中欧战略合作的发展提供持久的强劲动力。

一、中国"一带一路"倡议中的欧盟

中国提出"一带一路"倡议,旨在充分依靠中国与有关国家既有的双多边机制,借助相关区域合作平台,在和平发展和互利共赢的理念下,深入推进与沿线国家的经济合作伙伴关系,共同打造政治互信、经济融合、文化包容的利益共同体、命运共同体和责任共同体。

人类进入地理大发现以来，世界经济发展呈"8"字型结构，经济活动活跃于"两个贸易圈"，即大西洋贸易圈（美欧贸易圈）和太平洋贸易圈，这两个圈以海运的繁荣为契机带动了美洲、欧洲与东亚、东南亚太平洋沿岸国家的经济发展。中国提出"一带一路"旨在复兴最古老的贸易圈——古丝绸之路"亚欧贸易圈"。古丝绸之路，分为陆上丝绸之路和海上丝绸之路。陆上丝绸之路起自中国古代都城长安（今西安），经中亚国家、阿富汗、伊朗、伊拉克、叙利亚等抵达地中海，以罗马为终点，全长6440公里，被认为是连结亚欧大陆的古代东西商道，也是文明交融之路。但随着时间的推移，由于中亚、中东地带战乱不断，加上海运的不断发展，这条古老的商道逐渐没落。海上丝绸之路的雏形始于汉代，主要分为向西航行的南海航线和向东到达朝鲜半岛和日本列岛的东海航线，南海航线是海上丝绸之路的主线。宋代以后，中国对东南沿海的不断开发与经济重心的南移促进了海上航路的不断繁荣，中国商船从南洋到阿拉伯海，甚至远达非洲东海岸。元朝在经济上采用鼓励海外贸易的重商主义政策，中国的贸易触角经海路延伸至亚、非、欧、美各大洲，并制定了中国历史上第一部系统性的外贸管理法则。海上丝绸之路发展也进入鼎盛时期。海上丝绸之路在明代繁盛至极点标志性事件是郑和七次下西洋，曾到达亚洲、非洲39个国家和地区，商贸与文化交流已扩展至全球。但是之后明清两代，由于政府的海禁政策以及西方列强对东亚海权的征服，海上丝绸之路不断衰落。

在新的历史时期，"一带一路"倡议借鉴了古丝绸之路的文化概念，着眼于复兴曾经辉煌的亚欧商贸通道，进而促进中国对外开放，推动全球经济发展和文化交流。其设想是通过该战略所覆盖地区的基础设施建设和改善，通过铁路、公路、基点、港口、海路等综合通道的修建联通，通过双边和多边的贸易协定及金融工具繁荣亚欧大陆的经贸文化交流，具体就是"五通"——政策沟通、设施联通、贸易畅通、资金融通、民心相通。有学者认为，"一带一路"就其本质而言，"是一个包含了国际维度的中国的区域协调发展战略，一个以基础设施建设为先导的挖掘全球经济增长潜力的工程,一个对现有国际合作模式的探索性调整"。①

中国对欧洲参与"一带一路"充满期待,认为欧洲是理想的合作伙伴。在"一带一路"倡议的纲领性文件《推动共建丝绸之路经济带和21世纪海上丝绸之路的愿景与行动》中写道,"'一带一路'贯穿亚欧非大陆,一头是活跃的东亚经济圈,一头是发达的欧洲经济圈,中间广大腹地国家经济发展潜力巨大"。可见,欧洲是"一带一路"覆盖的既定范围。2014年,习近平总书记访问欧洲,在比利时布鲁日欧洲学院发表演讲时说,"当前,中欧都处于发展的关键时期,都面临前所未有的机遇和挑战。我们要共同努力建造和平、增长、改革、文明四座桥梁,建设更具全球影响力的中欧全面战略伙伴关系"。他强调,"和平稳定之桥,把中欧两大力量连接起来,促进全人类走上和平发展、合作共赢的道路。增长繁荣之桥,把中欧两大市场连接起来,使中国和欧盟成为世界经济增长的双引擎。改革进步之桥,把中欧两大改革进程连接起来,尊重双方的改革道路,借鉴双方的改革经验,以自身改革带动世界发展进步。文明共荣之桥,把中欧两大文明连接起来,促进人类各种文明之花竞相绽放"。从欧洲的战略地位和经济体量来看,"一带一路"如果没有欧洲的实质参与则无法有效达成目标,而一旦形成中欧"一带一路"合作,必将形成新亚欧大陆图景,甚至改造现有国际地缘政治的力量结构。

二、欧盟共同外交与安全战略对"一带一路"的定位

欧盟对"一带一路"的认知随着中欧交流的不断深入以及欧盟对新形势下自身外交与安全战略的明晰逐渐确定。在"一带一路"倡议提出之初,欧盟反应平平,而从2014年起,随着中国的战略规划日渐清晰,中欧高层多次交流之后,欧盟及其成员国均对"一带一路"给予积极正面的回应。2014年3月,中欧在《关于深化互利共赢的中欧全面战略伙伴关系的

---

① 冯仲平、黄静:"中欧'一带一路'合作的动力、现状与前景",《现代国际关系》2016年第2期,第9页。

联合声明》中首次提出,"双方决定共同挖掘中国丝绸之路经济带倡议与欧盟政策的契合点,探讨在丝绸之路经济带沿线开展合作的共同倡议"。2014年10月6日,时任欧盟理事会主席的范龙佩在"亚欧商业论坛"发表演讲时,表达了对"丝绸之路经济带"构想的兴趣。欧盟层面的智库"欧洲亚洲研究所"(LPGE)和"欧盟安全研究所"(LXPEE)对这一构想做了系统介绍,并对其前景做了较为详细的推断与预测,而德国、瑞典等欧盟成员国的智库也进行了相关研究。[1] 2015年之后,欧盟及其智库关于"一带一路"的研究热度不断升温。

一方面,欧盟把"一带一路"倡议定位为欧盟摆脱危机,促进投资、增长、发展包括基础设施建设的重要机会,而经济恢复和社会发展是欧盟共同外交与安全政策以及相关战略能够持续成功推进的基础。2015年10月16日,时任欧盟理事会主席范龙佩在"亚欧商业论坛"上发表演讲时提出:"欧盟支持欧亚之间通过跨越各个政策领域的项目与行动体系实现相互联系……中国的'新丝绸之路'倡议等规划表明欧亚间的关系很紧密,欧盟将致力于为投资、增长和发展带来更多的机会。"[2] 2015年6月29日,中欧首脑峰会的联合声明进一步提出:"欧盟和中国同意改善相互间的基础设施联系,决定建立新的相互连通的平台……寻找各自政策和投资的合作机会。"[3] 有欧洲学者认为,"在当前全球经济不确定性增加、欧洲投资环境欠佳的背景下,对于欧洲来说,中国是一个重要的资金来源地。中国及其主导的多边基金可以为欧盟和整个欧洲地区提供项目建设所需资金,而'一带一路'倡议包括的物流建设、外商直接投资、产能合作

---

[1] 忻华:"欧盟决策共同体对'一带一路'战略的认知与回应",《中国周边外交学刊》2015年第二辑,第194页。

[2] European Council Press Release, Speech by the President of the European Council Herman Van Rompuy at the Closing Session of the Asia-Europe Business Forum, Milan, October 16, 2014, http://www.consilium.eu.int/uedocs/cms_date/docs/pressdate/en/ec/145129.pdf. (上网时间:2016年9月5日)

[3] EU-China Joint Statement: the Way forward after Forty Years of EU-China Cooperation, June 29, 2015, http://www.consilium.europa.eu/en/meetings/international-summit/2015/06/29. (上网时间:2016年9月5日)

和新能源开发等项目也将推动这些国家经济的长期发展,提升其竞争力"。[①] 2016年6月22日,欧盟委员会通过一份题为《欧盟对华新战略要素》的通报文件。其中认为,"十年间中国在世界上的经济、政治地位日益彰显。欧盟需要就对华关系更新表述,以适应新发展的需要。新战略规划了未来5年推动欧盟在欧中关系中受益的多个方向。列出了对华关系的主要机遇,尤其是欧中合作如何促进欧洲经济增长、扩大就业、推动欧洲企业进入中国市场等,欧中可期待一些更富雄心的合作,比如双方或将考虑商谈深入、全面的自由贸易协定"。[②] 欧盟委员会前主席普罗迪撰文呼吁,"欧洲战略家们应该谨记,到2050年中国的经济总量将达到美国的两倍。贸易便利化、新丝路建设以及探索数字丝路,应成为欧中关系中不可或缺的新动力。如果布鲁塞尔不能够回应北京建设新丝路的呼吁,那么北京就会和其他积极的伙伴们单独完成目标,欧盟会很快发现自己已在一个由中央之国所设计和践行的经济与外交网络中被边缘化"。[③] 中国实施"一带一路"建设的对象国主要是那些急需改善基础设施的相对欠发达地区。例如在欧洲,中东欧地区相对落后,但潜力巨大,中国自2012年起就与中东欧国家开展了"16+1"的合作计划。2016年,中国总理李克强参加"16+1"领导人会晤时提出"深化基础设施和互联互通合作、发挥好金融合作的支撑作用、开拓绿色经济合作新空间、进一步密切人文领域交流合作"这四点建议。这是符合欧盟利益的,有利于缩小欧盟成员之间的发展差距。

另一方面,欧盟把参与"一带一路"作为其实施共同外交与安全政策的重要抓手。首先,欧盟通过参与"一带一路"建设,建立系统的、从上而下的泛欧洲基础设施和经济发展计划,有利于加强欧洲内部的融合,促进成员国合作,消除分歧,提升欧盟的软实力,强化欧盟共同外交与安全

[①] [塞尔维亚]德拉甘·帕夫里塞维奇:"促进一带一路倡议和欧洲投资计划对接的政策建议",《欧洲研究》2015年第6期,第38页。
[②] "欧盟委员会提出未来五年对华新战略",《时代金融》2016年第7期,第59页。
[③] 转引自冯仲平、黄静:"中欧'一带一路'合作的动力、现状与前景",《现代国际关系》2016年第2期,第13页。

政策的政治基础；其次，欧盟通过参与"一带一路"可以扩展其在中亚、东亚、西亚等地区的战略影响，间接实施其共同外交与安全政策的既有目标。例如，2015年6月22日，欧盟理事会对欧盟对中亚的战略做出调整与修订，提出："欧盟将在安全、能源、互联互通、交通和可持续发展等领域，寻找欧盟与中亚国家各自政策的结合体系，包括对'丝绸之路'倡议提供的可能性加以利用。"[1] 欧洲学者更指出："在当前乌克兰危机以及欧盟与俄罗斯关系不确定性增加的背景下，欧盟正试图减少对俄罗斯油气供应的依赖，而促进油气供应多元化的方法之一，就是加强与能源相关的基础设施建设。鉴于俄罗斯也在积极参与基础设施建设项目，欧盟积极响应'一带一路'倡议既有利于平衡俄罗斯的影响力，又可以通过和东欧、中亚的三边或多边合作提升与俄罗斯的关系。同时，积极参与中国在亚洲及非洲等地区的建设项目，有利于欧盟巩固在这些地区的存在。"[2] 在欧盟"共同愿景、共同行动：一个更强大的欧洲——欧盟外交与安全政策的全球战略"中，欧盟强调了亚洲地区的重要性，并指出欧洲繁荣与亚洲安全之间有直接的联系，认为亚洲的和平与稳定是欧洲繁荣的先决条件。对于中国，新战略指出，"欧盟将通过中欧互联互通平台、亚欧会议与欧盟—东盟框架潜能的最大化，寻求一种与中国西进相对接的方式"。欧盟还特别提到"欧盟将基于其在印度洋、地中海的经验，探索在几内亚湾、南中国海和马六甲海峡提供海上安全的可能性，为全球海洋安全做出贡献。在南海与中国进行安全合作"。在《欧盟对华新战略要素》的通报文件中，欧盟认为"外交和安全政策也是欧中推动合作和伙伴关系的机遇。欧盟和中国应在双边和联合国、二十国集团等多边框架下紧密合作，致力于解决国际冲突、应对外交重点问题。同时，难民问题、对外发展援助、环境和气候变化等国际性挑战需要全球共同应对，因此欧盟和中国协调关系至关重

---

[1] Foreign Affairs Council of the European Union, Council Conclusions on the EU Strategy for Central Asia, June 22, 2015, 10191/15, COESR 195.

[2] ［塞尔维亚］德拉甘·帕夫里塞维奇："促进一带一路倡议和欧洲投资计划对接的政策建议"，《欧洲研究》2015年第6期，第38页。

要";①第三,欧盟可借助"一带一路"扭转周边安全局势。斯德哥尔摩国际和平研究所认为,"当前欧盟的'欧洲睦邻政策'(ENP)正在遭受前所未有的深刻危机,乌克兰东部的紧张形势、'伊斯兰国'在地中海东岸的崛起和2011年'阿拉伯之春'以来北非的持续动荡,使欧盟应接不暇,因而欧盟可以考虑借助'一带一路'战略形成的平台,与中国开展安全合作"。②

中国提出的"一带一路"是一个宏大的全球性战略,既着眼于消弭世界地缘政治的抗争性,更有推动不同文明交融合作的长远考量,代表着经济政治文化全球化的正义力量,而欧盟长期以来的发展繁荣就是得益于其区域内外的全球化发展,其所反对的也是反全球化的保守力量。"一带一路"不是中国的称霸战略,而是中国利用自己的理念和技术资金等优势谋求与全世界各国的共同发展。通过连通世界、改善基础设施、加快经贸发展、文化交流等,促进世界的繁荣、和平与安全。"一带一路"不仅可以消弭大国之间的地缘政治分歧,消除偏见,增进共识,而且能够整合碎片化的微小型地缘政治力量,使各国的外交战略连通融会于"一带一路"大战略之上,降低地区冲突的风险。因此,宏观上,"一带一路"符合欧盟对世界未来发展的趋势定位,也契合欧盟自身的全球战略观与安全观。

第三节 中欧"战略对接"及其挑战

将"一带一路"倡议与欧盟相关战略和规划进行对接是欧盟参与中国主导的"一带一路"建设的主要方式,也是中欧新时期发展战略合作的共识,为中欧关系未来发展注入长期而持久的动力。但由于欧盟的特殊架构

---

① "欧盟委员会提出未来五年对华新战略",《时代金融》2016年第7期,第59页。
② 转引自忻华:"欧盟决策共同体对'一带一路'战略的认知与回应",《中国周边外交学刊》2015年第二辑,第200页。

与中欧关系中的深层次矛盾，中欧"战略对接"也存在一定的挑战。

一、中欧"战略对接"的主要内容

作为参与"一带一路"的重要途径，欧盟对中国"一带一路"建设的对接主要集中在《里斯本条约》中规定的专属权能和共享权能范围内，即在经贸投资、基础设施互联互通、气候、能源以及信息技术等领域展开。2015年6月举行的第十七次中国欧盟领导人会晤正式决定对接"一带一路"倡议。2015年9月举行的第五届中欧经贸高层对话主要聚焦具体落实中欧对接"一带一路"倡议的相关问题。

一是与"容克计划"（Juncker Plan）对接。"容克计划"又称欧盟战略投资基金（EFSI），是欧盟为了有效促进增长、拉动就业，于2014年底出台的高达3150亿欧元的投资计划。在此基础上，中欧建立共同投资基金。2015年5月，新任欧洲外交与安全政策高级代表莫盖里尼在中欧战略对话中首次提出战略对接："我们讨论了非常重要的进一步发展双方的投资关系……也讨论各自基础设施、互联互通相关政策协调问题，比如欧盟的战略投资基金和'一带一路'机制之间的协调。"[①] 有学者认为，"容克计划包括三方面内容，即在不增加公共债务的情况下增加投资；支持关键领域内的项目和投资，包括基础设施、教育和研发创新；消除行业以及金融和非金融投资壁垒。'容克计划'的行动重点不仅与中国的'一带一路'倡议具有高度契合的特征，也与中国经济转型的方向一致"[②]。

二是与泛欧交通网络规划（TEN-T）对接。2015年6月29日，中欧首脑峰会的联合声明提出"'一带一路'倡议和泛欧交通网络这样的规划

[①] "外媒：中欧高级别战略对话关注安全和防务合作"，新浪网，http://news.sina.com.cn/c/2015-05-07/110631804239.shtml?cre=sinapc&mod=g&loc=29&r=u&rfunc=2。（上网时间：2016年6月）

[②] 金玲："'一带一路'与欧洲'容克计划'的战略对接研究"，《国际展望》2015年第6期，第1页。

对接"。① 泛欧交通运输网是欧盟于2013年5月达成的,计划把欧洲现有相互分割的公路、铁路、机场与运河等交通运输基础设施连接起来,构建统一的交通运输体系的基础设施计划。在"一带一路"构想中,"五通"的基础是设施联通,设施联通的重点是交通基础通道,其目标是亚欧新经济空间的整合,其远景是一个发达的高速亚欧交通网,而泛欧交通网正是欧亚交通网建设的欧洲部分。

三是与《中欧合作2020战略规划》对接。该计划是于2013年11月由国务院总理李克强同欧洲理事会主席范龙佩、欧盟委员会主席巴罗佐在北京共同主持第十六次中国欧盟领导人会晤时共同制定,确定中欧在和平与安全、繁荣、可持续发展、人文交流等领域加强合作的共同目标,促进中欧全面战略伙伴关系进一步发展。

四是与"欧洲2020战略"、"连通欧洲"(CEF)、"核心网络走廊"等欧洲其他的发展计划与交通、通信基础建设项目进行对接。如双方声明将共同推动中国"互联网+"战略、"欧洲单一数字市场"和"欧洲智慧城市"建设之间的对接,签署了《关于在第五代移动通信领域开展战略合作的联合声明》,共同推动5G产业发展。②

五是助力《中欧双边投资协定》的达成。长期以来,中欧的双边投资总额与中欧贸易总量相比差距很大,双边投资存在巨大潜力。截至2015年6月,"中国吸引欧盟的投资仅占欧盟对外投资的6%,欧盟在中国对外投资中的份额也处于类似状态"。③ 2013年11月21日,中国与欧盟领导人会谈发表《中欧合作2020战略规划》,正式宣布启动中欧投资协定谈判,并且积极探讨开展自贸区可行性研究。欧盟委员会驻华代表团代表吉迈克表示,"中国和欧盟有望从2013年开始全球最开放的自由贸易和投资协定谈

---

① EU-China Joint Statement: the Way forward after Forty Years of EU-China Cooperation, June 29, 2015, http://www.consilium.europa.eu/en/meetings/international-summit/2015/06/29.(上网时间:2016年9月5日)

② 张骥、陈志敏:"'一带一路'倡议的中欧对接:双层欧盟的视角",《世界经济与政治》2015年第11期,第44页。

③ "China-EU Comprehensive Strategic Partnership", Factsheet/Memo, European Union External Action, June 30, 2015, http://eeas.europa.eu/factsheets/docs/eu-china_factsheet_en.pdf.

判,该协定有望打破'负面清单'模式,在贸易、投资两个领域,都实现完全开放"。中国国务院总理李克强表示,"中方愿与欧方启动中欧投资协定谈判,希望双方不仅谈得成,而且谈得好"。① 双边投资协定将为双方投资者提供一个法律框架,建立争端解决、知识产权和投资者保护机制等,大力促进双边投资,为未来自由贸易协定奠定基础,这是中欧"一带一路"战略对接新的合作点与长远的发力点。

除此之外,欧盟声明支持其成员国加入亚投行,称"未来期待与亚投行进行合作",② 表明欧盟与成员国两个层面均表现出与中国"一带一路"投资计划对接的肯定,也体现出欧洲主权债务危机爆发后欧盟对"中国崛起"态度的改观,即不跟随美国将中国崛起视为"威胁",而是视为"机遇"。如葡萄牙经济部部长曼努埃尔·卡布拉尔所称,"亚投行能够帮助打造欧洲和亚洲国家之间的纽带,而且可以帮助欧洲和亚洲联合进军到非洲和拉美市场……我们能利用这样一个新的机制来找到新的投融资项目,这是一个很好的工具,来拓展与亚洲和世界其他地区新的合作领域"。③ 欧盟国家积极加入中国主导的"亚投行",是中欧"一带一路"合作的良好开端。

二、欧盟多元治理结构增加对接难度

虽然中欧在关于"一带一路"倡议的对接上具有共同的政治意愿、长远的战略基础和现实的利益需要,但由于欧盟的特殊性质特别是欧盟的多元治理结构,给中欧战略对接增加了政策实施的难度,甚至存在一定政治风险。

---

① "中欧双边投资谈判协定启动",新华网,2013 年 11 月,http://www.xinhuanet.com/fortune/cjzthgjj/53.htm。(上网时间:2016 年 9 月)
② "第十七次中国欧盟领导人会晤联合声明——中欧 40 年合作后的前进之路",新华社,布鲁塞尔,2015 年 6 月 29 日电。
③ "亚投行加入一带一路项目落地",人民网,http://world.people.com.cn/n1/2017/0331/c1002-29183452.html。(上网时间:2016 年 9 月)

第九章 欧盟共同外交与安全政策与中国"一带一路"倡议

欧盟的多元治理结构来自其特殊的性质。其内部不同政策领域涉及到欧盟层面与成员国层面不同的治理主体，有的领域二者兼而有之。"一带一路"倡议是一个虽然由经济贸易主导，但涉及政治、文化、安全等诸多领域的综合性全局性战略，因此受到欧盟多元治理结构的影响。在外交与安全领域，欧盟本质上仍然是一个政府间主义的结构，但具有一些超国家的制度安排起着非常重要的作用，比如欧洲理事会常任主席、欧盟外交与安全政策高级代表、欧盟对外行动署等。这就需要中国在推进中欧合作的过程中，清醒认识不同机制的特点和作用，既要重视与成员国，特别是与法德等大国加强协调沟通，又不能忽视与超国家机构代表的接触和联系，要善于利用欧盟内部多元的制度安排和政策工具，必要时甚至利用其中的矛盾差异达成中国的政策目标。

"一带一路"具体相关的大部分政策领域如商业、投资、文化交流等，主要涉及欧盟三种标准划分的权限，即专属权能、共享权能和辅助权能。贸易政策和直接投资政策属于欧盟共同商业政策的内容，欧盟具有专属权能。欧盟委员会及其他经济相关部门是这个领域的政策主体，具有独立的动议权，而成员国可参与决策，主要是负责落实。比如《里斯本条约》规定，"共同商业政策应建立在统一原则的基础之上，特别是应考虑关税税率的变化、涉及货物与服务贸易的关税和贸易协定的缔结、知识产权的商业方面、外国直接投资、贸易自由化措施的统一、出口政策以及在倾销或补贴情况下采取的贸易保护措施"、"共同商业政策采用普通立法程序"、部长理事会参与决策，采用特定多数表决，但"在服务贸易、知识产权以及外国直接投资领域相关协定包含其内部立法需要全体一致决策的条款时，理事会须以全体一致行动"。[1]

在交通和基础设施建设领域，《里斯本条约》条约规定运输和泛欧网络建设属于联盟与成员国共享的权能领域。如"联盟有权根据普通立法程序制定联盟内部的国际运输共同规则，规定他国承运人在某一成员国内从

---

[1] 程卫东、李靖堃译：《欧洲联盟基础条约——经〈里斯本条约〉修订》，社会科学文献出版社 2010 年版，第 125—126 页。

事运输服务的条件","联盟应致力于在运输、通信和能源等基础设施领域建立和发展泛欧网络","在一个开放和竞争的市场体系框架内,联盟的行为旨在促进各国网络的互联性、互通性以及对该网络的使用","在泛欧网络建设方面所采取的联盟行动,需要以成员国的支持为前提条件"。①《欧洲联盟运行条约》的第6条将教育和文化归入欧洲的辅助权能范畴。

在文化领域,欧盟规定:联盟文化政策的目标是"在尊重国家和地区多样性,同时弘扬共同文化遗产的基础上,促进成员国文化的繁荣"。联盟所采取的行动应属于"激励措施"的性质,"不对成员国法律与法规进行任何协调"。因此,涉及文化方面的辅助权能领域在双层对外政策体系中表现为"成员国推行国别政策、参与欧盟决策并由欧盟实施部分共同项目"。②

可见,基于"一带一路"倡议涉及的对欧商业贸易、对外投资、文化交流等政策与欧盟多元治理结构中的专属权能、共享权能和辅助权能发生直接联系,再加上外交与安全层面的双层决策结构,欧盟特殊而又复杂的性质对中国外交特别是"一带一路"建设的具体实施者、操作者提出比较高的要求,即既要熟悉欧盟的法律,又要善于利用不同的政策工具。

除此之外,欧盟一些超国家机构代表,对于中国在某些政策项目上绕过欧盟而直接与成员国谈判表示不满。比如自"一带一路"倡议提出以来,欧盟在较长时间内持观望态度,且主要关注中东欧国家与中国的合作。"尽管中东欧国家从务实的角度普遍欢迎中国—中东欧国家合作,但欧盟及其他成员国的关切仍担心这一合作违反欧盟基本法、突破欧盟和成员国的权能界限,更有人担心这是中国采取的'分而治之'战略。"③ 有欧洲学者敏感地指出:"欧盟的关切在于,中国巨大的投资能力是否会转化

---

① 程卫东、李靖堃译:《欧洲联盟基础条约——经〈里斯本条约〉修订》,社会科学文献出版社2010年版,第84、86、114、115页。
② 张骥、陈志敏:"'一带一路'倡议的中欧对接:双层欧盟的视角",《世界经济与政治》2015年第11期,第42页。
③ 金玲:"'一带一路'与欧洲'容克计划'的战略对接研究",《国际展望》2015年第6期,第12页。

成政治影响力。中国在该地区的存在可能会促使一些欧盟国家寻求制定相对独立的对华政策,这将在一定程度上削弱欧盟的凝聚力。"① 欧盟内部高层精英的这种观点,将给中国推进"一带一路"带来一定的政治风险。

三、中欧"战略对接"面临的挑战

除了欧盟多元治理结构带来的挑战外,中欧战略对接还面临欧盟贸易保护主义、欧盟对华认知与地区安全风险等其他挑战。

首先,欧盟对华贸易保护主义损害中欧战略对接的政治互信。自 2008 年以来,随着全球金融危机和欧洲主权债务危机的产生,欧盟总体呈现经济低迷、复苏乏力态势,部分产业的国际竞争力不断下降,因此欧盟对华贸易保护主义倾向抬头。中欧频频在化工业、轻工业、冶金工业、机械工业和电子工业等领域产生贸易摩擦。如欧盟对中国光伏产业发起的"双反"(反倾销和反补贴)调查,涉案金额高达 210 亿欧元。欧盟针对中国出口企业采用的反补贴措施和制裁措施,对中国对外贸易产生全球性负面效应。如 2014 年欧盟对中国冷轧不锈钢发起反倾销和反补贴调查,并于 2015 年 3 月宣布采取临时反倾销措施,导致印尼、马来西亚、美国、韩国等国跟随发起反倾销调查。按照中国加入世界贸易组织时签署的协议,到 2016 年 12 月,欧盟应承认中国的市场经济地位,但欧盟由于内部产能落后国家的反对以及希望维持其在对华贸易中的优势,迟迟不愿承认中国的市场经济地位。欧盟的对华贸易保护主义不但影响双边经贸关系,而且破坏中欧"一带一路"战略对接的政治互信。

其次,欧盟一些错误的对华认知动摇中欧战略对接的政治基础。由于政治制度、社会制度和文化观念的不同,中欧在彼此认知上存在差异。一是欧盟自认为是后现代文明的代表,从而将中国的"一带一路"倡议既视作欧盟的发展机会,也视作欧盟未来的挑战。如有欧洲学者认为"一带一

---

① [塞尔维亚]德拉甘·帕夫里塞维奇:"促进'一带一路'倡议和欧洲投资计划对接的政策建议",《欧洲研究》2015 年第 6 期,第 41 页。

路"是中国"地缘政治再定位，是中国式的马歇尔计划"。2008年，中国中远公司斥资33亿欧元购买了希腊比雷埃夫斯港（简称比港）的2号和3号集装箱码头35年的经营权。后希腊政府决定对比港实行私有化，出让国家掌握的67%的股份。但到2015年1月希腊激进左翼联盟上台后出于对地缘政治安全的考虑，立即宣布停止比港的私有化计划使中方收购计划落空。后希腊新政府决定恢复这个港口私有化进程，但是政府出让的股权从67%降到51%；① 二是欧盟长期质疑中国与发展中国家的合作方式，把中国的海外利益扩展贴上"新殖民主义论""攫取资源论""民主折冲论"等标签。有学者认为，"中国更多采取'发展优先'方法，希望以发展促进安全；而欧洲国家大多采取'安全优先'方法，试图通过附加各种政治条件、实现'善治'，然后再实现发展"，② 这反映出欧盟与中国在外部利益扩展中的模式之争；三是欧盟担心自身在战略对接过程中利益受损。如德国科尔伯基金会于2015年6月以"丝路沿线"为主题进行讨论。有与会者提出，"正常的经济合作，不仅需要相互信任，最低水平的要求是对称，中国作为一个'重量级'的国家，是否允许丝路沿线的合作伙伴平等决策呢？"有欧洲学者认为，"除了跳进中国提供的每一个商业机会，我们（欧盟）还要看看这些机会的细节、哪些机会只是服务于中国的利益（短期或长期），哪些机会对别人也有益。这是欧洲人在同意成为中国的丝路的终点之前所要问自己的问题"。③

第三，地区安全风险是战略对接中不可忽视的实际挑战。"一带一路"沿线国家众多，各类领土争端、宗教和文化冲突、恐怖主义和极端势力等安全风险相当复杂。欧洲近年来发生的乌克兰危机、利比亚和叙利亚危机以及国内的难民危机和恐怖主义威胁导致中国在欧洲的贸易投资面临一定

---

① 沈孝泉："'一带一路'在欧洲的三个政治风险"，《党政论坛（干部文摘）》2015年9月，第17页。
② 金玲："'一带一路'与欧洲'容克计划'的战略对接研究"，《国际展望》2015年第6期，第13页。
③ 转引自冯仲平、黄静："中欧'一带一路'合作的动力、现状与前景"，《现代国际关系》2016年第2期，第14页。

的政治和安全风险。特别是中欧作为两支政治力量在乌克兰事件中分属不同的阵营，欧盟批评中国背后支持俄罗斯，损害了欧洲的利益。在利比亚和叙利亚问题上，中国则批评欧盟对外输出民主，盲目进行军事干预。这些问题背后既有中欧在国际政治中现实利益的矛盾因素，更有观念、文化、文明等差异作祟。

总体来看，虽然中欧在"一带一路"倡议对接过程中存在上述挑战，但总体态势仍然是合作的、良性的、积极的、乐观的，中欧在利益上的共同点远大于分歧。在战略对接的宏观层面，中欧都需要优先考虑共同的利益及目标、尊重对方的核心利益、尊重文化差异，挖掘合作潜力、降低风险、形成合力，不断优化政策环境。在具体操作层面，中欧要建立综合协调机制，对合作进行有效规划、风险管控和进程评估。应建立和完善信息收集、共享和分析平台以增进互信。合作中加强对彼此法律制度的研究和遵守，确保程序合法。有学者认为，"中欧双方应向中国—欧盟投资平台投入固定数额的资金，获得该平台资金支持的项目应大致均等地分配给中欧各自优势区域。……充分发挥双方在各自区域的比较优势，在法律保护制度完善、形势稳定的欧盟成员国和潜在成员国进行投资，以降低风险"。[①]

[①] ［塞尔维亚］德拉甘·帕夫里塞维奇："促进一带一路倡议和欧洲投资计划对接的政策建议"，《欧洲研究》2015年第6期，第41页。

结　语

> "迟早有一天,欧洲大陆的所有国家会在不失去自己特性或个性的情况下更加紧密地团结在一起,建立情同手足的欧洲兄弟关系。迟早有一天,子弹和炸弹会被选票所取代。"[1]
>
> ——19世纪法国浪漫主义作家维克多·雨果

欧洲经济共同体首任执委会主席哈尔斯坦(Walter Hallstein)曾形象地将欧洲一体化的发展比做"三级火箭",第一级是关税同盟,第二级是经济同盟,第三级是政治同盟。也有学者认为,欧洲一体化第一代是"经济主权追求",第二代是"内部主权追求",《里斯本条约》的主要意义在于对"外部主权"的追求,即一体化的第三代。[2] 所谓"外部主权",就是指一个强大而有效的欧盟共同外交与安全政策,换句话说,是欧盟作为政治共同体的外部存在。

回到一体化的起点来看,20世纪两次世界大战使欧洲变得满目疮痍,昔日的霸主国家均沦为二流国家,战争的残酷使欧洲人思考用一种新的方

---

[1] 引自傅聪:"描绘欧洲未来的蓝图",《欧洲研究前沿报告》,华东师范大学出版社2007年版,第384页。

[2] Dr. Luk Van Langenhove, Daniele Marchesi, "The Lisbon Treaty and the Emergence of Third Generation Regional Integration", *The Jean Monnet/Robert Schuman Paper Series*, Miami Florida European Union Center, June 2008.

式来处理国家间关系。因此,避免战争便是"一体化"最为朴素的初衷。欧洲人的这种政治智慧或许早在中世纪就已经显现。早在文艺复兴时期,意大利诗人但丁就写到,"为了给尘世带来幸福,必须建立一个统一的尘世政体"。今天的欧盟,"子弹和炸弹"虽未完全被选票所取代,但其内部国家间战争的可能性已经微乎其微。

欧洲政治联合的动力还来自于二战以后经济全球化的大背景。在世界性市场形成的时代,民族国家的权威受到挑战,其经济调控能力受到制约。出于对利益的最大化追求,欧洲选择了超国家的经济调控方式,即通过超国家机构制定规范,对区域内的经济运行包括产业发展、市场竞争、资源流动乃至金融货币进行整体的掌控和调节。这种区域一体化模式直接带来了如下结果:首先,功能性领域的合作不断"外溢",超国家机构的权威不断扩大,联合由"低政治"向"高政治"领域迈进;其次,超国家的制度不断完善、成熟,民族国家的主权特性已发生了质的变化。一个国家参与联合的时间越长、程度越深,其对一体化则更为"依赖",对主权让渡的"控制力"越弱;第三,一体化构筑了"欧洲认同"的概念,开始强调一种源于历史文化并建立在西方"民主""人权"和"规范"等基础上的共同的"价值";第四,欧盟成为一块磁石,吸引着核心区周围国家,欧盟不断面临扩大的需要。这些现象一方面反映了欧洲国际关系不再是所谓"无政府主义"的状态,民族国家也不再是"我行我素"的唯一的国际关系行为体;另一方面反映了欧洲一体化的不可逆转性,它需要通过向更高目标迈进获得新的发展动力。

因此,自20世纪70年代末起,欧洲国家正式开启政治合作的大门,后经《马约》,顺利地将一体化推向了新的发展阶段——即政治一体化阶段。或者说,欧洲联合由共同体时期进入了共同外交与安全政策时期。排除对超国家机构未来政体形式的争论,毋庸置疑,构建一个"更加紧密"的政治联盟已经成为成员国的新的共同的目标。

《尼斯条约》以后,欧盟逐渐面临严峻的内外挑战,其建设"更加紧密"的政治联盟的进程遭遇严重困难,从而提供了对一体化发展模式进行反思的契机。

在欧盟内部,首先,成员国数量的激增以及新入盟中东欧国家所带来的激进的"民族主义"和"大西洋主义"等因素使 CFSP 政府间主义的运作模式面临"失灵"的风险,并使长期以来核心成员国之间形成的默契、互信和团结受到挑战。法德的"双发动机"模式似乎失去了推动一个更庞大联盟继续前行的足够动力。成员国数量激增也直接对欧盟机制中的权力分配(如超国家机构重要职位的选举、委员会席位安排等)、议案产生、议程安排、决策方式等施加了较大压力。如果固守政府间主义的模式,欧盟的制度改革将更为困难,一体化可能陷入停滞;其次,欧盟内部的分歧和矛盾不断增多。除了新老成员国之间的"东西矛盾",其内部还有"南北矛盾""大小矛盾"及"挺欧"与"疑欧"两派的矛盾。这些分歧不仅制约着欧盟在国际政治舞台上与美、俄、中等大国的关系,而且在诸如美国对伊拉克战争、北约扩大和导弹部署、对华武器解禁和土耳其入盟等具体问题上演变为欧盟内部的政治风波;第三,欧洲经济一体化暴露出的缺陷形成危机对一体化的前途构成挑战。一方面,欧洲主权债务危机暴露出一体化深层次的结构性矛盾,即政治与经济发展的不同步,财政与货币政策的脱节。这一矛盾已经转化为欧盟历史上最为严重的经济和政治危机。另一方面,自《尼斯条约》之后,欧盟经济和社会的各种问题渐渐显现。特别是 2008 年以后,欧洲出现通货膨胀加剧、经济增长缓慢、购买力下降、社会失业率逐年增高等严重问题。据欧盟委员会统计,"2008 年 10 月,欧元区的经济信心已经降到 1993 年以来最低"。[①] 除了全球金融危机的影响之外,有学者将之归结为"面对全球化发展和国际经济格局重大变化,欧盟国家出现'水土不服'症状"。[②] 经济不景气也导致欧盟国家频频出现反全球化、反移民,甚至暴力骚乱等现象。为应对挑战,欧盟需要制

[①] 引自中国现代国际关系研究院欧盟研究课题组:"2008 年欧洲形势评析",《现代国际关系》2009 年第 1 期。
[②] 张健:"欧洲一体化的问题、前景与欧盟国际地位",《现代国际关系》2008 年第 7 期,第 38 页。

定切实有效的解决办法和长期发展战略,而这依赖成员国之间的互信和团结,也需要在联盟内出现坚强有力的领导力量。

在欧盟外部,首先,全球化的进一步发展需要欧盟对外以"集体身份"拓展海外市场、维护能源安全并且争夺全球经济治理的规制权;其次,成员国需要团结一致解决不断凸显的非传统安全问题,如"恐怖主义""气候变化"和"核扩散"等;第三,在变化的国际体系中,欧盟需要以统一立场维护其国际地位,有效应对来自以金砖国家(BRICS)为代表的新兴市场国家的全方位挑战。

但是,在面临内外严峻挑战的同时,CFSP的政府间主义性质却极大地限制了政策运作的一致性、连贯性和有效性,从而影响了联盟的对内领导力和对外行动力。突出表现为主权国家主导CFSP的规制和运作,分散和多元的民族国家利益难以形成一致的政策目标和有力的领导力量,CFSP沦为各国寻求利益"最小公分母"的过程,制度所规定的政策工具和手段被束之高阁。

资深欧洲政策专家德思蒙·迪南指出,"欧洲民众普遍认为2002年生效的《尼斯条约》是一个失败"。[①] 这种沮丧既来自民众所做出的欧盟大规模东扩将会对其个人福利、就业和生活水平带来冲击的判断,更是来自泛欧的对欧盟未来发展前景的担忧。因为《尼斯条约》在欧洲一体化的模式上延续了老路,并没有带来有意义的创新和改革,无法应对未来的挑战。欧盟的政治精英越来越意识到,东扩以后,"随着欧盟对成员国国内政策的影响不断深入,政府间会议模式在条约改革中越来越力不从心,成员国在漫长谈判过程中难以达成妥协,会议的间隔却越来越短,结果难以令人满意"。[②] 这就是为什么在2000年《尼斯条约》尚未生效之际,欧洲政治精英已经开始就再一次改革进行讨论,并在制定《欧盟基本权利宪章》

[①] Desmond Dinan, "Governance and Institutions: The Convention and the IGC", *Journal of Common Market Studies*, 2004, Vol. 42, Annual Review, p. 27.

[②] Desmond Dinan, "Governance and Institutions: The Convention and the IGC", *Journal of Common Market Studies*, 2004, Vol. 42, Annual Review, p. 27.

后，发表《莱肯宣言》开启制宪进程的根本原因。欧盟制宪表面上是为应对欧盟所面临的民主合法性的挑战，实际上则反映了精英们对一体化进程中政府间主义决策模式的集体反思。因此，有学者认为，"与前几轮欧盟改革不同，宪政改革已经形成了比先前在政府间会议上修改条约更强劲的动力"，"宪法政治变成了欧盟内部核心的政治问题"。①

"民主赤字"反映出长期以来由政治精英们不断创造出来的欧洲发展模式缺乏民众有效参与和广泛认同的基础，致使欧盟的合法性存在争议。民众不但认为超国家机构的运作缺乏透明度、欧盟官员缺乏代表性，更认为欧盟以前的条约，如《阿约》是不够民主的，是在政府间会议上做出的。② 制定宪法条约的目的是通过这一进程进行"欧洲寻求共同认同的一种尝试"，③ 而笔者认为，这种对欧洲认同的"寻求"，在公民层面和成员国层面同时进行着。

制宪，一方面意味着欧盟和成员国法律关系的根本性变化，另一方面意味着成员国的合作模式与以往不同——不仅与无政府状态下的模式不同，更是"与成员国为了一体化而持续合作也不同"。④ 这涉及欧洲一体化的动力问题，即一体化进程原先主要由成员国政府推动，而制宪后的动力则可能更多地来自超国家机构和代表欧盟整体利益的政治精英（有别于以往代表成员国利益的政治精英）。同时，欧盟通过重塑其政治社会基础，将源于社会层面的"欧洲认同"扩散至国家之间，拉近成员国之间的距离。最终，联合超国家和成员国的力量推动一体化向前发展。傅聪认为，"我们不能认为宪法主义失败或政府间主义胜利，因为宪法条约所传达的

---

① ［美］安特耶·维纳主编，朱立群等译：《欧洲一体化理论》，世界知识出版社 2009 年版，第 314—315 页。
② ［美］安德鲁·莫劳夫奇克，赵晨译："欧盟宪法的本质——仍需从自由政府间主义来理解"，《欧洲前沿报告》，华东师范大学出版社 2007 年版，第 308 页。
③ 引自王展鹏："宪法爱国主义与欧洲认同：欧盟宪法的启示"，《欧洲前沿报告》，华东师范大学出版社 2007 年版，第 347 页。
④ ［英］安特耶·维纳主编，朱立群等译：《欧洲一体化理论》，世界知识出版社 2009 年版，第 314 页。

正是宪法主义和政府间主义的张力下的微妙平衡"。① 因此，欧盟制宪开启了一个新的阶段，即从经济、政治的一体化到社会的一体化。

建构主义和制度主义学者认为，在有关欧洲一体化制度变革的研究中，行为体②、制度和认同已经成为三个重要变量，它们之间相互作用，形成了动态的一体化模式。行为体的行为导致欧洲一体化制度的建立和改革。制度反过来又对行为体的利益和行为形成一定的约束；认同是高屋建瓴的观念性力量，它使行为体具备了工具和价值两种属性，并影响行为，而认同只有通过行为体载体才能发挥影响；制度是认同的结果也是共有观念的"化身"，而通过制度的"宣誓"，认同则能更为有效地影响行为体行为。因此，行为体、制度和认同的相互作用形成了欧洲一体化向前发展的动力。

这一模型对于解释欧盟 CFSP 机制的发展同样具有说服力。对 CFSP 来说，其主要行为体是成员国政府。制度，在本书中是《里斯本条约》对 CFSP 的改革。而认同则表现为成员国在政治、外交和安全领域对联盟集体身份的塑造。

身份是认同和行为之间的桥梁。集体身份塑造的水平反映欧洲认同的程度。凯尔·霍尔斯蒂（Kal Holsti）最早将角色理论引入到国家对外政策分析中，提出了国家角色的概念。他认为国家角色是结构、相互作用和意图相结合的产物。③ 这种理论嫁接提供了解释国家身份如何影响对外政策行为的途径。在欧洲一体化中，成员国的身份认知至少是二元的，即至少包括作为民族国家个体的自我认知与作为欧洲联盟成员国的认知两个层面。④ 这种角色认知会影响成员国的利益偏好和行为方式，而 CFSP 的发展水平则取决于成员国更偏向哪种认知。托马斯·里舍（Thomas Risse）分

---

① 傅聪：《描绘欧洲未来的蓝图——欧洲一体化进程中的宪法条约解析》，《欧洲前沿报告》，华东师范大学出版社 2007 年版，第 394 页。

② 行为体既包括国家（政府），也包括参与一体化的其他行为体，如利益集团、党团、公民、超国家机构的人员等。

③ 戴轶尘：《欧盟集体身份'布鲁塞尔化'：建构模式探析》，《世界经济与政治论坛》2008 年第 4 期。

④ 有的国家可能具有更多元的身份定位，如波兰作为维谢格拉德集团的身份等。

析了二战后德国、法国和英国参与欧洲一体化的过程,认为身份的变化是这三个国家对于一体化的不同态度的主要原因。① 德国对欧洲的身份认同程度最高,法国则在民族国家和欧洲身份之间逐渐偏向后者,而英国则始终缺乏对欧洲身份的认同。与此相关的另一个重要案例则是土耳其的入盟问题,土耳其不被欧洲主流国家接受反映了因文化异质性而凸显出的有关认同与身份的重要。

与"集体身份"密切相关的概念是"政治共同体",后者是前者的"集合"。集体身份反映的是单个成员国的角色定位,而政治共同体则是联盟作为整体的外在表现,是集体身份塑造的结果。在欧洲一体化的理论范畴内,"政治共同体"的概念经历了从新功能主义到建构主义的两次诠释。在新功能主义时期,"政治共同体"是哈斯和多伊奇用来挑战国家中心主义而从政治学那里借用来的概念,认为是"一个或多或少具有中央集权倾向的新的超民族国家,并且与联邦主义的集中化观念有相似之处"。② 哈斯认为,一体化是一个通过"外溢"导致政治共同体创立的过程,"政治一体化是政治行为者在几个不同的国家背景下被劝说将其忠诚、期望和政治活动转移到一个新中心机构的过程,该新中心机构拥有或要求行使对先前就存在的诸民族国家的管辖权"。③ 当 20 世纪 90 年代末建构主义转向欧洲一体化研究之后,④ 这一概念被赋予了社会学的解释。建构主义的一体化理论同样认为欧洲一体化是一个新的政体的形成过程,⑤ 即"政治共同体"的形成过程。在这一过程中,原有民族国家的身份和认同会发生转移,在

---

① 引自李明明:"建构主义的欧洲一体化理论探析",《欧洲研究》2003 年第 3 期。
② Juliet Lodge, *The European Community Bibliographical Excursions*, Frances Pinter (Publishers) Limited, 1983, p. 15.
③ Ernst B. Haas, *The Uniting of Europe: Political, Social and Economic Forces*, Stanford University Press, 1958, p. 16.
④ 建构主义是在 20 世纪 90 年代发展起来的一种国际关系理论,并从 90 年代后期开始转向欧洲一体化研究。1999 年《欧洲公共政策杂志》特刊《欧洲的社会建构》的问世是一个标志性的事件。在特刊中,建构主义学者明确提出建构主义将作为一个学派参与欧洲一体化的研究。
⑤ 李明明:"建构主义的欧洲一体化理论探析",《欧洲研究》2003 年第 3 期。

满足"相互依存、共同命运、同质性和自我约束"[①] 四个基本条件后，国家则形成了集体身份。身份是国家的属性，决定国家的行为和利益。

正如弗朗西斯·斯奈德所指出的，要理解欧盟宪法，"应该引入吉登斯（Anthony Giddens）的结构社会学理论"。[②] 同样，笔者认为，要理解欧盟宪法的替代品——《里斯本条约》也应该引入建构主义的理论，即使是在一体化程度较低的CFSP领域。

《欧盟宪法条约》虽然失败，但《里斯本条约》继承了其关于机构改革的大部分内容，而CFSP作为欧洲政治联盟建设的主要内容，是宪法条约和《里斯本条约》的改革重点之一。通过对《里斯本条约》文本的分析，笔者认为改革体现了CFSP"布鲁塞尔化"趋势的强化，而所谓"布鲁塞尔化"，其实质正是一体化在成员国层次塑造集体身份，在欧盟层次构建"政治共同体"的动态过程。如前文所述，改革首先通过加强制度文本中对欧洲共同价值观念的"宣誓"力度，以及为CFSP设定较高目标以营造"欧洲认同"的语境；其次，通过简化法律结构，赋予欧盟法律人格，吸纳《欧洲联盟基本权利宪章》与《欧洲保护人权和基本自由公约》等，夯实欧洲认同的社会基础；第三，通过一系列制度创新和运作机制的改革，在CFSP政府间主义的政策过程中加入代表联盟集体的因素，如"常任主席""高级代表"和对外行动署等，从而限制和引导民族国家的利益偏好，保护联盟的集体利益；第四，通过改良CFSP的资源、手段和决策程序等，切实提高CFSP的一致性、连贯性和有效性，从而强化联盟的内外行动力。通过政策实践的成功反过来强化联盟的价值和认同，期望形成CFSP与欧洲认同的良性循环。

共同外交与安全政策的"布鲁塞尔化"反映了欧洲政治联合在遭遇内外严重困难之际，抛弃了政府间主义与超国家主义的二元模式，转向社会

[①] ［美］亚历山大·温特，秦亚青译：《国际政治的社会理论》，世纪出版集团2001年版，第430页。

[②] 弗朗西斯·斯奈德："未竟的欧盟宪法：原则、进程和文化"，吴志成、薛晓源主编：《欧洲研究前沿报告》，华东师范大学出版社2007年版，第312页。

化建构的重要变化。这一变化具有里程碑意义，是启示性的。它试图将欧洲一体化引入了一条新的发展路径，使之进入了新的阶段。虽然现阶段，欧洲政治共同体和成员国集体身份还处于较低层次，但长远来看，《里斯本条约》框架下的CFSP将使欧盟成员国在"相互依存、共同命运、同质性和自我约束"这四项要素的不断作用下逐渐强化欧盟集体身份的角色认知。

表7—1 欧洲一体化：目标的演进

时 期	标志性事件	发展目标
20世纪50—60年代末	舒曼宣言（1950年） 罗马条约（1957年） 欧共体成立（1967年）	以避免战争为起点，通过在功能领域的一步步合作，确立了以建立统一大市场为基础的一体化目标
20世纪70—80年代末	单一欧洲法令（1987年） 欧洲政治合作机制确立	一体化由"低政治"向"高政治"领域外溢的过渡阶段，通过EPC的合作，一体化目标转向政治、外交领域
20世纪90—2000年代初	马斯特里赫特条约（1992年） 阿姆斯特丹条约（1997年） 尼斯条约（2002年）	在提出欧元区计划的同时，将共同外交与安全政策列为欧盟三大支柱之一，建立更紧密的政治联盟成为新的发展目标 经过两次修约，希望CFSP更具有效性、灵活性和一致性
2000年初至今	莱肯宣言（2001年） 欧盟宪法条约（2004年） 欧盟东扩（2004—2007年） 里斯本条约（2009年）	在东扩等内外压力之下，反思联盟的基础和CFSP"政府间主义"的运作模式，利用欧洲认同的社会化建构模式和CFSP的"布鲁塞尔化"，通过塑造成员国的欧盟集体身份，一体化朝"政治共同体"的目标迈进

资料来源：笔者自制。

欧洲一体化不是仅仅存在于欧洲精英脑海中的乌托邦或是美丽的空中楼阁，而是不断受到现实的考验磨砺，从一个个偶然性事件或者危机中寻求动力并不断调整的动态进程。《里斯本条约》生效后，欧洲一体化所面临的障碍从"扩大和深化"所引发的"消化不良"转变为"内外交困"

结 语

和经济与安全问题丛生的危机叠加。欧洲主权债务危机、利比亚危机、乌克兰危机、叙利亚危机、欧盟内部的难民危机与恐怖主义危机、英国"脱欧"危机接踵而来。欧洲迎来了"危机时代""问题时代"。悲观主义者认为欧盟已毫无希望，各种危机暴露了欧盟内在的种种结构性缺陷，严重打击其国际形象，欧盟衰落趋势明显。但乐观主义者认为"危即是机"，更大的危机也意味着更大的机遇。全世界学界由此展开了一场关于欧盟未来的大讨论。本文也应时顺势，分别针对上述危机对欧盟共同外交与安全政策与欧盟发展态势进行了一定程度的研判分析。

通过对欧盟共同外交与安全政策在利比亚危机中的实践进行分析研究，可以看出，欧盟及其成员国除了在具体军事行动上仍依托北约之外，还在引导国际舆论、人道主义干预、援助支持和战后重建等方面发挥了重要作用，甚至是主导作用。虽然欧盟 CFSP 也暴露了一些问题，经历了一些困难，但总体来看，欧盟对此次危机的处理是成功的，达成了其最初确定的政策目标。在国际政治舞台上展示了欧盟的行动力和影响力，体现了《里斯本条约》改革后欧盟新的制度安排和政策工具的有效性。利比亚危机中，欧盟新制度所规定的政策手段，如总体方针、共同立场、联合行动、成员国在执行政策时的系统合作都得到执行。尽管欧盟内部爆发了主权债务危机，但欧盟委员会与高级代表阿什顿提出的以资金、流动性和市场准入（3M）为重点的增加资源投入政策建议仍得到基本落实。在共同外交与安全政策的政府间一致性问题上，相比 2003 年美国发动伊拉克战争与美国在欧洲部署反导系统等事件，欧盟成员国在利比亚危机中的利益与行动的一致性有所改善，各成员国立场基本保持一致，也更加注重对联盟整体力量的运用，但也发生了法国在未与盟国以及欧洲理事会商议的情况下率先宣布承认利比亚反对派"全国过渡委员会"以及德国在联合国针对"是否对利比亚实施军事打击"问题上抛弃英、法而与俄罗斯、中国等投弃权票事件。

自 2009 年以来的欧洲主权债务危机是欧洲一体化历史上影响最为深远的危机。不仅暴露出欧盟，特别是欧元区的结构性问题，而且其引发的欧盟对外战略收缩、贸易保护主义、成员国矛盾加剧等使欧盟共同外交与安全政策的实际目标更为狭窄，资源投入受到较大影响，政策效果大打折扣。主权债务危机使成员国之间的政治互信与利益基础受损，降低了外部对欧盟乃至欧洲一体化的期望和预期，是"欧洲衰落"论调的主要依据。

乌克兰危机是冷战后欧洲直接面对的最重大地缘政治事件。乌克兰危机的起因涉及欧盟与俄罗斯的地缘政治博弈，其结果导致欧俄关系降至冷战后最低点。欧盟对俄采取了军事防范和经济制裁，导致冷战以来形成的一种欧俄合作的平衡的战略态势被打破。危机中，欧盟共同外交与安全政策的政府间主义短板再一次暴露。俄罗斯对欧洲安全特别是东欧的战略压力增加，迫使欧盟将全球战略的着眼点进一步调整到周边，重新审视欧俄关系与美欧利益基础，并更加重视发展独立于北约的军事力量。

肇始于"阿拉伯之春"的叙利亚问题及其引发的难民与恐怖主义问题是欧洲一体化历史上罕见的连锁危机。欧盟在将自身定义为一种"规范力量"的驱动下，长期谋求对中东地区进行"民主治理"，2011年叙利亚危机的爆发被欧盟视为其实施中东民主治理计划的重要机遇。但是，在美国战略收缩的大背景下，欧洲主导解决的叙利亚问题却对欧盟自身产生了一系列"反噬"作用。由叙利亚危机引发的难民危机以及随之加剧的恐怖主义威胁对欧洲社会、政治、文化产生深刻影响，动摇了作为欧洲一体化基石的"欧洲观念"，即"联合、包容、人权、民主"作为核心价值的欧洲特有的后现代主义精神。欧洲民粹主义与极右翼政党的兴起，不仅破坏了欧洲一体化的深化动力，而且给欧洲一体化带来逆转危险，从而根本上动摇了共同外交与安全政策的政治基础。此外，欧盟成员国针对接纳难民态度不一，"国家利益至上"的选择削弱了欧盟超国家精英的政治作用，强化了欧盟政府间主义的保守力量。难民与恐怖主义危机也使欧盟减少了进一步对外援助投入，全球治理赤字加剧，削弱了欧盟的软实力。

随之而来的英国"脱欧"事件是欧洲一体化历史上首次真正意义上的"逆流"，是第一次有成员国退出欧洲一体化，打开了欧洲一体化进程的"潘多拉之盒"，并增加了成员国可能在"脱欧"与"退欧元区"问题上选择进行公投的多米诺骨牌式的政治风险。由此,欧盟层面将暂时停止可能的深化和扩大而进入"反思期"。"疑欧"势力与反对欧洲一体化、反对全球化的保守势力高呼胜利,欧盟软实力进一步受损,而英国的退盟也使欧盟在经济、政治、军事上的"硬实力"显著降低,削弱了欧盟共同外交与安全政策的效力。但从另外的角度看,欧洲一体化仍是欧洲大陆国家的根本利益需要,英国"脱欧"也是欧盟的一次"自我净化""自我革新"。英国离开后,欧盟内部最大的离心势力和一体化障碍被"清除"。欧盟一旦度过本阶段的连锁性危机,就有可能"轻装上阵",获得更强的联合动力。

欧盟并没有选择放弃,欧洲一体化的精英也没有气馁。2016年6月,欧盟发布了"共同愿景、共同行动:一个更强大的欧洲——欧盟外交与安全政策的全球战略"。该战略直面危机,更新了运作13年的《欧盟安全战略报告》,认为"欧盟所面临的挑战更为严重,一切更为复杂……我们周围的世界在新的威胁和权力转移中迅速变化"。[①] 新报告从欧盟外交与安全政策的利益、原则、优先领域和实际行动诸方面探讨了未来欧盟全球战略的转型与发展。一是加强欧盟对外目标和愿景的一致性,增进共同战略的建构。提出团结、接触、责任和伙伴关系四大原则;二是对环境和政策优先进行重新定位,反思长期以来"民事力量"与"北约附庸"的角色定位,提出欧盟对外行动的五大优先:联盟的安全、欧盟东部和南部国家与社会的恢复力、冲突和危机的综合管理、建立合作型地区秩序、21世纪的全球治理;三是决定奉行一种"有原则的务实主义"。即在理念上保持理想主义,但在具体目标的制定和政策手段上重视实用主义。在欧盟层面强调利益导向,加强自身防务建设,提升战略自主性与硬权力。在周边地区,重视构建周边国家与社会的复原力。在全球层次,谋求发展灵活多样的伙伴关系,改革联合国等全球治理体系,加强与传统盟友、新兴国家、

---

① 欧盟理事会:"执行情况报告:欧洲安全战略——在不断变化的世界提供安全",2008,http://www.consilium.europa.eu/uedocs/cmsUpload/081205_ZHESSReport%20final.pdf.(上网时间:2011年12月4日)

地区组织甚至私人行为体的合作。

欧盟是中国重要的外交伙伴，中欧关系是国际上最具影响力和中国最重要的双边关系之一。1995年，欧盟第一份对华政策文件《中国—欧盟关系长期政策》的出台标志着中欧良性外交的正式开启。此后中欧关系不断发展。进入21世纪，中国和欧盟所具有的发展独特性不断显现。欧盟是全世界最为成熟的区域一体化样板，而中国特色社会主义道路打破"西方文明一元论"，创造了"中国模式"。中欧关系的历史说明，地缘政治因素是中欧发展合作的重要基础，"贸易促进发展、经济主导改革"是中欧相似的发展道路，推动国际体系多极化是中欧共同的政治诉求。因此，合作共赢一直是贯穿中欧关系的一个核心理念与实践特征。随着中国"一带一路"倡议的不断明晰以及外交实践的推进，欧盟作为一个整体逐渐确立了与"一带一路"战略的对接关系，中欧关系获得新的发展动力。

中国已把欧洲列入"一带一路"建设覆盖的既定范围，将其视为重要合作伙伴。正如习近平总书记访问欧洲时强调的，当前中欧都处于发展的关键时期，都面临前所未有的机遇和挑战。要共同努力建造和平、增长、改革、文明四座桥梁，建设更具全球影响力的中欧全面战略伙伴关系。从欧洲的战略地位和经济体量来看，"一带一路"如果没有欧洲的实质参与则无法有效达成目标，而一旦形成中欧"一带一路"合作，必将形成新亚欧大陆图景，甚至改造现有国际地缘政治的力量结构。在"一带一路"倡议提出之初，欧盟反应平平，而从2014年起，随着中国的战略规划日渐清晰，中欧高层多次交流之后，欧盟及其成员国均对"一带一路"给予积极正面的回应。一方面，欧盟把"一带一路"倡议定位为欧盟促进投资、增长、发展包括基础设施建设的重要机会。另一方面，欧盟把参与"一带一路"作为其实施共同外交与安全政策的重要抓手。通过参与"一带一路"既加强欧洲内部的地区融合，发展基础设施建设，提升欧盟的综合实力，又可以扩展其在中亚、东亚、西亚等地区的战略影响，间接实施其共同外交与安全政策的既有目标。

将"一带一路"与欧盟相关战略和规划进行对接是中欧新时期发展合

结　语

作的共识，将为中欧关系未来发展注入长期而持久的动力。欧盟对中国"一带一路"建设的对接主要集中在《里斯本条约》中规定的专属权能和共享权能范围内，即在经贸投资、基础设施互联互通、气候、能源以及信息技术等领域展开。主要包括与欧盟"容克计划"对接，与泛欧交通网络规划对接，与"中欧2020战略规划"对接，与"欧洲2020战略"、"连通欧洲"（CEF）、"核心网络走廊"等其他欧洲的发展计划与交通、通信基础建设项目进行对接。同时，"一带一路"合作将助力《中欧双边投资协定》的达成，为未来自由贸易协定奠定基础。欧盟国家积极加入中国主导的"亚投行"是中欧"一带一路"合作的良好开端。

中欧"一带一路"战略对接也面临一定的难度和挑战。欧盟的多元治理结构增加了战略对接的复杂性，其内部不同政策领域涉及到欧盟层面与成员国层面不同的治理主体，而"一带一路"具体相关的大部分政策领域如商业、投资、文化交流等，主要涉及欧盟三种标准划分的权限，即专属权能、共享权能和辅助权能。欧盟特殊而又复杂的性质对中国外交特别是"一带一路"建设的具体实施者、操作者均提出比较高的要求，即既要熟悉欧盟的法律，又要善于利用不同的政策工具。除此之外，欧盟一些超国家机构代表，对于中国在某些政策项目上绕过欧盟而直接与成员国谈判表示不满，担心中国"一带一路"对欧盟国家施加政治影响力，促使一些欧盟国家寻求制定相对独立的对华政策，从而削弱欧盟的凝聚力。此外，中欧战略对接还面临欧盟贸易保护主义、欧盟对华认知与地区安全风险等其他挑战。

总之，欧盟共同外交与安全政策及其制度改革是考量欧洲一体化进程，分析该进程内部各种因素和力量博弈变化的重要指标。欧洲一体化并非一个线性的简单的进程，而是受各种内外因素复杂作用，既涉及欧盟内部各力量的互动和较量，又涉及国际格局的演变，也受偶然性历史事件的影响，是一个动态的、渐进的、波浪形的发展趋势。在当前形势下，欧洲衰落之辩可以作为一个学术研究问题，但不宜做出简单草率的判断。除了欧洲共同利益的需求外，危机推动一体化、困难反促改革深化也是一体化不可忽视的发展逻辑之一。欧盟共同外交与安全政策政府间主义的基本性质虽没有改变，但秘藏于《里斯本条约》制度改革中的"布鲁塞尔化"建构强化了欧盟集体身份与共同意识的基础。作为人类发展史上最为成熟的国家联合形态，欧盟仍然是欧洲大陆国家的"安身立命之本"，也仍将是一支重要的全球性力量，为人类文明发展发挥着重要的可借鉴作用。

参考文献

一、中文文献

（一）专著

1. 陈建民著：《当代中东》，北京大学出版社 2002 年版。

2. 陈劲：《欧盟外交政策与对外关系》，五南图书出版股份有限公司 2002 年版。

3. 陈宣圣：《风云变幻看北约》，世界知识出版社 2009 年版。

4. 陈志敏、［比］古斯塔夫·盖拉茨：《欧洲联盟对外政策一体化——不可能的使命?》，时事出版社 2003 年版。

5. 程卫东、李靖堃译：《欧洲联盟基础条约——经〈里斯本条约〉修订》，社会科学文献出版社 2010 年版。

6. 戴炳然译：《欧洲共同体条约集》，复旦大学出版社 1993 年版。

7. 戴炳然主编：《里斯本条约后的欧洲及其对外关系》，时事出版社 2010 年版。

8. 方连庆、刘金质、王炳元主编：《战后国际关系史：1945—1995》，北京大学出版社 1999 年版。

9. 冯绍雷主编：《大构想：2020 的欧盟》，华东师范大学出版社 2010 年版。

10. 冯绍雷主编：《欧盟一体化：共同安全与外交政策》，华东师范大学出版社 2009 年版。

11. 宫少鹏等主编：《冷战后国际关系》，世界知识出版社 1998 年版。

12. 管新平、何志平编著：《欧盟概况》，华南理工大学出版社 2003 年版。

13. 李景治等著：《政党政治视角下的欧洲一体化》，法律出版社 2003 年版。

14. 李寿平主编：《里斯本条约时代的欧盟法与中欧关系》，北京理工大学出版社 2010 年版。

15. 刘德斌主编：《国际关系史》，高等教育出版社 2003 年版。

16. 刘文秀、[英] 埃米尔·J. 科什纳著：《欧洲联盟政策及政策过程研究》，法律出版社 2003 年版。

17. 刘绪贻、杨生茂著：《美国通史》，人民出版社 2008 年版。

18. 陆齐华著：《俄罗斯和欧洲安全》，中央编译出版社 2001 年版。

19. 倪世雄等著：《当代西方国际关系理论》，复旦大学出版社 2001 年版。

20. 秦亚青：《权力·制度·文化》，北京大学出版社 2005 年版。

21. 邵景春：《欧洲联盟的法律与制度》，人民法院出版社 1999 年版。

22. 宋新宁、张小劲主编：《走向二十一世纪的中国与欧洲》，香港社会科学出版社 1997 年版。

23. 宋新宁：《国际政治学概论》，人民大学出版社 2000 年版。

24. 宋新宁：《欧洲联盟与欧洲一体化》，中国轻工业出版社 2001 年版。

25. 苏明忠译：《欧洲联盟基础法》，国际文化出版公司 2010 年版。

26. 田德文著：《欧盟社会政策与欧洲一体化》，社会科学文献出版社 2005 年版。

27. 王绳祖主编：《国际关系史（17 世纪中叶—1945 年）》，法律出版社 1986 年版。

28. 王正毅、张岩贵著：《国际政治经济学：理论范式与现实经验研究》，商务印书馆 2003 年版。

29. 吴黎明：《欧洲真相》，国际文化出版公司 2011 年版。

30. 吴志成、薛晓源主编：《欧洲研究前沿报告》，华东师范大学出版社 2007 年版。

31. 伍贻康等著：《多元一体——欧洲区域共治模式探析》，上海社会科学院出版社 2009 年版。

32. 肖元恺著：《世界的防线：欧洲安全与国际政治》，新华出版社 2001 年版。

33. 谢明：《公共政策导论》（修订版），中国人民大学出版社 2009 年版。

34. 谢益显：《中国当代外交史》，中国青年出版社 1996 年版。

35. 阎学通、孙学峰著：《国际关系研究实用方法》，人民出版社 2007 年版。

36. 杨烨主编：《欧洲一体化：结构变迁与对外政策》，华东师范大学出版社 2009 年版。

37. 余南平主编：《欧盟一体化：共同安全与外交政策》，华东师范大学出版社 2009 年版。

38. 张蕴玲主编：《欧洲剧变与世界格局》，社会科学文献出版社 1999 年版。

39. 郑启荣：《全球视野下的共同外交与安全政策》，世界知识出版社 2008 年版。

40. 中国社会科学院欧洲研究所、中国欧洲学会编：《2005—2006 欧洲发展报告：欧洲宪法的命运》，中国社会科学出版社 2006 年版。

41. 中国社会科学院欧洲研究所、中国欧洲学会编：《欧洲模式与欧美关系：2003—2004 欧洲发展报告》，中国社会科学出版社 2004 年版。

42. 周保巍、成健主编：《欧盟大国外交政策的起源与发展》，华东师范大学出版社 2009 年版。

43. 周弘主编：《欧洲治理模式》，社会科学文献出版社 2008 年版。

(二) 译著

1. ［比］尤利·德沃伊斯特著，门镜译：《欧洲一体化进程——欧盟的决策与对外关系》，中国人民大学出版社 2007 年版。

2. ［德］贝亚特·科勒—科赫等著，顾俊礼等译：《欧洲一体化与欧盟治理》，中国社会科学出版社 2004 年版。

3. ［德］贡德·弗兰克著，刘北成译：《白银资本：重视经济全球化中的东方》，中央编译出版社 2000 年版。

4. ［德］康拉德·阿登纳：《阿登纳回忆录》，上海人民出版社 1973 年版。

5. ［德］尤尔根·哈贝马斯，曹卫东译，《后民族结构》，上海人民出版社 2002 年版。

6. ［德］尤尔根·哈贝马斯，曹卫东译：《包容他者》，上海人民出版社 2002 年版。

7. ［法］法布里斯·拉哈著，周弘主编，彭姝祎、陈志瑞译：《欧洲一体化史：1945—2004》，中国社会科学出版社 2005 年版。

8. ［法］费尔南·布罗代尔著，顾良、施康强译：《15 世纪至 18 世纪的物质文明、经济和资本主义》，三联书店 1993 年版。

9. ［法］费尔南·布罗代尔著，唐家龙、曾培耿等译：《菲利浦二世时代的地中海和地中海世界》，商务印书馆 1996 年。

10. ［法］费尔南·布罗代尔著，萧昶译：《文明史纲》，广西师范大学出版社 2003 年版。

11. ［法］皮埃尔·热尔贝著，丁一凡等译：《欧洲统一的历史与现实》，中国社会科学出版社 1989 年版。

12. ［美］安德鲁·莫劳夫奇克著，赵晨译：《欧洲的抉择——社会目标和政府权力》，社会科学文献出版社 2008 年版。

13. ［美］保罗·肯尼迪著，蒋葆英等译：《大国的兴衰》，国际文化出版公司 2006 年版。

14. ［美］戴维·卡莱欧著，冯绍雷译：《欧洲的未来》，上海人民出版社 2003 年版。

15. ［美］汉斯·摩根索著，徐昕、郝望、李保平译：《国家间政治：权力斗争与和平》，北京大学出版社 2006 年版。

16. ［美］亨利·基辛格著，顾淑馨、林添贵译：《大外交》，海南出版社 1998 年版。

17. ［美］肯尼思·华尔兹著，信强译：《国际政治理论》，上海人民出版社 2003 年版。

18. ［美］罗伯特·基欧汉、约瑟夫·奈著，门洪华译：《权力与相互依赖》，北京大学出版社 2002 年版。

19. ［美］罗伯特·基欧汉著，苏长和、信强等译：《霸权之后——世界政治经济中的合作与纷争》，上海人民出版社 2001 年版。

20. ［美］曼昆著，梁小民译：《经济学原理》（第五版），机械工业出版社 2004 年版。

21. ［美］塞缪尔·亨廷顿著，周琪等译：《文明的冲突与世界秩序的重建》，新华出版社 2002 年版。

22. ［美］斯蒂芬·沃尔特著，周丕启译：《欧盟的起源》，北京大学出版社 2007 年版。

23. ［美］亚历山大·温特著，秦亚青译：《国际政治的社会理论》，上海人民出版社 2000 年版。

24. ［美］约翰·吉林汉姆著，王远河译：《设计新欧洲》，山东大学出版社 2008 年版。

25. ［美］詹姆斯·多尔蒂、小罗伯特普法尔茨格拉夫著，阎学通、陈寒溪等译：《争论中的国际关系理论》（第 5 版），世界知识出版社 2003 年版。

26. ［美］朱迪斯·戈尔茨坦、［美］罗伯特·基欧汉编，刘东国、于军译：《观念与外交政策——信念、制度与政治变迁》，北京大学出版社 2005 年版。

27. ［美］兹比格纽·布热津斯基著，陈东晓译：《第二次机遇：三位总统与超级大国美国的危机》，上海人民出版社 2008 年版。

28. ［美］兹比格纽·布热津斯基著，中国国际问题研究所译：《大棋局：美国的首要地位及其地缘战略》，上海人民出版社 2007 年版。

29. ［英］安特耶·维纳、［德］托马斯·迪兹主编，朱立群等译：《欧洲一体化理论》，世界知识出版社 2009 年版。

30. ［英］戴维·赫尔德著，胡伟等译：《民主与全球秩序：从现代国家到世界主义治理》，上海人民出版社 2003 年版。

31. ［英］哈·麦金德著，林尔蔚等译：《历史的地理枢纽》，商务印书馆 2008 年版。

32. ［英］赫德利·布尔著，张小明译：《无政府社会——世界政治秩序研究》，世界知识出版社 2003 年版。

33. ［英］罗伯特·库珀，吴云等译：《和平箴言：21 实际的秩序与混乱》，北京大学出版社 2007 年版。

34. ［英］托尼·布莱尔：《新英国——我对一个年轻国家的展望》，世界知识出版社 1998 年版。

（三）论文

1. 薄燕、陈志敏："全球气候变化中的中国与欧盟"，《现代国际关系》2009 年第 2 期。

2. 陈玉刚："《里斯本条约》后的欧盟政治发展"，《国际观察》2011 年第 1 期。

3. 陈志瑞："试论欧盟共同外交与安全政策的'布鲁塞尔化'"，《欧洲》2001 年第 6 期。

4. 陈志敏："新多极世界伙伴关系中的中欧关系"，《欧洲研究》2010 年第 1 期。

5. 崔宏伟："欧盟国际'集体身份'的建构及其政策影响"，《欧洲一体化的走向和中欧关系》，时事出版社 2008 年版。

6. 蔡云:"欧洲主权债务危机发展态势及其影响",《现代国际关系》2011年第11期,第38页。

7. 戴铁尘:"欧盟集体身份'布鲁塞尔化'建构模式探析",《世界经济与政治论坛》2008年第4期。

8. 东方晓:"北非中东政治变局原因初探",《现代国际关系》2011年第3期。

9. 房乐宪:"欧盟共同外交与安全政策的性质及其运作局限性",《现代国际关系》2000年第3期。

10. 房乐宪:"新功能主义理论与欧洲一体化",《欧洲》2001年第1期。

11. 方华:"难民保护与欧洲治理难民潮的困境",《西亚非洲》2015年第6期。

12. 冯绍雷:"地中海计划与利比亚危机",《欧洲研究》2011年第3期。

13. 冯仲平:"欧盟推动构建有效国际多边体系",《现代国际关系》2007年第12期。

14. 冯仲平:"新形势下欧盟对华政策及中欧关系发展前景",《现代国际关系》2011年第2期。

15. 冯仲平:"乌克兰危机对欧洲的影响",《欧洲研究》2014年第6期。

16. 冯仲平:"英国脱欧及其对中国的影响",《现代国际关系》2016年第7期。

17. 冯仲平、黄静:"中欧'一带一路'合作的动力、现状与前景",《现代国际关系》2016年第2期。

18. 金玲:"《里斯本条约》与欧盟共同外交与安全政策",《欧洲研究》2008年第2期。

19. 金玲:"欧盟东扩对共同外交与安全政策内部决策环境的影响",《欧洲研究》2007年第2期。

20. 金玲:"'一带一路'与欧洲'容克计划'的战略对接研究",《国际展望》2015年第6期。

21. 金日:"欧洲一体化的政治分析",复旦大学博士学位论文,2003年。

22. 李明明:"建构主义的欧洲一体化理论探析",《欧洲研究》2003年第3期。

23. 李明明:"欧洲联盟的集体认同研究",复旦大学博士学位论文,2004年。

24. 李明明:"认同建构与欧盟的制度发展",《欧洲一体化的走向和中欧关系》,时事出版社2008年版。

25. 李绍先:"当前中东剧变的内生性和阿拉伯性",《现代国际关系》2011年第3期。

26. 林利民:"21世纪国际体系转型析论",《现代国际关系》2009年第6期。

27. 罗霄:"欧盟制宪危机根源探析",复旦大学博士学位论文,2008年。

28. 钮松:"欧盟的中东民主治理研究",上海外国语大学博士学位论文,2009年。

29. 申义怀:"浅析欧盟对外'多边主义'战略",《现代国际关系》2008年第5期。

30. 宋全成:"欧洲难民危机:结构、成因及影响分析",《德国研究》2015年第3期。

31. 宋全成:"难民危机:撕裂欧洲的一道伤口",《世界态势》2016年第17期。

32. 孙灿:"《欧盟外交与安全政策的全球战略》解读",《国际研究参考》2016年第8期。

33. 谭雯:"欧盟共同外交与安全政策中的中东欧因素",山东大学硕士学位论文,2007年。

34. 田德文："论社会层面上的欧洲认同建构"，《欧洲研究》2008年第1期。

35. 中国社会科学院欧洲研究所"欧洲转型与世界格局"课题组："欧洲转型：趋势、危机与调整"，《欧洲研究》2013年第6期。

36. 王学玉："欧洲一体化：一个进程，多种理论"，《欧洲》2001年第2期。

37. 魏怡然："后巴黎—布鲁塞尔时期欧盟反恐法的新发展"，《欧洲研究》2015年第5期。

38. 吴江："《里斯本条约》的出台：解析与展望"，《欧洲研究》2008年第1期。

39. 吴弦："利比亚危机与欧盟行动刍议"，《欧洲研究》2011年第3期。

40. 吴泽林："近五年中国国际政治学界欧洲一体化研究综述"，《现代国际关系》2017年第7期。

41. 徐贝宁："从《里斯本条约》看欧盟共同外交与安全机制对政策运作效力的影响"，《国际论坛》2009年第3期。

42. 徐龙第、孙友晋："主权债务危机下的欧盟外交"，《国际问题研究》2013年第1期。

43. 肖琳："中国与欧盟外交关系的再思考——以中欧全面战略伙伴为例"，《太平洋学报》2014年第6期。

44. 闫瑾："德国利比亚危机政策分析"，《欧洲研究》2011年第3期。

45. 张华："欧盟对外关系法中的一致性原则：以《里斯本条约》为视角"，《欧洲研究》2010年第3期。

46. 张健："《里斯本条约》对中欧贸易政策影响探析"，《现代国际关系》2010年第3期。

47. 张健："欧盟对北非、中东政策的走势"，《现代国际关系》2011年第4期。

48. 张健："欧洲一体化的问题、前景与欧盟国际地位"，《现代国际关系》2008年第7期。

49. 张健:"欧盟衰落问题辨析",《现代国际关系》2016年第2期。

50. 张骥、陈志敏:"'一带一路'倡议的中欧对接:双层欧盟的视角",《世界经济与政治》2015年第11期。

51. 张磊:"欧洲议会与《里斯本条约》:动力、变革与挑战",《欧洲研究》2010第3期。

52. 张茗:"'战略性伙伴关系'往何处去?——欧盟—北约关系剖析",《欧洲研究》2009年第3期。

53. 张业亮:"英国脱欧:欧洲一体化进程的一次重挫",《环球经纬》2016年第10期。

54. 赵光锐:"欧盟制度文化的建构:以欧盟宪法为例",《文化视角下的欧盟研究》,上海外语教育出版社2009年版。

55. 赵俊杰:"抽丝剥茧:英国脱欧的后果及影响",《世界态势》2016年14期。

56. 郑春荣:"《里斯本条约》解析",《国际论坛》2008年第3期。

57. 中国现代国际关系研究院欧盟研究课题组:"2008年欧洲形势评析",《现代国际关系》2009年第1期。

58. 中国现代国际关系研究院中东欧课题组:"试析中东欧的入盟后综合症",《现代国际关系》2006年12期。

59. 现代国际关系研究院欧洲所课题组:"主权债务危机对欧盟外交的影响",《现代国际关系》2012年第5期。

60. 杨海峰:"有原则的实用主义——欧盟外交与安全政策的全球战略评析",《欧洲研究》2016年第5期。

61. 周晓明、严双伍:"宪政视野下的欧盟共同安全与安全政策——以《里斯本条约》为分析对象",《社会主义研究》2011年第6期。

62. 周勇:"欧盟东扩的政治动因分析",武汉大学硕士学位论文,2005年。

63. 朱立群:"利比亚危机考验欧盟塑造国际秩序的能力",《欧洲研究》2011 年第 3 期。

64. ［荷］托马斯·克里斯滕森："2000 年以来的欧盟条约改革进程——欧洲联盟宪政化进程中的曲折起伏",《欧洲研究》2011 年第 1 期。

65. ［塞尔维亚］德拉甘·帕夫里塞维奇："促进'一带一路'倡议和欧洲投资计划对接的政策建议",《欧洲研究》2015 年第 6 期。

二、英文文献

（一）欧盟官方文件

1. "A Secure Europe in A Better World: European Security Strategy", Brussels, 12 December 2003.

2. "Address by Herman Van Rompuy President of the European Council to the Paris Summit on support for the Libyan people", Paris, 19 March 2011 PCE 075/11.

3. "Barcelona declaration adopted at the Euro-Mediterranean Conference – 27 – 28/11/95", 1995.

4. "Consolidated Reader-Friendly Edition of the Treaty on European Union (TEU) and the Treaty on the Functioning of the European Union (TEFU) as amended by the Treaty of Lisbon, Foundation for EU Democracy", 2008.

5. "Council Decision 2011/137/CFSP of 28 February 2011 concerning restrictive measures in view of the situation in Libya", 2011.

6. "Council Decision 2011/178/CFSPof 23 March 2011 amending Decision 2011/137/CFSP concerning restrictive measures in view of the situation in Libya", *Official Journal of the European Union*, 2011.

7. "China-EU Comprehensive Strategic Partnership", Factsheet/Memo, European Union External Action, June 30, 2015.

8. "Decisions Council Decision 2011/210/CFSPof 1 April 2011 on a European Union military operation in support of humanitarian assistance operations in

response to the crisis situation in Libya (EUFOR Libya) Remarks by EU High Representative Catherine Ashton at the opening of the EU Office in Benghazi", EUROPEAN UNION Benghazi, 22 May 2011 A 198/11.

9. "Declaration by the High Representative Catherine Ashton on behalf of the European Union on Libya Brussels", 23 February 2011 6966/1/11 REV 1 PRESSE 36.

10. "Declaration of the Heads of State and Government Participating in the Meeting of the North Atlantic Council Held at NATO Headquarters", Brussels, 10 – 11 January 1994.

11. "EU High Representative Catherine Ashton sends fact-finding team to Libya ahead of European Council", Brussels, 6 March 2011 A 092/11.

12. "EU Report on Human Rights 2008", Luxembourg: Office for Official Publications of the European Communities, 2008.

13. European Commission, "Trade, Growth and World Affairs: trade policy as a core component of the EU's 2020 strategy", *COM*, 2010. 6. 12.

14. "Joint statement by President of the European Council Herman Van Rompuy and EU High Representative Catherine Ashton on UN Security Council resolution on Libya", Brussels, 17 March 2011 PCE 072/11 A 110/11.

15. "REGULATIONS COUNCIL REGULATION (EU) No 204/2011 of 2 March 2011 concerning restrictive measures in view of the situation in Libya", 2011.

16. "Remarks by Catherine Ashton, EU High Representative for Foreign Affairs and Security Policy, on the situation in the Southern Neighbourhood and Libya, before the European Parliament", EUROPEAN UNION Brussels, 9 March 2011 A 096/11.

17. "Speech of High Representative Catherine Ashton on main aspects and basic choices of the Common Foreign and Security Policy and the Common Security and Defence policy European Parliament", Strasbourg Brussels, 11 May 2011

A 179/11.

18. "Statement by High Representative Catherine Ashton on developments in Libya", Brussels, 22 August 2011 A 323/11.

19. Shared Vision, Common Action: A Stronger Europe—A Global Strategy for the European Union's Foreign And Security Policy. http://eeas.europa.eu/top_stories/pdf/eugs_review_web.pdf.

20. Catherine Ashton, "3069th Council meeting Foreign Affairs Brussels, 6763/11", *PRESS RELEASE*, *PRESSE 32 PR CO 9*, 21 February 2011.

21. Javier Solana, "The Lisbon Treaty: Giving the EU more coherence and weight on the international stage", Brussels, 10 December 2007.

22. José Manuel Durão Barroso President of the European Commission, "Statement by President Barroso following the International Conference on Libya Press point Paris", 1st September 2011.

23. President Herman Van Rompuy, "We were, we are and we will be on your side in facing these tremendous challenges", The Paris Conference on Libya Paris, *EUCO 63/11 PRESSE 291 PR PCE 36*, 1 September 2011.

24. Speech by Herman Van Rompuy President of the European Council, "Europe's political and economic challenges in a changing world" Special Winston Churchill Lecture 2011, *EUCO 127/11*, *PRESSE 418*, *PR PCE 92 Zurich*, 9 November 2011.

（二）专著

1. Alan M. Willaims, *The European Community: the Integration*, Oxford: Blackwell, 1991.

2. Anea M. Pusca, *Rejecting the EU Constitution?: From the Constitutional Treaty to the Treaty of Lisbon*, International Debate Education Association New York & Amsterdam, Idebate Press 2009.

3. Bela Balassa, *The Theory of Economic Integration*, London, 1962.

4. Bretherton, Charlotte and John Vogler, *The European Union as a Global Actor*, London and New York: Routledge, 1999.

5. Brian White, *Understanding European Foreign Policy*, New York: Palgrave, 2001.

6. Catherine Gegout, *European Foreign and Security Policy: States, Power, Institutions and American Hegemony*, University of Toronto Press, 2010.

7. Edited by Jacques Thomassen, *The Legitimacy of the European Union after Enlargement*, Oxford Press, 2009.

8. Edited by Maurizio Carbone, *National Politics and European Integration: From the Constitution to the Lisbon Treaty*, Edward Elgar, 2010.

9. Edited by Michael Dougan and Samantha Curie, 50 *Years of the European Treaties*, Oxford and Portland, Oregon, 2009.

10. Edith Drieskens and Louise van Schaik, *The European External Action Service: Preparing for Success*, Netherlands Institute of International Relations, Dec. 2010.

11. Ernst B. Hass, *Beyond the Nation-State: Functionalism and International Organization*, Stanford University Press, 1994.

12. Ernst B. Haas, *International integration: The European and the Universal Process*, Int. Organ. 15 (3), 1961.

13. Featherstone and Radaeli, *The Politics of Europeanisation*, Oxford University Press, 2003.

14. Haas, E. B, *The uniting of Europe: political, social and economic forces*, 1950 – 1957, Stanford: Stanford University Press, 1958.

15. Hendriks, G. & Morgan. , *The Franco-German Axis in European Integration*, Chetenham: Edward Elgar, 2001.

16. Holly Wyatt Walter, *The European Community and the Security Dilemma*: 1978 – 92, London: Macmillan Press Ltd. , 1997.

17. Jean-Claude Piris, *The Lisbon Treaty: A Legal and Political Analysis*,

Oxford Press, 2010.

18. Jolyon Howorth, *Security and Defence Policy in the European Union*, Palgrave, 2007.

19. Josep R. Lobera, *The God of Modernity. The Development of Nationalism in Western Europe*, Oxford/Providence, USA: BERG, 1994.

20. M. E. Olsen, *The Process of Social Organization*, New York: Holy, Rinehart and Winston, 1968.

21. Michael E. Smith, *Europe's Foreign and Security Policy: The Institutionalization of Cooperation*, U. K. Cambridge University Press, 2004.

22. Michelle Cini, *European Union Politics*, Third Edition, Oxford University Press, 2010.

23. Nell Nugent, *The Government and Politics of the European Union*, 7th edition, Palgrave Macmillan, 2010.

24. Paul Close and Emiko Ohki Close, *Supranationalism in the New World Order: Global Processes Reviewed*, Barnes & Noble, 1999.

25. Paul Craig, *The Lisbon Treaty, Law, Politics, and Treaty Reform*, Oxford Press, 2010.

26. Pedersen, Thomas, *Germany, France and the Integration of Europe: A realist interpretation*, London: Pinter, 1998.

27. Peterson, Sjursen, *Common Foreign Policy of the EU? Competing Visions of the CFSP*, London: Routledge, 1998.

28. Rosamond, B. *Theories of European Integration*, Macmillian Press Ltd. 2000.

29. Stanley Hoffman, *Obstinate or obsolete? The fate of the nation-state and the case of the Western Europe*, Daedalus, 1966.

30. Stefan Griller, Jacques Ziller, *The Lisbon Treaty: EU Constitutionalism without a Constitutional Treaty?* SpringerWien NewYork, Oct. 2008.

31. Stephen C. Sieberson, *Dividing Lines between the European Union and Its*

Member States: *The Impact of the Treaty of Lisbon*, T. M. C Asser press, 2008.

32. Sven Biscop, *Euro-Mediterranean Security: A Search for Partnership*, Burlington Ashgate, 2003.

33. Sven Biscop, Franco Algieri, *The Lisbon Treaty and ESDP: Transformation and Integration*, EGMONT PAPER 24, June 2008.

(三) 论文

1. Hanns W. Maull, "Europe and the new balance of global order", *International Affairs Vol. 81, No. 4*, 2005.

2. Antonio Missiroli and Janis Emmanouilidis, "Implementing Lisbon: the EU Presidency's other (rotating) half", *EPC policy Brief*, Dec. 2009.

3. Dr. Luk Van Langenhove, Daniele Marchesi, "The Lisbon Treaty and the Emergence of Third Generation Regional Integration", Miami Florida European Union Center, *The Jean Monnet/Robert Schuman Paper Series*, June 2008.

4. Fraser Camerron, "The Role of the EU and WEU in the European Security", Wolfried von Bredow, Thoma Jager and Gerhard Kummel, *European Studies, Vol. 31*, 1993.

5. "Final Communique", *Issued by MinisterialMeeting of the North Atlantic Council*, Berlin, 3 June 1996.

6. Hanns W. Maull, "Europe and the new balance of global order", *International Affairs, Vol. 81, No. 4*, 2005.

7. Hooghe L. and Marks, G, "A Postfunctionalist Theory of European Integration: From Permissive Consensus to Constraining Dissensus", *British Journal of Political Science* 39 (1), 2009.

8. Joint Study of EPC, EGMONT and CEPS, "Treaty of Lisbon: a second look at the institutional innovation", September 2010.

9. Jusin Vaisse and Hans Kundnani, "EUROPEAN FOREIGN POLICY SCORECARD 2010", *ECFR/29 ISBN*978 - 1 - 906538 - 28 - 6, March 2011.

10. Jusin Vaisse and Hans Kundnani, "EUROPEAN FOREIGN POLICY SCORECARD 2012", *ECFR/*47, *ISBN*978 - 1 - 906538 - 48 - 4, www. ECFR. com, Jan. 2012.

11. Justine Doody, "EU Global Strategy under Threat from Division at Home", ECFR, 8 August 2016.

12. Mădălina Virginia Antonescu, "The Commom Foreign and Security Policy according to the Lisbon Treaty", *Strategic Impact (Impact Strategic)*, issue: 1/2008, on www. ceeol. com.

13. Mahony, Honor, "Details emerge on final set-up of EU diplomatic corps", *EU Observer*, 22 June 2010.

14. Megan Kenna, "The European External Action Service and the United Nations: a missed opportunity for self-promotion", *EPC Commentary*, May 16 2011.

15. Peadar Broin, "How to Change the EU Treaties: An Overview of Revision Procedures under the Treaty of Lisbon", *CEPS Policy Brief No. 215*, Oct. 2010.

16. Piotr Maciej Kaczynski & Peadar o Broin, "Two new leaders in search of a job description", *CEPS No. 200/25*, November 2009.

17. Piotr Maciej Kaczyński, "Single voice, single chair? How to re-organise the EU in international negotiations under the Lisbon rules", *CEPS Policy Brief*, March 2010.

18. Rettman, Andrew, "EU ponders creation of new diplomatic breed", *EU Observer*, June 2010.

19. Rosa Balfour, Janis A. Emmanouilidis, Fabian Zuleeg, "Political trends and priorities 2011 - 2012", *EPC*, *ISSN* 1782 - 494*X*, December 2010.

20. Rosa Balfour, "EU Strategic Partnerships: are they worth the name?", *EPC Commentary*, Sep. 15. 2010.

21. Vaughne Miller and Claire Taylor, "The Treaty of Lisbon: amendments

to the Treaty on European Union", *House of Commons Library Research paper* 08/09, JANUARY 24 2008.

22. Wessels, Wolfgang, "Nice results, The Millenium IGC in the EU's evolution", *Journal of Common Market Studies*, *Vol. 39. No. 2*, 2010.

23. Wolfgang Wessel and Franziska Bopp, "The Institutional Architecture of CFSP after the Lisbon Treaty-Constitutional breakthrough or challenges ahead?", *Challenge*, *Research Paper No. 10*, June 2008.

后 记

本书能够得以出版，要感谢中国现代国际关系研究院和国际关系学院对我多年的培养。

感谢我的导师、中国现代国际关系研究院的冯仲平研究员，感谢他对我的指导和帮助。感谢兰州大学管理学院的曾向红、陈小鼎两位老师，他们拨冗审阅了本书初稿，并提出很好的修改意见。

感谢我的父母及我的妻子蒲丽女士，正是由于他们的默默支持和全心付出，我才能有充分的时间完成这部专著。

在本书的编辑、审校过程中，时事出版社的肖书琪老师认真负责，诸位编辑老师付出了很多心血，在此一并表示感谢。

本书得到甘肃社会主义学院的出版资助，感谢甘肃社会主义学院领导和科研处同志的鼎力支持。

最后，需要说明的是，由于本人水平有限，文中难免出现纰漏错误，希望读者不吝赐教。

王 凯

2017 年 8 月